文化名人与北京

陈溥 陈晴◎著

中国文史出版社

图书在版编目（CIP）数据

文化名人与北京 / 陈溥, 陈晴著. -- 北京 : 中国文史出版社, 2021.1

ISBN 978-7-5205-2023-2

Ⅰ. ①文… Ⅱ. ①陈… ②陈… Ⅲ. ①文化—名人—列传—北京—近现代 Ⅳ. ①K825.4

中国版本图书馆CIP数据核字(2020)第082064号

责任编辑： 刘　夏
封面设计： 秋　雨

出版发行： 中国文史出版社
社　　址： 北京市海淀区西八里庄路 69 号　**邮编：** 100036
电　　话： 010-81136606　81136602　81136603（发行部）
传　　真： 010-81136655
印　　装： 北京温林源印刷有限公司
经　　销： 全国新华书店
开　　本： 1/16
印　　张： 19.5　**字数：** 291 千字
版　　次： 2021 年 1 月北京第 1 版
印　　次： 2021 年 1 月第 1 次印刷
定　　价： 55.00 元

前言

北京有50万年以上人类活动的历史，3000余年的建城史和850多年的建都史。北京以其悠久的历史文化传统和丰富的古迹遗存闻名于世。北京深邃的文化底蕴和历史渊源博大精深。它的历史遗存、名胜古迹、文化民俗等是讲不完、写不尽的。

北京是中国最著名的历史文化名城，也是中国最重要的古都，辽、金、元、明、清、北洋政府都在这里建都。这些朝代的王公贵族、文臣武将乃至文人墨客莫不在北京居住生活，在这里从事政治、军事、文化活动，留下他们深深的印痕。

不仅如此，北京更是近现代中国的政治、军事、文化中心，在风云激荡的20世纪，各种思潮在这里汇聚，北京以丰厚的思想文化造就了许多伟大人物。许多对中国近现代史产生重要影响的先驱们，不仅在北京探讨先进思想，而且直接参与组织了许多重大活动，深深影响着中国近现代史的走向。

本书选取了20几位近现代在文化界有重大影响的代表人物，描述了他们在北京活动的足迹。本书描述的不是他们的完整传记，而是他们在北京的重要活动。本书也不仅是写名人故居，而是比故居更宽泛，写他们在北京生活、学习、工作、交友等方方面面留下的印记，使读者对某名人在北京的形象更加完整，使他们在地理概念上与北京的关系也更加鲜活。

本书的章节排列以人物的出生年月为序，无主次与轻重之分。

本书在写作过程中参考了大量古今书籍资料，因数量太大不一一列举，仅对所有书籍、文章的作者及出版单位在这里一并致谢。

本书在写作和出版过程中，得到了中国文史出版社领导和刘夏编辑的大力支持和帮助。刘夏编辑为本书倾入了极大的热情，提出不少好的创意。

如果由于我们的粗浅造成错误纰漏，望读者不吝赐教。

陈溥　陈晴

2020 年 8 月

目录

齐白石在北京度过的后半生

1864年1月1日（清同治三年），齐白石出生于湖南湘潭白石铺乡杏子坞一个贫苦农家，原名纯芝，字渭清，后改名璜，字濒生，号白石。因家贫小时只读过短暂的私塾，13岁学木匠，25岁才开始学画。从一个乡村木匠和画工到画、印、书、诗皆精的大画家，再到开创一代新画风，将传统中国画推到新高峰的绘画大师和世界文化名人，齐白石走过了多么漫长而艰辛的学艺之路。

齐白石从38岁起离乡出游，五出五归，遍历陕、豫、冀、鄂、苏、沪及两广，饱览名山大川，广结当世名人，并两次到北京。1919年北上避乱，定居北京。

齐白石定居北京时虽已55岁，但齐白石长寿，在他93岁的生命中，有近40年在北京度过。北京是他除家乡外居住时间最长的城市，可以说是他的第二故乡。北京又是他实现“衰年变法”，改变画风，艺术上从成熟走向辉煌的城市，可以说是画坛巨匠齐白石的“诞生”之地。

1903年　齐白石第一次云游到达北京

1889年一次偶然的机会，齐白石拜湘潭当地画家胡沁园学习工笔花鸟，又师从当地名士陈少蕃读书习文。读书学画让齐白石眼界渐宽，画艺大长，并进入了文人雅士的社交圈。1899 年经朋友介绍，齐白石拜会了当时被誉为经学宗师的诗文大家王湘绮。王很赏识齐的画与篆刻，齐正式拜其门下。这次拜师再次扩大了齐白石的交往圈子和层次。经过十年的刻苦磨炼，齐白石完成了从一个木匠、画匠到乡间画师和文人的过渡，为他后来职业画家生涯奠定了坚实基础。

1902 年秋，齐白石应朋友夏午诒、郭葆生的约请去西安，这是齐白石的第一次远游。他在西安住了三个多月，游碑林、雁塔、清华池等名胜，结识了著名诗人樊增祥。他观摩了樊收藏的许多古代名画。

1903 年春，齐白石与夏午诒一同赴北京。这是他第一次到北京，住在宣武门外北半截胡同夏午诒家。

在北京，琉璃厂的文物书画让他流连忘返，各种不同流派的书画让他着迷，广和楼的京戏让他陶醉。京城丰厚的艺术精华，以不同的方式滋养着他、丰富着他。

初夏，齐白石离京，经天津、上海、武汉回到家乡，完成了他的第一次远游。此后至 1909 年他又四次外出远游，饱览祖国大好河山，实践了“行万里路”的古训。

1917 年　齐白石第二次进京

五出五归后，齐白石本不再打算远游。他要在家乡“读万卷书”，补上文化基础薄弱这一课。他苦读诗书，作诗吟联。他还静下心将远游时攒下的画稿重新再画，又临摹了许多历代名画，提高自己的画技。

但是天不遂人愿。1916 年 10 月，护法军与北洋军队在湖南展开一场大战，整个湖南成为一个大战场。各地劫匪也乘机而起，偷窃抢劫，混乱异常。人们纷纷到外地避难，是走是留齐白石进退两难，一筹莫展。就在这时，齐白石接到了一封樊增祥从北京的来信，劝他到北京避难，并在京卖画。好友的信使齐白石动了心，于 1917 年 5 月只身来到北京，这距第一次来北京已经 14 年了。

琉璃厂荣宝斋（赵敏拍摄）

到京后，他住在好友郭葆生家。郭家在前门外西河沿排子胡同一家叫阜丰米局的后院。然而住了不到 10 天，恰遇张勋复辟，北京城内风声鹤唳，他随郭葆生一家到天津租界避难。6 月底才又回京，住到琉璃厂东街东口延寿寺街炭儿胡同。不久，应一同乡老友之约，一同搬到了法源寺内借住。

回京后，齐白石即在琉璃厂荣宝斋挂出了卖画刻印的润格。当时齐白石虽然在家乡有了一定的名气，但在京城却还无人知晓，因而生意清淡，买画者很少。就在这时，一个对齐白石一生的艺术发展极为重要的人物出现了，他就是陈师曾。

陈师曾家族显赫，他的祖父陈宝箴是清末名臣，曾任湖南巡抚，是维新派的重要支持者。他的父亲陈三立是近代著名诗人，而他的三弟是历史学家、国学大师陈寅恪。陈师曾本人对中西文化有着全面的修养，担任多所大学的教授。他更是我国近代美术史上一位杰出的大画家，是吴昌硕之后新国画的重要代表人物，在当时的北京美术界有着重要影响。

一天陈师曾逛琉璃厂偶然看到了齐白石的印章，大为赞赏，便到法源寺拜访齐白石。两人见面后谈得很投机，大有相见恨晚之感。齐白石拿出自己的画让陈师曾点评。陈师曾特意为齐白石题了一首诗，赞扬了他的绘画与篆刻，也指出齐白石的画风恐难被世人接受，但他希望齐白石不要迎合别人，要发挥个性，创造自己的风格。此后齐白石常带着自己的画到西单库资胡同陈师曾的书房“槐堂”中虚心请教，谈诗论画，两人成为至交。这次在京期间，齐白石还结识了当时北京画坛的一些知名画家如王梦白、陈半丁、姚茫父等和诗人罗瘿公，名医萧龙友等。与这些人的交往，使齐白石的眼界和心胸得到进一步拓宽。

到了9月，齐白石听说家乡战乱稍有平息，于10月初离京回乡。

1919年　齐白石来京定居　借住在寺庙

回乡后齐白石看到家已被洗劫一空，战乱也没有平息，并时有传言说“芝木匠发财了，去绑他的票！”齐白石只好带着家人匿居在紫荆山上的亲戚家。这样胆战心惊地过了一年，也不是长久之计。齐白石深感家乡虽好，已不是安居之地，他艰难地抉择：移居北京。

齐白石10岁时，家里就给他定了亲。女方叫陈春君，比他大1岁。很快姑娘就到齐家做了童养媳。1881年两人圆了房。陈春君贤惠勤劳，打理着家中的里里外外，不让齐白石分心。30多年过去了，当齐白石决定移居北京时，父母早已年过古稀，家中还有多个儿孙。陈春君决定暂不随丈夫进京，她要留在家乡照顾一家老小。但她又不放心齐白石的生活起居，希望能物色到一个人替自己照顾丈夫。

1919年初春，齐白石一人独自进京了，这是他第三次进京。他在诗中写道：“借山亦好时多难，欲乞燕台葬画师。”表示了定居北京、终老京华的决心。到京后他仍借住在法源寺内。

当年中秋节时，妻子春君带着一个18岁的姑娘胡宝珠来到北京。胡是一个朋友送给齐做丫鬟的。春君看她聪明而又老实，会照顾人，很是喜欢，故欲将她聘为齐白石的侧室。征得齐白石同意后，将她送到了北京。她们来京后，因为法源寺没有多余的房屋，齐白石一家搬到了陶然亭附近的龙泉寺。当年冬，齐白石陪春君回到老家，此后妻子在家乡生活，1940年在湘潭老家去世。

齐白石 1920 年春带着三子良琨和长孙秉灵一同回到北京。此后胡宝珠陪伴在齐白石身边，对他的饮食起居殷勤服侍，无微不至。

在龙泉寺住的时间不久，由于交通不便，他们搬到了宣武门内石灯胡同中的石蹬庵。在石蹬庵也没有住久，因庵内住持养了许多鸡犬，整天鸡鸣犬吠不绝于耳，齐白石无法静心作画，很快搬到了不远的象坊桥观音寺内。不料观音寺内佛事很忙，佛号钟声昼夜不断，也不是清净之地。

齐白石到北京定居之初，搬了几次家，都住的是庙产。他曾戏诗一首称自己与佛有缘：“法源寺徙龙泉寺，佛号钟声寄一龛。谁识画师成活佛，槐花风雨石灯庵。”

数次搬家　在迁徙中不忘“衰年变法”

接连借住了几座寺庙都不得安宁，齐白石决定搬出寺庙，租民房居住。约在 1922 年初夏，他搬到三道栅栏 6 号，租了几间民房。三道栅栏在阜成门内大街以南，大院胡同西口以西，东西向，后改名三道栅栏胡同。1923 年中秋节后，他又搬至太平桥大街附近的高岔拉（后改称高华里）1 号。

尽管频繁搬家，居无定所，但齐白石从未停止对绘画风格的探索。从进京定居后，在陈师曾的鼓励下，他就开始了长达十年的“衰年变法”。所谓“衰年变法”就是一个艺术家在生命的晚年对自己的艺术进行一次彻底的改变。这不仅需要深厚的功力，更要具有极大的勇气、气魄和精力，还要有对时代审美风尚的敏锐把握，而这些齐白石恰恰都具备。

齐白石原来的画是沿袭八大山人的冷逸疏朗、笔墨极简的画风，格调虽高，知音很少，与普通民众的审美需求有着很大差距，因而极少有人问津。齐白石自己也敏锐地觉察出了问题，决定改变画风。向哪个方向改呢？在陈师曾的建议下，他将目光投向了吴昌硕。

吴昌硕是清末民初画坛一代宗师。齐白石发现虽然自己和吴昌硕都画大写意，但自己的过于古朴冷寂，而吴的画气势雄健，色彩浓丽，酣畅淋漓。于是齐白石以吴昌硕的作品为蓝本，走上了变革之路。他并不是一笔一画地临摹，而是着重体味吴昌硕的笔墨和色彩的精神韵味，同时广泛吸取各家精华加以改造，经过十年的苛刻磨炼终于创造出了他的具有生命力、富有民间趣味、又不失文人画高雅气息的一代齐氏新画风。

1922 年，陈师曾和金城要到日本参加《中日联合画展》，他特意让齐白石画了多幅新作到日本参展。结果齐白石的作品引起轰动，所带作品全部售出且价格丰厚，法国也要请他去参加巴黎艺术展。

齐白石的画在日本广受欢迎后，琉璃厂画店的老板也纷纷高价收购齐白石的作品，齐白石的画销路大开。

定居胡同

齐白石的画打开销路后有了些积蓄。他终于在 1926 年底在辟才胡同西口北面的跨车胡同买了一个小院。

辟才胡同在西单北大街路西，东西向，西接太平桥大街。在辟才胡同以北有一片北京少见的南北向胡同，如榆钱胡同、千苇胡同、辟才头条至六条胡同等，而跨车胡同是这片胡同中最西的一条很短的胡同。这个小院坐西朝东，是一座带跨院的三合院。三间北房是当年老人的画室，因屋前安有铁栅栏，又称铁栅屋。屋檐下悬挂着白石老人亲自篆刻的篆体“白石画屋”横匾。

搬入跨车胡同后的第二年，国立北京艺术专门学校校长林风眠登门拜访，请齐白石到该校教授中国画。齐白石认为自己是“乡巴佬”出身，怎能到洋学堂教书！竭力推辞，但林风眠态度恳切，再三聘请齐白石只好应聘。没想到开课后受到学生和同事的欢迎与好评，齐白石十分欣慰。

1928 年，北京更名北平，艺专更名“北平大学艺术学院”。他继续在该校任教。当年冬，从欧洲回国不久的徐悲鸿就任艺术学院院长。他高度评价齐白石的创新精神，他对学生们说：“齐白石可以和历史上任何丹青妙手媲美，他不仅可以做你们的老师，也可以做我的老师。”他继续聘齐白石担任教授，执教艺术学院。徐悲鸿还为齐白石编画集，亲自写序，送到上海出版，提高齐白石在画坛的地位。由于受到保守势力的反对，徐悲鸿仅上任三个月便辞职离开北平，但两人的友谊却保持了25年，直至徐悲鸿1953年病逝。

跨车胡同齐白石故居（赵敏拍摄）

在北平，齐白石与梅兰芳也结下了深厚情谊。齐白石很喜欢看戏，对于伶界大王梅兰芳早就仰慕不已。1920年9月的一天，齐白石的同乡好友也是梅兰芳的至交齐如山约齐白石到梅家做客。当天梅兰芳推掉一切应酬专门在家等待。见面后两人一起谈诗论画，十分融洽。梅兰芳给齐白石看他的绘画习作，齐白石也当场为梅兰芳示范画花草，梅在旁为齐磨墨理纸。画完后梅兰芳清唱一段《贵妃醉酒》，齐白石大饱耳福。

一次齐白石应邀参加京剧名家姚玉芙的婚宴。宾客都穿着十分华丽，齐白石却穿着日常的褐色长衫，与华贵的气氛很不和谐，谁都不理会他。齐白石独坐一旁感到十分窘迫。这时正在和别人交谈的梅兰芳径直走到齐白石面前鞠了一躬，恭敬地和他交谈起来。这才引得众宾客对齐白石另眼相看。齐白石倍感世态炎凉，归途中赋诗曰："记得先朝享太平，草衣尊贵动公卿。如今燕市无人识，且喜梅郎识姓名。"又特意画了幅《雪中送炭图》送给梅兰芳。1925年，梅兰芳正式拜齐白石为师，两人友谊持续了一生。

到1928年，齐白石痛苦求变的十年结出硕果。他逐步进入了一个"一花一叶扫凡胎，墨海灵光五色开"的新境地。

在日伪统治北平期间，齐白石辞去艺术学院教职，深居简出，极少与人交往。为了减少麻烦，他在大门上贴了一张告示"白石老人心病复作，停止见客"，后又贴了一张告白"画不卖与官家，窃恐不详"，再后来干脆在大门上贴上"停止卖画"四个字。表现了他的民族大义。就在这最艰难的时期，1944年1月，悉心照料他25年之久的胡宝珠年仅42岁因病去世了，国恨家仇更让这位老人悲愤难耐。

最后的辉煌

1949 年 1 月 30 日，北平和平解放。当北平万人空巷欢迎人民解放军进城之日，齐白石从内心感到“已卜余年见太平”，不顾年老体弱加入街头欢迎的行列。

中华人民共和国成立后，齐白石博大精深的艺术真正得到了人民的理解和社会的高度评价。党和政府给了齐白石巨大的荣耀。

1950 年 4 月的一天，毛主席派章士钊邀请齐白石到中南海丰泽园赏花吃饭，朱德与学者俞平伯作陪。丰泽园内两株三丈高的海棠花盛开，大家边赏花边交谈。因同为湖南湘潭人，毛泽东与齐白石乡音相通谈得更为融洽。饭桌上特意备了湖南菜，齐白石老人胃口大开，还高兴地喝了葡萄酒。后来齐白石精选了两幅作品送给毛主席。一幅是他 1937 年写的篆书对联“海为龙世界，云是鹤家乡”；一幅是 1941 年画的“鹰”及一方圆砚。毛主席给了他丰厚的润资，以示感谢。

1950 年 11 月间，齐白石的家乡湖南湘潭开展土改运动。由于他家收过地租被当地工作队划为地主成分，并搜集材料准备批斗。齐白石得到消息后

齐白石在作画

很不安，也想不通。因为他出身清贫的农家，家道曾经一贫如洗，直到他定居北京后家境才有所好转。但齐白石不知如何处理，只好找好友徐悲鸿商议。徐悲鸿让他直接给毛主席写信反映情况。1951 年元旦后，齐白石给毛泽东写了信，叙说他的家庭情况。毛泽东接到信后，在信笺上批道：“请王首道同志转交湘潭县委认真研究处理。”同时亲笔给齐白石回了信。湘潭县委接到毛泽东批示后，按政策征收了齐白石家的几亩耕地，但对他家不挖“浮财”，也没有划地主成分。

面对欣欣向荣的新社会，齐白石心情舒畅。他把对新生活的热爱注入笔端，他的绘画艺术也达到了巅峰。他保持着旺盛的创造力，开始画“万年青”“和平鸽”等过去没有画过的题材。1953 年这一年，齐白石作画 600 多张。他获得了巨大的荣誉，当选第一届全国人民代表大会代表、中国美术家协会主席、中国画院名誉院长。1953 年，齐白石获中央文化部授予的“人民艺术家”称号。1956 年，获得世界和平理事会 1955 年度国际和平奖金。

政府对齐白石的生活也极为关怀。1950 年，周总理了解到齐白石居住的跨车胡同 15 号年久失修，又破又漏，便命政务院机关事务管理局派人无偿将房屋修理粉刷一新。小院里春意盎然，花圃里没有奇花异草，种的是丝瓜、南瓜、牵牛花，而齐白石以这些为素材，画出了《丝瓜牛蜂》《丝瓜葫芦》《牵牛花》等佳作。白石老人的画室里更是嘉宾如云，高朋满座。梅兰芳、姜妙香、老舍、胡絜青、徐悲鸿、吴祖光、新凤霞等文化界名人都是这里的常客。老人在这里收胡絜青为徒，认新凤霞为义女。

周总理还不放心，又委托文化部和全国美协为他物色一处更好的住房。

1955 年，为改善他的生活条件，中国美术家协会为其购买了南锣鼓巷 5 号院（现为雨儿胡同 13 号）。这个院原是清内务府一个总管大臣的私宅，因为建筑时私用了皇宫的料，建制又超越了等级，因而被参劾，宅子也被分成几部分出售。13 号院只是其中一部分，房屋高大，庭院宽敞，条件比跨车胡同好得多。修葺一新后，齐白石于年底搬了过去。

但搬入新居后，面对政府的特殊照顾，齐白石寝食难安，思念自己的平民小院。不久，齐白石向周恩来总理表明了自己不愿增加国家负担的心思。

修缮前的雨儿胡同13号院内（赵敏拍摄）

善解人意的周总理尊重老人的意愿，1956年春，齐白石又搬回了跨车胡同。

1957年春，齐白石的身体日渐衰弱。5月毛主席特派陈伯达和田家英到家中看望。初夏的一天，老人精神稍好，立即起身作画，画了一幅红花墨叶的“牡丹”，这是他的绝笔。

9月15日晨，齐白石开始精神恍惚。16日下午，被护送至北京医院，下午6时40分，老人与世长辞。9月17日，遗体在北京医院入殓。9月21日，在北京嘉兴寺举行公祭。周恩来、陈毅、林伯渠等国家领导人与社会各界400多人参加。公祭后移灵到齐白石生前选定的西郊魏公村湖南公墓安葬。墓前立着花岗岩石碑，上刻白石老人生前所篆的“湘潭齐白石墓”。老人的右侧是胡宝珠的墓。

1963年，齐白石在百年诞辰时被列为世界文化名人。

2007年是齐白石逝世50周年，第二届齐白石文化艺术节在湘潭举办，设立了中国美术界的最高奖——“齐白石大奖”。

齐白石故居与墓地现状

1926年，齐白石买下跨车胡同15号，在这里居住了30年，作画2万余幅，他成熟期的艺术精品绝大多数都是在这个小院里完成的。世纪之交，在辟才胡同拓宽工程中，齐白石故居一度面临拆除。在各界人士的呼吁下，最终被保留了下来。2004年太平桥大街拓宽，跨车胡同大多数院落都被推倒，只剩下这一个院子在新建楼群的包围之中。齐白石的后人和许多人大代表、政协委员多次建议，将这里辟为齐白石故居加以保护。但由于资金、产权等诸多问题，至今没有解决。故居已日渐破败。

雨儿胡同的齐白石旧居在齐白石搬回跨车胡同后不久，此院改为齐白石纪念馆。“文化大革命”中，纪念馆被撤销。此院成为北京美术家协会办公地。2012年此院被修葺一新，重新恢复为“齐白石旧居纪念馆”。院中竖立着齐白石的全身塑像，室内陈列着齐白石生平和画作。

齐白石安葬时，魏公村还是郊区。湖南公墓由一片柏树环绕，环境清幽肃穆。“文革”期间墓被破坏，墓碑被砸断。1982年墓地重修，墓碑由齐白石的弟子、著名书画家李苦禅撰写。2001年齐白石墓被列为海淀区文物保护单位。

几十年来，墓地周围环境发生了巨大的变化，早已由城郊变成了闹市。在这里兴建魏公村居民小区时尽管规划做了调整，该地块上的一座居民楼少建一个单元，墓园得以保留。但面积已大大减少，柏树林已被砍伐。再后来墓地周围违建越来越多，垃圾随处扔，任意大小便，环境越来越差。面对齐白石墓地被破坏，文保人士和居民十分愤慨，他们多次举报，引起了舆论的关注。2010年，《北京日报》等报刊相继报道，海淀区城管大队高度重视，对齐白石墓地进行整顿，拆除了违建，修补了破损的人行道，补种了绿植，环境有所改观。

但闹市中的墓地整体环境不可能根本改变，经过反复考虑，齐白石后人决定迁墓，将墓地迁往西山的金山陵园。这一决定也得到北京市文物局与海淀文委的审批。2013年底，迁墓完成。

新墓位于陵园高处，占地100多平方米，坐西朝东，依山而建，可远眺玉泉古塔，仍列入海淀区重点文物保护单位。

淡出人们视野的两座老宅
——寻访朱启钤故居

2015 年是前门地区改造 100 周年，修建北京环城铁路 100 周年，中国第一个古建筑研究团体中国营造学社成立 85 周年。而这一切都与一个人有关，他就是中国古建筑研究的开拓者，北京旧城改造的先行者，著名爱国民主人士朱启钤。

朱启钤还主持开办了北京第一座市民公园——中山公园的前身中央公园，开设了北京第一所综合博物馆——古物陈列所，打通了南北长街和南北池子……北京的许多地方都留下了他深深的印痕。

近几年我多方探寻朱启钤在北京城最初改造中留下的成果，也寻访了他在北京的两座故居。

名人荟萃的北总布街区

朱启钤 20 世纪 30 年代在北京的故居是在东城区北总布胡同街区。

北总布胡同是东总布胡同东段北面的一条南北向的胡同，北起大雅宝胡同，南至东总布胡同。胡同内原有一座建于明代万历年间的城隍庙，因而清乾隆时称城隍庙胡同，宣统时称城隍庙大街。民国八年（1919 年）城隍庙因有碍交通而被拆，改称北总布胡同。北总布胡同与朝阳门南小街之间有多条小胡同。这些胡同中住过许多名人，可以说名人荟萃。我在寻访朱启钤故居前先熟悉周边环境，在这多条小胡同中徘徊。

从北总布胡同北口进入，一进口路东 2 号是美国石油钢铁大王洛克菲勒用建协和医院余下的材料为他的父母建造的一所大宅。抗日战争胜利后，这里曾是国民党第十一战区司令长官孙连仲的住宅，也曾是军调处国民党代表驻地。中华人民共和国成立后，原国民党云南省政府主席兼十三路军总指挥龙云从香港到京后在此居住。

向南不远，北总布胡同中段路东 24 号（原门牌 3 号）是梁思成、林徽因夫妇 1931 年至 1937 年在北京的住所。在这所三进四合院中，常常是名人会聚，高朋满座，成为许多文人学者的聚会中心，这就是著名的“太太的客厅”。

再往南 32 号是北平国立艺术专科学校旧址。徐悲鸿任校长，他广聚人才，聘请齐白石、叶浅予、李可染、李苦禅、吴作人等中西绘画大师在这里任教，培养了许多美术人才，这里被誉为我国美术教育的摇篮。

在北总布胡同中段西侧有前、后赵家楼胡同。赵家楼闻名全国是因为五四运动。

第一次世界大战结束后，英、美、法、意、日等战胜国于 1919 年 1 月在巴黎召开“和平会议”。会议拒绝了中国代表提出的取消丧权辱国的“二十一条”等维护中国国家主权的要求，但北洋军阀政府竟准备在和约上签字。消息传出，举国愤怒。

1919 年 5 月 4 日，北京 3000 多名学生会集在天安门广场，高呼“外争国权，内惩国贼”“取消二十一条”等口号，要求严惩卖国贼曹汝霖（签订“二十一条”时任外交次长）、陆宗舆（签订“二十一条”时任驻日公使）和章宗祥（时任驻日公使）。

集会后学生们游行至东交民巷受到使馆巡捕阻拦，他们又折向北，到曹汝霖的住处前赵家楼胡同 1 号示威。学生们到曹宅前，见大门紧闭，围满军警。愤怒的学生越墙而入，打开大门，冲进曹宅，痛打了躲在曹府的章宗祥，在曹宅点起了大火。当时曹汝霖藏在一间储藏室内，未敢出来。赵家楼的火光照亮了古城北京，中国近代史掀开了新的一页。

前赵家楼胡同以南是大、小羊宜宾胡同。

中国共产党的早期领导人、翻译家和作家瞿秋白曾住在这里。瞿秋白16岁随堂兄瞿纯白来到北京，住在堂兄大羊宜宾胡同的家中，在北京大学旁听了半年。1920年10月，他赴俄国考察，1923年初回到北京后他仍居住在堂兄瞿纯白在大羊宜宾胡同的住宅中。这是一个不小的住宅，有大小四五个院落，瞿秋白住在前院正房，房前植有两株西府海棠。在这里瞿秋白潜心著作，完成了《俄乡记程》《赤都心史》等重要作品，宣传十月革命，报道苏联的真实情况。他还完成了《国际歌》歌词的翻译与配唱。

美国著名汉学家费正清夫妇20世纪30年代也曾在大羊宜宾胡同居住。在《费正清自传》中译本中，他当时在北京的寓所被译为“太阳一品胡同”。这个胡同在北京是肯定没有的，很可能是大羊宜宾胡同之误。当时他们夫妇是“太太的客厅”的常客，而林徽因的“太太的客厅”在北总布胡同，离大羊宜宾胡同只有数分钟的路程。

朱启钤的故居就在这样一个名人荟萃的街区，在后赵家楼胡同西北的赵堂子胡同。

赵堂子胡同3号朱启钤故居

北京的胡同大都横平竖直，多形成十字交叉。但东西走向的赵堂子胡同北与宝盖胡同、南与宝珠子胡同相通，东与后赵家楼胡同、西南与阳照胡同相交，形成了一个在北京很少见的五条胡同相连的胡同枢纽，人称“五路通祥”。

赵堂子胡同东头路北3号是一座有高台阶广亮大门的大宅院，是著名古建专家、爱国民主人士朱启钤先生的故居。

朱启钤（1872—1964年）是贵州开阳人，晚年被尊称为蠖公，是清末民初集官僚、实业家与学者于一身的人物。他是光绪年间举人，历任京师大学堂译书馆监督、京师巡警总厅厅丞等。辛亥革命后任交通总长、内务总长，并一度代理国务总理。1919年，任南北议和北方总代表，议和破裂后退出政治舞台，一度移居天津。

20 世纪 30 年代初，朱启钤由天津回北京，先住在宝珠子胡同 1 号。这时北洋政府前财政次长贺德霖在赵堂子胡同 3 号一座未完工的住宅要出售。这是一座坐北朝南，占地3000多平方米的四进四合院。朱启钤与其五女婿共同买下了这座住宅。自己重新设计督造，用料讲究，工艺精细，建成了一座颇具特色的住宅。据朱启钤之子朱海北回忆，院内的彩画及建筑上的做法，完全按《营造法式》进行，所用木工、彩画工都是为故宫施工的老工匠。可以说这座宅院倾注了朱启钤大量心血，在做工上完全是中国传统的，但在院落格局上却进行了创新。

赵堂子胡同 3 号（赵敏拍摄）

进入广亮大门，正对着的是一条贯通南北的走廊，形成一条南北轴线将整个宅院分成东西两个部分，共八个院落，两部分各有四进院落，西面的院落东部以长廊为界，没有东厢房和东墙，东边的院落西部也以长廊为界，没有西厢房和西墙，这样两边的几个院落视野都非常开阔，由长廊一端望去显得幽静深邃。东西两边既相互联系又互不干扰。一位研究中国古建的学者将自己的住宅改建得既古色古香又舒适适用，让人耳目一新，这所住宅可以视为近代四合院革新的成果。

中国营造学社在这里为中国古建筑研究树立了一座丰碑

该院建成后，后半部是朱启钤及其眷属的住宅，前半部为“中国营造学社”。

朱启钤的最大贡献是对我国古代建筑的研究。1919 年，朱启钤在江南图书馆发现了宋代李诫的《营造法式》手抄本，引起极大兴趣，委托商务印书馆以石印本印行，同时又在北京刊行仿宋本。之后又组织人员对《清钦定工部工程做法》一书进行校注。于1925年办营造学会，1930年2月正式成立中国营造学社，这是中国第一个建筑学术团体。朱启钤亲任社长，并为学社请来最为优秀的学术精英：东北大学建筑系主任梁思成，中央大学建筑系教授刘敦祯，建筑师杨廷宝、赵深、陈植、林徽因等。日后他们都成为中国建筑界中的领军人物。

社内设法式部和文献部，分别由梁思成与刘敦桢任主任，率领一批专业人士从事中国古建研究。15年间，他们踏遍了近200个县市的山山水水，实地考察测绘了近2000处古建筑，并出版《中国营造学社汇刊》《工段营造录》《元大都宫苑图考》《营造算例》《牌楼算例》《清式营造则例》等书刊。他们是用现代科学方法研究我国古代建筑的开拓者，为中国建筑史学打下坚实基础，成就是前无古人的。看着这座古老的宅院，我仿佛看到当年众多中国建筑界的精英会聚于此，他们在这里翻阅典籍，绘制图纸，为抢救和振兴中国的古典建筑艺术而日夜忙碌。

日寇统治北京期间曾再三威逼朱启钤出来担任伪职，他推托有病拒绝出任。日本人就借口住在赵堂子胡同的大汉奸王克敏需要加强警戒，强迫朱启钤搬家。抗日战争胜利后，国民党接受大员认为他家宅地下埋有珠宝，竟将所有地板撬开搜寻，结果一无所获。后经蒋介石、宋子文等过问才发还朱家，但已破旧不堪。经朱启钤的次子朱海北稍加修缮后居住。中华人民共和国成立后，朱海北将这所宅院捐献给政府，一直作为外交部宿舍。

1984年，东城区人民政府将赵堂子胡同3号作为“朱启钤故宅”，公布为东城区文物保护单位。

东四八条111号 朱启钤旧居

北平解放前夕，朱启钤寓居上海。周恩来曾授意来北平参加国共和谈的章士钊写信给朱启钤，劝他留在大陆。上海解放后，周恩来即派朱的外孙章文晋接他来京。到京后，朱启钤住进了东四八条 111 号，此宅是他女儿朱湄筠的房产。

在东四北大街路东，朝阳门内大街以北，朝阳门北小街以西，这片区域，自南向北依次排列着东四头条至东四十四条的 14 条胡同。东四街巷的历史可以上溯至元大都时期，在元代属寅宾坊和居仁坊范围，明代这里改称思城坊和南居贤坊，清代则划归正白旗辖区。明代嘉靖时的《京师五城坊巷胡同集》中，已经有了东四“头条胡同”至“四条胡同”的记载。

修建于元代的东四胡同排列整齐，布局规整。其中三条至八条街巷严格按照大街 24 步，小街 12 步，胡同 6 步的规格建造，呈现了完整的“鱼骨”式的胡同肌理，现在依然保持着当年的格局。东四胡同里一座座古旧的门楼，旧式的店铺，经典的四合院群落，不但建筑历史悠久，而且具有丰厚的人文底蕴、清晰的历史文脉，为北京历史文化保护街区。

东四八条，明朝称正觉寺胡同，因胡同中部北侧建有正觉寺而得名。据《燕都丛考》记载：正觉寺为明正统十年（1445 年）所建，有敕建碑。胡同内

作者陈溥在朱启钤旧居内与其后人交谈（赵敏拍摄）

还有承恩寺，为明太监冯保奉敕所建，张居正曾为寺撰写了碑文，寺兴工于万历二年（1574 年），建成于明万历三年（1575 年）。

朱启钤在东四八条住下后，便以中兴轮船公司董事长的身份，同其他常务董事共同努力，把滞留香港的九条货轮召回大陆支援国内海运。他将珍藏的名贵文物 56 件捐献给故宫博物院，文化部颁发奖状予以表彰。他还先后将大量藏书分别捐给北京图书馆、清华大学、古代建筑修整所和贵州图书馆。国家也给了他很大的荣誉，他被聘为中央文史研究馆馆员，古代建筑修整所顾问，并任第一届北京市政协委员，第二、三、四届全国政协委员。

我曾几次去东四八条寻访朱启钤故居，本以为东四八条胡同很规矩，也没有大的拆改，应该很容易找，但实际寻访时却费了不少周折。我从东四八条西口进去，循着路北的门牌往东走。很快就看到了东四八条 71 号，门口挂着铭牌，此宅是我国著名教育家、作家、新文化运动的先驱者、现代文学巨擘叶圣陶故居。根据当前北京胡同门牌排列的规矩，111 号应在 71 号之西，我又返回往西寻找。很快就找到了胡同西口，仍不见 111 号。我因有事，匆匆离去。

几天后，我又重访东四八条。看到胡同西口路边几位老人正在聊天，赶忙上前询问，一位老者告诉我，111 号的大门不是直接开在胡同街面上，而是向北凹进去的，有二三十米，开在东四八条 109 号和 113 号两院形成的夹道内。

我再次走进胡同，往东不远，果然看到了一个夹道。当时正是奥运前夕，几位戴着红袖章的女士在值班。我正要往夹道里走，其中一位问找谁？我说想看看 111 号的朱启钤故居。几个人指着其中一位说，你算找对了，这位是他的后人。我既紧张又兴奋，因为许多名人之后不愿意接受采访，何况我既无记者证又无介绍信，之前也碰过钉子。我忙试探着问："可否进院子看看？"不料这位中年女士十分热心，痛快地说："走，我领你去看。"她带着我，边走边介绍，还说了不少朱启钤的故事。

111 号旧时的门牌是 54 号，在胡同夹道北端，坐北朝南。原宅院由三进院落和一个东跨院组成。一进院是通向二门及车库的小院，迎面是三间南房的后墙，西面一间是迎门的砖影壁，再往东是一座高台阶过道门，上部有雕花，十分讲究，这才是这所住宅的真正的院门。进院向东经汽车房连接用人房，然后可进到厨房小院。向北进入二门，二门内是由南房、中厅和东西厢房组成一个完整的四合院。院落的东北有角门，出角门向东可通东跨院，向北经走廊可到后院。

东跨院院子不大，但十分幽静。带廊子的北房三间，是朱启钤起居所在。房前有一个宽大的玻璃廊子，整年阳光充足。院内有一架藤萝和一棵枣树。春天紫藤花开，满院清香，秋天枣子熟了，挂满枝头，显得秋爽宜人。

1957 年深秋的一个傍晚，周恩来到东四八条 111 号看望朱启钤。朱启钤要家人为总理上茶。而总理的随行保卫人员出于当时的安全规定，向朱家的人摆手，示意不必上茶。由于朱启钤年事已高，眼花耳聋，没有看清人们的举动，仍在不断催促："快给总理上茶！"茶端上来后，周恩来端起来就喝，还吃了糖果。总理的这一举动解除了难堪的局面，拘谨的气氛一下消失了。

周恩来说他在北戴河看到一篇碑文，上面有他叔父周嘉琛的名字，问朱启钤可否知道。朱启钤说："民国二年，我任内务部总长，举办县知事训练班时，你叔父是我的门生，当时他正在临榆县知事任内。"周恩来笑着说："那你比我大两辈，我和章文晋（朱启钤的外孙）同辈了。"谈话时，朱启钤因耳聋经常打断周恩来的谈话，家里人就向他摆手示意。周恩来看到后说："不要阻止他，让老先生说嘛！"朱启钤担心死后被火化，托付周恩来："国家不是说人民信仰自由吗？我不愿意火葬，我死后把我埋在北戴河，那里有我继室于夫人茔地，我怕将来办不到，所以才和你说，你帮我办吧！"周恩来高声回答："我一定帮你办到，你相信我，放心吧！"朱启钤脸上露出欣慰的笑容。朱启钤对家里人说："总理是我在国内外所遇到的少有的杰出政治家，也是治理我们国家的好领导。可惜我生不逢时，早生了 30 年，如果那时遇到这样的好领导，我从前想做而做不到的事一定能办到。"

1961 年，朱启钤在家中庆祝 90 岁寿辰，许多社会名人前来祝寿，周恩

1961 年为朱启钤庆贺 90 寿诞（中坐者为朱启钤　朱身后为梁思成）

来总理也送了一个大花篮。后来周恩来总理又亲自在全国政协小礼堂为他主持了祝寿活动。

1964 年 2 月 26 日，朱启钤病故，终年 92 岁。

章士钊曾住在朱启钤宅后院

朱启钤宅后院是整个院落中院子最大、房间最多、最气派的一个。北面有三间高大的正房、耳房，东西厢房各三间及锅炉房，南面是二进院的带廊中厅。在后院曾住过另一位重量级人物章士钊。

章士钊是我国近代史上的著名学者。他既搞学术，又沉溺政治，时而执教，时而从政，时而主编报刊，时而出任律师。辛亥革命前，他曾担任《苏报》主笔，后又创办《国民日报》，写了大量文章，鼓吹推翻清廷，积极宣传革命。

但在“五四”前后他坚决反对新文化运动，反对白话文，并终生坚持。1932年10月，陈独秀因“宣传共产主义，危害民国”的罪名被捕，并将开庭审判。当时无人敢为其担任辩护律师，章士钊挺身而出为陈独秀辩护，他的辩词论点明确，逻辑严谨，轰动一时。1949年1月，李宗仁任国民政府代总统，章士钊被任命为北平和平谈判国民党代表团成员。

谈判破裂后，他毅然脱离国民党代表团，转赴香港。后回到北京，他的家眷也从上海迁来，暂时没有住处，朱启钤邀请好友章士钊一家搬进后院居住。章士钊的长子章可居住南面三间。他的女儿章含之就住在北面东头一间。周恩来总理到东四八条看望朱启钤时，得知章士钊一直借住在朱家后院，感慨地说：“解放十年了，你还住在朋友家里，怎么从来不告诉我们为你找幢房子？！我太疏忽了，没有想到，对不起朋友啊！”周总理亲自过问和安排他的住宅，1960年，章士钊迁至史家胡同51号院。此事成为一段感人的佳话。

自学成才的史学大师陈垣在北京的58年

陈垣，字援庵，广东省新会县石头乡富冈里人。1880年11月12日出生于一个药材商的家庭。他没有海外留学的经历，甚至也没在国内读大学历史系的经历，完全凭自己刻苦自学，博览群书，成为我国少有的具有国际声誉的史学大师。毛主席称赞他为“国宝”级的史学家。他又是教育大家，担任北京辅仁大学、北京师范大学校长长达45年，是我国迄今为止任大学校长一职时间最长的学者。

早年他在广州参加反帝反封建的革命活动，参与筹办广州的进步报刊《时事画报》，主编《震旦日报》及其副刊《鸡鸣录》。辛亥革命后，陈垣以革命报人的身份当选众议员。1913年初赴北京，参加中华民国第一届国会，从此便定居北京。在他91岁的人生中有58年是在北京度过的。

在北京的前26年 陈垣一直租房居住 数度搬家

陈垣在北京的第一处住所在宣武门内象来街，因为当时的国会就在象来街上（也有材料称是在宣武门内抄手胡同53号）。他在这里住了八年。后来搬到西安门大街65号住了近六年。

这十多年，在陈垣的生命中是极为重要的岁月，是他由从政转向学术研究和教育管理，并取得重大成就的时期。

到京后，他先后在梁士诒主持的全国税务处、毛革改良会等机构任职。1921 年 12 月，梁士诒任国务总理，任命陈垣为教育次长。因部长黄炎培未到职，他代行部长职务。年纪轻轻已是部级高官，按从政的路走下去，陈垣前程或不可限量。但辛亥革命之后的现实，逐步打破了他的幻想。他后来回忆当时的思想情况说:“眼见国事日非，军阀混战连年，自己思想没有出路，感到生于乱世无所适从。只觉得参加这样的政治是污浊的事情，于是就想专心致力于教学与著述。”

国会旧址（赵敏拍摄）

北京四十一中学（原平民中学）

1922 年 5 月，陈垣辞去教育次长职务，全身心地投入史学研究和学校教育中。

1920 年，华北地区大旱，灾区青少年大量失学。陈垣和叶恭绰等友人借西直门内大街的民房，成立半工半读的北京孤儿工读园，自任园长，收容了 200 多名孤儿。后来又在西城火神庙创办平民中学，他兼任校长，招收家庭贫困的小学毕业生免费入学。1921 年，陈垣将孤儿工读园与平民中学同时迁入西四西帅府胡同原教会学校萃文、萃真学校校址，仍以免费或极低的学费招收平民子弟入学，受到贫苦市民的欢迎，引起极大的社会反响。平民中学在这里办学 30 年，1952 年改为北京市第四十一中学至今。西帅府胡同在 1965 年整顿地名时，改称西四北二条胡同，第四十一中学校址在胡同路南 58 号。

早在 1917 年春，陈垣就准备写一部中国基督教史，到处搜集明末有关中国基督教的文献书籍。后来他看到了英敛之的《言善录》，知道作者藏有这类书籍，便前去借阅，从而认识了对他的一生有重要意义的师友英敛之。

英敛之（1867—1926 年）是我国近代著名爱国天主教领袖、教育家和慈善家。现在知道他的人可能已不多，但提起他的后人却名声一辈比一辈大。他的儿子是著名教育家英千里，其孙是著名翻译家、表演艺术家英若城。他的重孙更是人人皆知的情景喜剧导演英达，看来这是一个名人辈出的家族。

英敛之一生办了几件大事，影响深远。其一是 1901 年他在天津筹办《大公报》，次年 6 月创刊，英敛之担任总经理前后 10 年之久。英敛之经常亲自撰写评论，讥讽时弊，伸张正义。《大公报》曾一再指名批评当时的直隶总督袁世凯，险些被袁查封。《大公报》还屡次倡导社会公益活动。1907 年江南水灾，《大公报》发起募捐，筹银 11469 两，全部赈济灾区。《大公报》至今已创办 119 年，成为目前尚存的历史最长的中文报纸，被誉为一部百科全书式的中国现代史。1912 年英敛之辞职返京，退隐香山，办了第二件大事，即办慈善事业。他先后任慈幼局长，主持收养受水灾儿童的各项救济工作，参与香山慈幼院的筹建与领导工作。1919 年，英敛之开始筹办辅仁大学。他租用了旧涛贝勒府作为校址，成立辅仁大学预科辅仁社，任社长。在他的辛勤操办下，辅仁大学预科顺利开学，但他已身染重病。

西安门大街路北 103 号是一座临街的三开间砖木二层小楼，是英敛之购买的一处房产。楼上原悬挂着一块很有意思的横匾“且住为佳”。这是英敛之为自己的住所题的名，并亲自撰写了《且楼记》。小楼上下各三间房，均为一明两暗，后又加盖了四间房，共十间。当年二层为英敛之的书房兼工作室。三间房藏满书籍，南墙全是书柜。楼下两侧为卧室，中间是会客室兼餐厅。另四间为储藏室、厨房等。

英敛之得知陈垣准备研究中国基督教史的意愿，非常热情。他将自己所藏的全部基督教书籍资料“倾筐到箧”，供陈垣研读。而且把辅仁社正在探讨的问题提出来与他一起探讨。问题之一就是“元也里可温考”，这也正是陈垣极感兴趣并正在探究的题目。

在《元史》中，多次出现“也里可温”这个词。但它究竟是什么意思，五六百年来无人知晓，也无人探究。直到清道光年间才有人指出这个词可能是指基督教。光绪年间，状元洪钧根据瑞典人多桑的《蒙古史》，指出蒙古人称基督教为也里可温是仿效阿拉伯人。但他们都语焉不详，更没有科学的考证。陈垣研读了丰富的有关问题的史料，进行了全面的考证，写出《元也里可温考》。论文一经发表，立即引起了中日史学界的重视，受到海内外学者的广泛赞誉。因为它是一篇从现代意义来说真正的科学论文，在1917年的史学界，这样的论文更可谓凤毛麟角。

涛贝勒府旧址（赵敏拍摄）

原辅仁大学（赵敏拍摄）

此后，厚积薄发的陈垣不断有史学论文、学术专著发表，逐渐脱离政界，全身心地投入学术研究和教育中。他在宗教学、元史、中西交通史、历史文献学等领域都取得了开创性成果。

他和英敛之的关系也日益密切，他们常一起研讨学问，研究宗教、慈善和教育等诸多问题。1917 年后英敛之常住且楼，后来陈垣也搬到了西安门大街。住得更近了，两人交往也更加方便，陈垣成了且楼的常客。英敛之一开始就很欣赏陈垣的学识和才华，接触久了，他更赏识陈垣的人品和见解。他决定将自己创办的辅仁大学交给这个年轻人。1926 年 1 月英敛之病逝于且楼，陈垣受他托付出任辅仁大学副校长、校长，为辅仁大学发展竭尽心力。

20 世纪 80 年代末，且楼还保存完好，但现在已经过翻建，是一处银行营业用房。

英敛之逝世后，1927 年初，陈垣从西安门大街搬到翊教寺街（现育新胡同），创办了翊教女子中学。在这里居住期间，他除担任辅仁大学校长外，还担任北平图书馆（今国家图书馆前身）委员长、北平师范大学史学系主任、燕京大学国学研究所所长等职务。1929 年他又搬到了丰盛胡同 18 号。

三年之后，1932 年 8 月，他搬到了地安门内大街米粮库 1 号。

地安门内大街北起地安门西大街，南至景山后街，因位于原地安门内而得名。在大街东、西两侧，明代时均是内宫衙署，西侧是内官监，东侧是尚衣监、司礼监、巾帽局、针工局、安乐堂等。普通百姓不得随意出入，更不许居住。到了清朝，对皇城的管制放松，清末逐渐允许百姓居住，明代的衙署变为胡同与民居。

内官监衙署位于地安门内大街以西，北海以东，是明内廷二十四衙门之一，职掌木、石、瓦、土、油漆、火药及婚礼等十作及米盐库、营造库、皇坛库等，凡国家营造宫室、陵寝及皇室婚礼妆奁等均归其办理，权力极大。入清代后废弃，但作为地名流传下来，称内官监胡同。民国后，去“内”字，“官监”按谐音改为“恭俭”，称恭俭胡同。

恭俭胡同南北走向，它的西边有五条东西向小胡同，称恭俭胡同一巷至五巷。再往西紧临北海东墙有一南北向窄胡同称北海北夹道。恭俭胡同以东有油漆作胡同，即是当时内官监所管辖的油漆作所在地。油漆作以南有米粮库胡同，即旧时内官监所辖米盐库所在地，后“盐”讹传为“粮”，称作米粮库胡同。胡同东口在地安门内大街，较宽阔，有好几座大宅门。但往西不远，即变窄，拐了一个“凹”字形的弯，与恭俭胡同相接。

米粮库胡同一进口路北有一处大宅院，这是北京史地学家陈宗蕃在北京的故居。

陈宗蕃（1879—1954年）光绪三十年（1904年）25岁时即中进士，光绪末年官费留学日本，在东京帝国大学学法政、经济，毕业回国后在邮传部任职。辛亥革命后曾任国务院参事、中华懋业银行北京行经理，北平市参议员等。陈宗蕃著作颇丰，著有《亲属法通论》《古今货币通论》等法律著作，还有文集及诗集。但他最重要的著作是研究北京历史地理的《燕都丛考》。该书成书于1930年至1935年，分三编，第一编分叙北京的沿革、城池、宫阙、苑园、坛庙；第二、三编分叙内外城各街巷及其名胜古迹，乃至衙署、学校、医院等，极为详尽。此书参考了大量资料，仅引用书籍即达205种，陈宗蕃又亲自踏勘、调查，因而所述真实可靠，是近代研究北京史地的一部重要著作。近些年还一再重印，受到学术界的高度评价和读者的欢迎。

陈宗蕃1923年在米粮库东口路北置地十余亩，自行设计，建成一座花园式住宅，取名“淑园”。园内有山池河塘，花木极盛。淑园的东墙是一段高大的黄瓦红墙，即内皇城墙。1927年，当时的内务部要拆卖这段皇城墙，陈宗蕃出资买下，使这段内皇城墙保留至今。在淑园居住期间，陈宗蕃完成了《燕都丛考》。

陈垣1932年即搬至陈宗蕃这座宅子里，借住在淑园南房；另一位著名学者傅斯年1930年至1933年借住淑园北房。差不多同一时期胡适住在米粮库胡同4号。在胡同的3号院中还住过新婚不久、从国外归来的建筑学家梁思成、林徽因夫妇。真是名人荟萃。

胡适比陈垣稍早，约于1930年底住进米粮库胡同4号，而且一住就是七年，是胡适在北京居住时间最长的一处住宅。两人成为近邻。

陈垣与胡适大约在20世纪20年代初就相识了。1922年2月10日，胡适曾在陈垣创办的平民中学演说，题目为“学生与社会”。他还为该校校歌作词，歌词发表在《新青年》9卷6号（1922年7月）上。1922年3月北大《国学季刊》编辑部成立，胡适任编辑部主任。1923年1月《国学季刊》第一卷，

1937 年陈垣与胡适合影

第一号正式出版，胡适在创刊号上发表了著名的《发刊宣言》。同时在创刊号上，发表了陈垣的《火祆教入中国考》。此后在《国学季刊》第二号、第三号、第四号上连续有陈垣的学术文章发表，成为《国学季刊》的主要撰稿人之一。这也在他们之间建立了长期的友谊。

成为近邻后，两人联系、交往的机会增多。但有意思的是这段时间两人通信也很频繁，也许同为学者，认为通过文字探讨问题更为顺畅吧。仅 1933 年 4 月 1 日至 10 日的十天中，两人围绕《四十二经》的问题，往来信件竟达八封，这是一场有关方法论的生动有趣的辩论。经过反复精彩的辩论，两人在一些问题上达成了共识。未能一致的地方，经过辩论不断补充论据，使各自的观点也更加严密。在此前后，两人还就语言文字、校勘学等问题通信研讨。成为我国近代学术史上的一段佳话。

1937 年，陈宗番将此宅卖掉，迁居地安门内大街路东的北月牙胡同。“七七”事变后此院被改建为“清源医院”。1937 年 7 月 7 日卢沟桥事变爆发当天，陈垣搬至南官坊口 20 号。胡适也于第二天南下，后又去美国。两人天各一方，但通信联系并没有中断。

南官坊的房子很破旧，陈垣只在这里住了 14 个月，又于 1938 年 9 月底搬到了李广桥西街，即现在的柳荫街。在这里居住不到一年，他终于买了一所房子，结束了到处租房、频繁搬家的状况。

兴化寺街 5 号　陈垣住了 32 年的故居

1939 年 7 月 16 日，陈垣搬入他购买的兴化寺 5 号院，此后再未搬家，

兴华胡同陈垣故居（赵敏拍摄）

直至逝世。在这个小院中住了 32 年，是他一生中居住时间最长的居所。

兴化寺街在地安门西大街以北，东西向，西起德胜门内大街，东至龙头井街，旧时因街中有兴化寺而得名。1965 年整顿地名时按谐音改称兴华胡同。现在的陈垣故居是兴华胡同 13 号。

关于这座故居，陈垣的孙媳曾庆瑛在《陈垣和家人》一书中有过详细的描述："它东临什刹海，西距嘉兴寺不远，南行马路对面就是北海后门。它坐北朝南，灰砖灰瓦。门前有四级台阶，两扇大门油漆已斑驳，但两边的一副对联'忠厚传家久，诗书继世长'仍清晰可读。门前原有一对石狮。进入大门，影壁迎面而立。向左行，就步入这两进院落的前院。前院不大，长六七米，宽十六七米。南房是套间，比较宽敞，原主人在世时，是他会客的地方。西厢是厨房和保姆住的地方。老保姆有时在这小小的院子里放养几只小鸡，给院子增添了几许生气。房子外面有两株几十年树龄的海棠树，春天繁花似锦，秋天红果累累。穿过垂花门，就进入后院。它比前院大两三倍。东西厢房各三间。东厢房是亲友来时住的客房和抄书先生的工作间，西厢房则是主人的书库。他有 4 万多册藏书，大都是线装书，整齐地码在书箱上，书箱则放在书架上，书架一排又一排，因为书太多，两排书架之间的空间很窄，主人戏称之为'胡同'。他对自己的藏书非常熟悉，有时要查某书，会让助手到第几胡同第几架第几箱去取，从来没有出错过。北屋五间，西边是主人的卧室和卫生间，东边是助手的工作室。正中的堂屋，是主人的工作室，有时也做会见客人的地方。室中经常轮换悬挂主人珍藏的清代著名学者的墨迹，还有一块匾额高悬室中，题字者是著名爱国人士英华（字敛之），匾上四个大字为‘励耘书屋’。20 世纪 30 年代至 70 年代，居住在这里的就是书屋的主人陈垣先生。”

励耘是陈垣父亲陈维启的号，陈垣将自己的书斋取名“励耘书屋”，是表达对父亲的怀念，同时也是勉励自己要努力在学术上耕耘。

搬入这所院落后，表面上看陈垣的生活安稳平静了，但他的内心并不平静。因为北平已落入日寇的魔爪，祖国已在危难之中。

20 世纪 20 年代，他脱离政界，以为从此可以不问政治，专心学术。但严酷的现实，日益加深的民族危机，使他再也不能在政治上保持沉默。在整个北平沦陷期间，他坚决不与敌人合作，不任伪职。敌伪开始想拉拢他，要他担任“东亚文化协会”的会长。这个协会是敌伪的最高文化团体，他坚决拒绝。拉拢不成就威胁，他在极困难的条件下，坚持了民族气节。

他还以自己擅长的史学研究为武器，对侵略者、对汉奸口诛笔伐，强烈的爱国热情促使他将史学研究与社会现实联系起来，发展“有意义之史学”。他撰写了一系列表彰民族气节、抨击日寇汉奸的史学著作。他有意选择了明末清初爱国思想家顾炎武的《日知录》以及全祖望大力表彰明末抗清义士的《鲒埼亭集》作为教材，向学生们灌输爱国思想。

陈垣这一时期的史学著作，发挥了史学的社会作用，激励了敌占区和后方知识分子的抗战热情，他的史学研究也进入了一个新高度，得到了学界的很高评价。语言学家沈兼士赋诗赞曰“傲骨撑天地，奇文泣鬼神”。

两所大学的掌门人

定阜街在兴华胡同以北，东西走向。从车水马龙的德胜门内大街往东拐进定阜街，气氛似乎立即变了，商店少了，车辆少了，行人少了，显得格外安静。

明初大将徐达镇守北平时，府邸就在这条街上。“靖难之役”中徐达三子徐增寿立有战功，朱棣建都北京后，封徐增寿为定国公，承袭了父亲的府邸，因而此街称为定府街，后按谐音改称定阜街。

整条定阜街主要被两大王府占据着：西边是庆亲王府，东边是涛贝勒府。

清代以来，统治者吸取了以往各朝分封诸侯，使各路王侯独霸一方与朝廷分庭对抗的历史教训，采取了新的封爵制，让皇室宗亲都住在北京，在天子脚下享受优厚的名利待遇。于是北京出现了众多的王府。

王府与民宅在建筑上有着天壤之别。那巍峨的府门、高高的府墙、层层的套院、高大的殿堂、多姿的楼阁、别致的花园……使王府在众多低矮、简陋的民宅中鹤立鸡群。北京的王府无论从建筑艺术、文物考古、史地研究还是旅游景观上都有重要价值。

百年来，中国和北京的社会都发生了巨大的变化。王府也几经变迁，有的焚毁了，有的衰败了，有的挪作他用，真如唐诗所云：“旧时王谢堂前燕，飞入寻常百姓家。”

王府的变迁是百年来社会变迁的一个缩影。

当然，也有的王府保存得十分完好，受到各方和文物保护部门的关注和重视，使其在史地研究、现代旅游业中都发挥了应有的作用。

庆亲王府的东邻隔松树街就是涛贝勒府，府门开在柳荫街27号。这里原是康熙第十五子允禑居住的愉郡王府。光绪二十八年（1902年），醇亲王奕譞的第七子载涛过继给钟郡王奕詥为嗣，承袭贝勒爵，迁居于此府，称涛贝勒府。载涛曾任清禁卫军训练大臣，主持军咨府。民国年间一直被视为皇族领袖，解放后曾任全国政协委员。

1925年，载涛将贝勒府租给罗马教廷天主教会，作为创办辅仁社（大学预科）的校舍，1927年更名辅仁大学，取《论语》中“以文会友，以友辅仁”之意。

1929年，辅仁大学在涛贝勒府南部的马圈和花园前空地上筹建主楼。陈垣主持扩建工程，他高薪聘请比利时籍的传教士和建筑师格里森担任设计。（也有资料记载设计师为美国建筑师墨菲，他曾设计燕京大学，被誉为代表近代我国教会大学建筑的最高艺术成就。）

格里森应邀到北平之后，并不匆忙设计，而是花了数月时间查寻中国北方古典建筑的原始材料，研究故宫等古建筑的特色。王府南部面积不大，作为一所综合大学的主楼显得过于局促，如果以当时正在世界风行的现代建筑风格，设计一栋火柴盒式的高层建筑，可以很好地满足使用功能，解决其用地狭窄的矛盾。但格里森考虑再三，他认为选址在一片王府之中，南面又近邻故宫、北海，如用现代风格则破坏了环境的和谐，他决定借助中国传统古典建筑造型元素来进行自己的设计。他提出："可以从中国皇宫的宫墙、城门和城楼造型中得到某种启发，这些造型显示出中国皇宫的那种与众不同的特征。"

设计成的主楼仿佛是一座中国宫殿式城堡，以两层楼围合成封闭的院落，主入口在南边的中间，门楼三层，进门后一座南北向的楼房又将院落划分为两个近似方形的院子。东南西北四角各矗起一座三层的角楼，整座建筑中轴线明确，完全对称，体现了中国皇宫庄重森严的气势。

主入口有两层的汉白玉圆券拱门，上有精美石雕，第三层是挑出的抱厦，屋顶覆以绿色琉璃瓦。在主楼正立面上，还使用了许多中国古典建筑的细部做法，如汉白玉的须弥座、红色雕花的木制窗框、大门墩柱上蹲伏的石狮，等等，构成中国宫殿的缩影。但是依我看这座由传教士设计的建筑，虽借助了中国古典建筑的某些元素，但不经意间仍透出西方修道院那种遁世忌俗的超脱。

辅仁大学主楼现在还保存得十分完好，透过围在整幢建筑外面的装有中国石狮造型的镂空铁栏杆，仍可感到当年设计的良苦用心和做工的精致。许多大型建筑辞书都把他列为中国近代名建筑。

辅仁大学当时与北京大学、清华大学、燕京大学合称"北京四大名校"。日寇侵占北平前后，北京的国立、私立大学纷纷迁往大后方，唯有燕京大学与辅仁大学因教会背景，仍坚持在京办学。1941 年底太平洋战争爆发，燕京大学也被迫停办，辅仁大学成为沦陷区唯一一所未被日伪直接接管进驻的大学，也是当时国民党政府承认的唯一一所大学。陈垣作为校长，在勉力维持教学的同时，大义凛然，闭门谢客。坚持不与敌人合作、不任伪职、不悬伪旗的“三不”原则。坚持行政独立，学术自由，使辅仁大学成为日寇统治下北平的“抗日堡垒”，这要怎样的民族气节和勇气！

抗战结束后，陈垣没能在胜利的喜悦中沉浸多久。他看到国民党的官僚们贪污腐化，巧取豪夺，为抢夺抗战胜利果实很快挑起了内战。陈垣彻底失望了，对国民党政权不再抱任何幻想。

1948年底，国民党派飞机接陈垣和一些知名学者南下。在又一次政治大变动时，他选择了站在人民一边，留在了北京。

1949年1月底，70岁的陈垣迎来了北平的和平解放。他看到了纪律严明的军队，勤劳朴实的干部，一切为人民着想的政党，展现在他面前的是一个崭新的社会。他如饥似渴地学习新思想、新理论，积极参加各种社会活动。在很短的时间内，思想感情发生了巨大的变化，全身心地投入到新中国的教育和文化事业建设中。

1950年10月，辅仁大学由中央教育部接管。陈垣在与教会代表争夺教育主权的斗争中立场坚定，配合政府将辅仁接受自办，使辅仁成为第一所收归国有的教会大学。1952年他又积极推动高等院校院系调整，使辅仁大学与北京师范大学顺利合并，陈垣被任命为新的北京师范大学校长。已进入晚年的陈垣挑起了这副重担，为建设中国最好的师范大学竭尽全力。同时他还负担着繁重的学术领导工作。1954年中国科学院成立了三个历史研究所，郭沫若、陈垣、范文澜分别担任历史研究一所、二所、三所的所长。1955年科学院下属各个学部成立，他是哲学社会科学部的学部委员。从1958年起，他是第一、二、三届全国人民代表大会常务委员会委员。

1970年陈垣与他的学生启功

陈垣老人一生追求真理，与时俱进。1959年他在80岁高龄时加入了中国共产党。

1971 年 6 月 21 日，陈垣因呼吸衰竭、心力衰竭不治以 91 岁高龄病逝于北京医院。6 月 24 日，在八宝山革命公墓举行追悼会，国务院副总理李先念主持会议，人大常委会副委员长郭沫若致悼词。陈老逝世后，按照他的遗嘱，将他珍藏的 4 万余册图书和几百件文物全部捐赠给国家，稿费 4 万元交作党费。

现在，原辅仁大学旧址是北京师范大学继续教育学院。陈老兴华胡同的故居是辅仁大学校友会的办公处。院中安置了一座由校友会捐赠的陈垣先生的雕像。北屋是陈老的生平陈列，悬挂着先生一生不同时期的照片。

鲁迅在北京的“呐喊”与“彷徨”

鲁迅先生 1912 年 2 月由好友许寿裳推荐，应南京临时政府教育总长蔡元培的邀请，离开绍兴赴南京教育部任职。同年 5 月，随临时政府迁往北京。从 1912 年 5 月到达北京，至 1926 年 8 月离开北京赴厦门。鲁迅在北京居住了 14 年，是他除故乡绍兴以外居住时间最长的城市。

居住地图

鲁迅先后在北京宣武门外南半截胡同 7 号绍兴会馆、西直门内八道弯胡同 11 号、西四砖塔胡同 61 号、阜成门内宫门口西三条 21 号等四处居住过。

绍兴会馆“补树书屋”中的呐喊

南半截胡同 7 号是著名的绍兴会馆。会馆筹建于清道光六年（1826 年），原称“山阴会稽两邑会馆”，简称山会邑馆。民国初年，山阴、会稽两邑合并为绍兴县，因而会馆改名为“绍兴县馆”，又称“绍兴会馆”。会馆不小，由数个院落组成。厅堂和院落都有雅致的名字，如“藤花别馆”“绿竹舫”“嘉荫堂”“会贤阁”“怀旭斋”等。辛亥革命前夕徐锡麟、秋瑾先后来京策划

青年鲁迅

鲁迅一家

起义，都曾住在绍兴会馆。

1912年2月，鲁迅应教育总长蔡元培的邀请，离开绍兴赴南京教育部任职。同年5月随临时政府迁往北京。5月5日傍晚到达北京，天色已晚，当夜住进了骡马市大街的长发客店。6日上午便搬进了绍兴会馆内的“藤花别馆”，院里长着一棵古藤，看上去环境优雅，实则居住条件很差，晚上臭虫咬得鲁迅无法入睡，邻居又极吵闹。约半年后，即同年11月28日，鲁迅移住院中南向小舍。住在绍兴会馆的还有鲁迅的好友许寿裳及其兄许铭裳，他们住在“嘉荫堂”里。

那是中国社会剧烈变动的时期，面对社会的黑暗和自己生活的不如意，鲁迅非常苦闷。他常逛琉璃厂，搜寻古书，翻阅碑帖，研究古典文学，校对《后汉书》《嵇康集》。他在研究中国历史和社会，进行着思考……

1916年5月，他搬入同一会馆中的“补树书屋”。这里独占一院，圆形的月亮门与其他院落相隔。院里原有一棵很美的楝树。1842年春，楝树折断，第二年人们补种了一棵槐树，这里便被称为“补树书屋”。后来一位富商的姨太太在这棵树上吊死，许多人便不敢住。鲁迅不怕鬼，他图这里清静，就搬了进来。据说鲁迅的祖父介孚公（周福清）青年就曾经在此居住过。

鲁迅搬入时这棵槐树已十分高大，他常在树下独坐，“夏天蚊子多了，我便摇着蒲扇坐在高不可攀的槐树底下，一边于密叶缝里看那一点点的蓝天，

北京绍兴会馆（赵敏拍摄）

一边思索着中国的命运与前途”。遗憾的是，1949 年这棵槐树遭到雷击而倒，不过人们又在这里补种了一棵枣树，如今枣树也颇高大，枝叶茂盛了。

当时，钱玄同常来造访。他是《新青年》杂志的编辑，向鲁迅约稿，于是便有了《狂人日记》。通过一个精神病患者的感受，借实引虚，以虚证实，对几千年封建社会的历史作出了惊心动魄的概括：“我翻开历史一查，这历史没有年代，歪歪斜斜的每页上都写着‘仁义道德’几个字。我横竖睡不着，仔细看了半夜，才从字缝里看出字来。满本都写着两个字是‘吃人’。”《狂人日记》以鲁迅的笔名发表于《新青年》1918 年第四卷第五号。这是我国现代文学上的第一篇白话文小说，它如一声春雷，震动了中国社会那“犹如一间绝无窗户而万难破损的铁屋子”。接着，鲁迅在补树书屋里又写下了《孔乙己》《药》《一件小事》等著名小说和多篇杂文。

1917 年 4 月，周作人进京，与鲁迅同住。鲁迅将南边向阳的一间让二弟居住，自己住北边较阴暗的一间。

八道弯 11 号 鲁迅在这里写下了不朽之作《阿 Q 正传》

1912 年，鲁迅到京后一直孤身一人住在绍兴会馆里，心里常常感到孤独苦闷。直至1917年4月经鲁迅向蔡元培推荐，二弟周作人来到北京大学任教。兄弟俩商议绍兴的周氏家境已经败落，决定卖掉在绍兴的周家老宅，在北京购置新房，举家搬到北京。从1919年2月起，鲁迅就四处奔走看房。在鲁迅日记中看房的记载就有十多次。1919年8月，他终于看中了八道弯胡同11号。

八道弯胡同位于北京西直门内前公用库胡同北面，正如它的名字那样，这条小胡同真是七拐八弯。鲁迅看中这里，不但因为房间多，可以住下全家，而且屋外空地大，适宜儿童玩耍，因为当时他的两个弟弟都已有了子女。

1919年11月21日，鲁迅与周作人一家搬进了装修好的新居。11月21日，鲁迅起程回绍兴接母亲、夫人朱安和三弟周建人一家。12月29日，全家住进八道弯。

八道弯11号有三进院落和跨院。前院很开阔，影壁后是一排前罩房共九间。西侧的一间是连通中院的通道。中院有北房三间，鲁迅母亲住东侧一间，朱安夫人住西侧一间，中间堂屋是全家的饭厅。中院有东西厢房各三间，东厢房是鲁迅的卧室和书房。后为了静心写作，鲁迅搬到了前院。后院有坐北朝南的九间后罩房，周作人、周建人兄弟及其家人住后院。后院东侧另有一小跨院，有六间房，无人居住。当时院内住了老小12口，是鲁迅全家除在绍兴老家外，唯一的一起居住的一处院落。院内比较宽敞，鲁迅在屋前种植了丁香与青杨。

鲁迅在这里著译成果颇丰，他写下了《风波》《故乡》《社戏》等名篇，据统计，约有小说、杂文、译著百余篇。他的不朽之作《阿Q正传》也是在这里写成的。当时任《晨报副镌》主编的孙伏园常来八道弯向鲁迅催稿，不料竟催成了《阿Q正传》。这部作品从1921年12月4日至翌年2月12日，每周或隔周在《晨报副镌》上连载，立即成为北平市民争相传看的佳作。许多人仿佛从阿Q身上看到了自己的影子，因为他揭示和解剖了“国人的灵魂”。

周作人也在他的书房“苦雨斋”（后改“苦茶庵”）写下了许多优美闲适的散文。

当时的八道弯周宅还是文化界名人聚会之地，蔡元培、胡适、钱玄同、郁达夫等许多名人都曾在这里留下足迹。俄国盲诗人爱罗先珂曾在这里居住。

李大钊遇难后，他的子女也曾在这里避难。

也是在八道弯，鲁迅兄弟在周作人日本夫人羽太信子挑拨下关系决裂，最终分手，走上了完全不同的道路。周作人在这里住了 40 多年直至他 1967 年病逝。

八道弯多年前就已面临拆迁，因各方人士的呼吁暂时保留了下来。但后来已破败不堪，门前没有任何标记、说明。院内住着 30 多户，百十口人，因私搭乱建的小屋而使原格局面目全非。

有人曾希望将八道弯作为鲁迅故居保护起来。鲁迅之子周海婴第一个就不赞成，他表示：“保护八道弯实际等于保护周作人的‘苦雨斋’。那么汉奸的旧居难道值得国家保护吗？”但是许多人不同意周海婴的观点。鲁迅博物馆馆长孙郁说：“不能因为周作人后来的‘落水’，就将他在‘五四’时期的功绩一并抹杀。何况，鲁迅很重要的作品在那里诞生，而且八道弯 11 号可以说是民国时期最著名的文化沙龙，辛亥革命的重镇。”2005 年，孙郁给国家文物局打过报告，要求将八道弯 11 号改建为鲁迅博物馆的分馆，但因资金问题一直没有实现。

2009 年 6 月，八道弯胡同再次面临搬迁。各界知名人士纷纷奔走呼号，要求停止搬迁，拆迁一事被暂时搁浅。

2010 年，北京西城区第二次会议上通过议案，启动北京第三十五中学搬迁工作。整个八道弯胡同包括鲁迅和周作人故居都将纳入三十五中新址内。三十五中校长表示学校将根据“原状保护，实现较为合理的使用”的原则请专业设计和施工队伍对旧居进行修缮改造，在恢复原貌的基础上建成学生阅览室。届时鲁迅纪念馆也将挂牌，成为青少年教育基地。这将是八道弯 11 号最好的归宿。

砖塔胡同 84 号　鲁迅在这里写下《祝福》

鲁迅在八道弯胡同 11 号院住了近四年，1923 年夏，与周作人发生争执，愤而离开。匆忙间找不到合适的住所，经人介绍于 8 月 2 日，搬到了砖塔胡同61号。

北京万松老人塔（赵敏拍摄）

北京砖塔胡同鲁迅故居（赵敏拍摄）

砖塔胡同在西四南大街丁字路口的西南侧，胡同东口临街有一座玲珑秀丽的塔。塔前山门石额依稀可以辨认出“元万松老人塔”六个字，这是金、元两朝极负盛名的佛学大师、佛教重要宗派曹洞宗的一代宗师行秀（1166—1246年）禅师的墓。胡同即因此塔而得名。

行秀俗姓蔡，河南洛阳人，15岁时在今河北省邢台市净土寺出家，后云游北方各地，返回邢台后，筑万松轩，聚徒讲学，世称“万松老人”。金明昌四年（1193年），他来到金中都，为金章宗说法讲学，得到金章宗极高的称赞。

大学者耶律楚材（1190—1244年），契丹人，辽皇族之后，金、元两朝的重臣。年轻时曾拜万松老人为师，学习佛学。万松老人认为耶律楚材是他最好的学生，为他取号“湛然”。耶律楚材也十分尊敬师父，他称万松老人为“真世间之宗师也”。耶律楚材随同成吉思汗西征时，万松老人给他写信，谈论治国修身之道，全篇只有八个字：“以儒治国，以佛治心。”这短短的八个字，耶律楚材牢记于心。后来，在他任中书令（丞相）要职时，给元朝统治者提出了许多好的建议，制约了蒙古军队的杀戮行为，对民族团结和经济发展起了重要作用。

万松老人圆寂后，人们为他修了这座八角形、七层密檐式墓塔。塔用青砖砌成，朴素而又精致，后人常称为砖塔。乾隆十八年（1753年）曾下诏对此塔加以修葺，并将七层加高为九层。民国十六年（1927年）当时的交通总长叶恭绰又曾对塔进行重修，并建山门。1976年唐山大地震后，对砖塔进行了加固。

近些年，在山门内是一家图片洗印社，它的店前广告挡住了本来就不高的大半个塔身。现在图片社已经迁走，对古塔进行了全面整修。

一些研究北京地理的专家认为，砖塔胡同是北京最古老的胡同，即元代就有砖塔，有砖塔胡同，此名一直沿用至今。在元代剧作家李好古写的杂剧《张生煮海》中就有记载，而且从元、明、清、民国直到当代，一直有文献可考，这在北京是唯一的孤例。

61号很好找。砖塔胡同是东西向的，走到半截忽然向南拐了一下，接着又向西延伸。61号恰在拐弯处，现在的门牌是84号。

61号是一个很小的院子，鲁迅与朱安夫人住在矮小的三间北房内，总共才20多米，与宽敞的八道弯是无法相比了。兄弟失和，鲁迅很郁闷，又住在这么差的环境里，他的心情可想而知。他大病了一场，但即使在这样的心情和环境中，鲁迅也没有放下他手中的笔，他常常日夜奋笔疾书，短短的九个月，出了《在酒楼上》《幸福的生活》《肥皂》等著名短篇，编完了《中国小说史略》下卷，更写出了不朽名篇《祝福》。写作之余，他又开始找房，要找一处稍大的房子，将母亲接来同住。

鲁迅故居与博物馆

岁月如梭，世事沧桑。现在，鲁迅在北京的前三处居所已面目全非，旧迹难寻。只有最后一处居所因成为鲁迅博物馆的一部分，还基本保持当年先生居住时的原状，供人们瞻仰。

离阜成门内大街西口不远，向北拐即可看到鲁迅博物馆宽敞的大门，迎门是鲁迅先生的汉白玉半身雕像。从雕像西侧向里走，在一条东西向的甬道北侧，有一座坐北朝南、青砖灰瓦的小院，这就是宫门口西三条21号鲁迅故居。

北京鲁迅纪念馆（赵敏拍摄）

鲁迅先生在砖塔胡同的居所条件极差，为寻找一处可以安家的住所他四处奔波，在三个月的时间里外出看房20余次，最后选中宫门口西三条21号这处小院，又向朋友借贷，花800元购买了这个院落。

这是一处平民化的小四合院。南房三间是藏书室兼会客室，书柜内鲁迅亲手编写的书籍号码仍依稀可辨。小小的东西厢房各一间为储藏室。三间北房，中间一间为起居室兼餐室，东屋、西屋分别为母亲鲁瑞和夫人朱安的卧室。北房中屋向后接出去一间仅七八平方米的小屋，是鲁迅的工作室兼卧室。这间屋子像四合院后头长了条尾巴，鲁迅戏称为“老虎尾巴”。室内陈设极为简朴，北窗下用长板凳和木板架起一张单人床，东墙下放一张三屉桌和一把藤椅，西墙下是一张小茶几和两把椅子。在这间陋室里，鲁迅白天到教育部上班，到北师大和女师大授课、讲演；晚上在昏暗的煤油灯下夜以继日地写作，创作了小说集《彷徨》、杂文集《野草》《华盖集》等振聋发聩的传世名作及大量翻译作品。鲁迅从1924年5月25日移住这里，直至1926年8月29日离开北京，在这里居住了两年多。他离京后，母亲和朱安仍住在这里。1929年5月和1932年11月，鲁迅两次从上海回这里探望母亲。1936年10月19日鲁迅先生逝世，葬礼在上海举行，而在北京西三条寓所的书房里，也为他设了灵堂。

1947年6月，鲁迅原配夫人朱安病故，这个小院一度无人照顾。当鲁迅故居面临被国民党劫收之时，一些文化界知名人士通过北平地方法院以“查封”的方式将这座故居保护下来。1949年1月，北平解放，军管会文化接管委员会文物部王冶秋等同志立即派人查看故居，并开始了恢复故居原貌的工作。1950 年 3 月许广平将鲁迅故居及故居内的文物全部捐献给人民政府。

1956 年政府在故居东边兴建了北京鲁迅博物馆并对外开放。故居是博物馆的组成部分。1979 年，北京鲁迅博物馆被列为北京市重点文物保护单位。它是国内外最大、收藏鲁迅文物最丰富的鲁迅博物馆，也是鲁迅研究中心。

工作地图

鲁迅先生 1912 年受首届国民政府教育总长蔡元培邀请，到南京临时政府教育部工作。同年 4 月，南京临时政府被迫北迁，鲁迅 5 月随同转来北京，仍在教育部任职。1912 年 8 月被教育部任命为佥事，后又被任命为社会教育司第一科科长，分管博物馆、图书馆、美术馆、音乐、戏剧、通俗教育等事宜。鲁迅先后参与了京师图书馆分馆、通俗图书馆及历史博物馆的建设，直至 1926 年离京。

北京大学红楼（赵敏拍摄）

从 1920 年起他兼任北京大学、北京高等师范学校、北京女子师范大学等多所学校讲师。他在北京大学沙滩红楼讲授“中国小说史”，他以渊博的学识和风趣幽默的语言将课讲得引

北京大学红楼内鲁迅讲课的大教室（赵敏拍摄）

人入胜，颇受学生欢迎。

鲁迅在教育部街工作达 14 年之久

教育街是新文化街北侧的一条短街，清代时是东铁匠胡同的东段，因街东直通宣武门内大街，俗称穿堂门。民国时因教育部在此，故又称教育部街。

路北 1、3 号是清代的敬谨亲王尼勘的府邸。尼勘为清太祖努尔哈赤长子褚英第三子，清初名将，屡立战功。在一次率部出征时，战死沙场，年仅 43 岁，顺治帝极为悲痛。顺治六年（1649 年）晋敬谨亲王。其府坐北朝南，差不多占了教育街北边的大半。有府门五间、正殿五间，前出丹陛。东西翼楼各面阔五间，神殿五间，后罩楼七间，府北部直达手帕胡同。

庚子事变后清政府实行新政，于清光绪三十一年（1905 年）设学部统管全国学政，学部就设在敬谨亲王府旧址。辛亥革命后学部改教育部仍在此办公。

1928 年，教育部南迁。部址改作国民党北平市党部，此街改名为市党部街，1949 年又恢复教育部街旧称，1965 年定名教育街。

几经变迁的敬谨亲王府现在是武警部队招待所和北京市外事职业高中实习饭店使用。尽管院内已建起了部分楼房，但王府格局仍基本保存，尚存有文物建筑 120 余间，为西城区文物保护单位。

鲁迅先生始终重视对国民的启蒙教育。图书馆正是对国民进行教育的有效场所，鲁迅对北京的图书馆事业倾注了极大热情。1913 年 2 月教育部派社会教育司司长夏曾佑兼任京师图书馆馆长，实际许多工作都由鲁迅负责。他以教育部名义咨调各省官书局所刻书籍入藏京师图书馆。1913 年将一部铜活字版大型类书《古今图书集成》拨予京师图书馆。1916 年鲁迅又为图书馆征求各省区最新修刊的书志，各种碑碣石刻拓本。《永乐大典》残本和文津阁《四库全书》也是经鲁迅据理力争，移藏于京师图书馆。鲁迅为京师图书馆初期丰富馆藏，奠定基础做出了巨大贡献。

京师图书馆分馆和京师通俗图书馆的建设更是始终受到鲁迅的关注、

教育街 1 号（赵敏拍摄）

教育街 3 号（赵敏拍摄）

关怀和指导。《鲁迅日记》1913 年 4 月 1 日记：“晴。午后同夏司长、齐寿山、戴芦舲赴前青厂，观图书分馆新赁房屋。”在此后的一年多时间中，仅《鲁迅日记》中记载，他莅临分馆即 12 次之多，差不多一月一次。分馆开设后，鲁迅并不满足，他认为通俗教育能开启民智，又与社会教育司二科通力合作，指导创办了京师通俗图书馆。鲁迅特别指出：“通俗教育以启发一般人民普通必须之知识为主，故通俗图书馆之设，实关紧要，其中所采集的图书要以人民所必须且易晓者为宜。”鲁迅的思想成为通俗图书馆办馆的指导方针，为以后馆内入藏的极富特色的戏曲、小说藏书奠定了基础。1913 年 10 月 21 日，京师通俗图书馆在抄手胡同开馆，鲁迅参加了开馆庆典。当天的《鲁迅日记》中记载：“午后，通俗图书馆开馆，赴之。”

通俗图书馆开馆后，鲁迅去的次数更多，既去指导工作，又有个人去借书阅览。他在撰写《中国小说史略》时常去馆内查阅资料。十年后，在《小说旧闻钞》再版前言中，鲁迅曾追述通俗图书馆，称它为“天堂之所”，可见这所图书馆给他留下了多么美好的回忆。

支持女师大学潮

新文化街 45 号现在是鲁迅中学。远远看去，就知道这是一所清末民初的建筑，带有明显折中主义倾向的中西合璧式风格。砖石结构的两层灰色楼房，沉稳而庄重。

这里在清代是斗公府。斗公就是辅国公斗宝，克勤郡王岳托的玄孙，生于雍正元年（1723年），乾隆五年（1740年）袭辅国公。

北京鲁迅中学（赵敏拍摄）

光绪三十四年（1908年），御史黄瑞麟奏请设立京师女子师范学堂，清学部选中了斗公府旧址。经过新建和改造，宣统元年（1909年）学堂建成。后又经过近20年的曲折发展，成为在中国近代教育史上占有重要地位的北京女子师范大学。从这所大学中走出了许多杰出女性，如黄庐隐、冯沅君、石评梅、许广平等，还有惨遭军阀枪杀的爱国志士刘和珍、杨德群烈士。

1923年至1926年间，鲁迅先生曾在该校执教，并积极支持和指导女师大的爱国学生运动。

“三·一八惨案”中刘和珍烈士牺牲后，鲁迅先生义愤填膺，写出了《记念刘和珍君》等多篇战斗檄文，如匕首和投枪，投向反动阵营，产生了巨大的社会影响。

中华人民共和国成立后，这里曾是北京第八女子中学、北京158中学，因鲁迅与女师大的深厚渊源，于1996年改名为鲁迅中学。

消费地图

在琉璃厂购买书籍、碑帖、信笺、古玩

鲁迅生活中最大的消费是购买书籍。鲁迅自幼爱书，童年时就收藏美术方面的书籍，留日学习时也节衣缩食买书。鲁迅读书、藏书的范围遍及古今中外各个学科。鲁迅对北京的琉璃厂久慕其名，1911 年他在绍兴教书时，就曾托当时已在北京工作的好友许寿裳到琉璃厂为他购书。到京后琉璃厂成为他购书的主要地点。

北京琉璃厂东街（赵敏拍摄）

出和平门南行不远，有一条跨南新华街的东西向街道，东起延寿街，西至南北柳巷，全长不足千米，宽不过十余米。就是这样一条小街，却蜚声海内外。这条街上聚集着众多经营古旧书刊、文献典籍、传统字画、金石篆刻、文房四宝、古董珍玩等中国传统文化用品的店铺。几百年来，这里曾经集散、流通、保护了难以估量的文化财富，被称为“开架的图书馆”“免费的博物馆”。对北京乃至全国的历史文化发展都起过重要而独特的作用，这条街就是闻名遐迩的琉璃厂文化街。以南新华街为界，以东为琉璃厂东街，以西称琉璃厂西街。

鲁迅 1912 年 5 月 5 日到京，12 日他就来到琉璃厂寻找古书，买书七本，花 5 元 8 角。他到京的第一个月就四次光顾琉璃厂。鲁迅在北京居住的 14 年间，到琉璃厂 480 多次，购买书籍 3800 多册，还有碑帖、古钱及其他小古董，总共花费 4000 多元。鲁迅在北京买的最好的一套房子八道弯 11 号总价才 3500 元，加上中保费、购置税、装修费等总共用了 4400 多元。鲁迅在琉璃厂购书最常去的书店是宏道堂、保古斋、宝华堂、文明书局、直隶书局、商务印书馆、中华书局等。除琉璃厂外，他也去东安市场内的书店和东交民巷书店购书。日本人在北京开办的书店东亚公司位于北京东单牌楼北路西，鲁迅也曾在该店购书 40 多次。

除书籍外，鲁迅也常去琉璃厂欣赏购买拓片、信笺、古钱和其他小古董，常去的有宣古斋、仿古斋、师古斋、广文斋、松云阁、静文斋、宝晋斋等碑帖古玩店。

餐饮及其他消费

鲁迅在北京居住的14多年时间内有七年多是自己一个人度过的。他不开伙，每天都在外面吃或叫饭到家里。即使后来家人进京后，鲁迅和朋友聚会也常去餐馆用餐。据《鲁迅日记》统计，日记中记下名字的餐馆就达65家，还有许多未记店名的。在这些饭馆中既有有名的大饭庄、老字号等，也有许多小饭馆。鲁迅喜欢浙江、福建、山东、河南等省的菜系，对西餐、日餐等也颇青睐。

在北半截胡同南口路东有一家名满京城的饭馆叫“广和居”，是清末北京有名的“八大居”之一，建于清道光年间。“广和居”偏居小巷，地方也不大，只是一个两进的小院。但因地处宣南，吸引了大量的宣南名士，成为晚清百多年朝野名流雅聚之所。朝中重臣张之洞、曾国藩等都是那里的常客。诗人李慈铭、书法家何绍基、光绪帝的老师翁同龢等经常光顾。戊戌变法前后不少变法名士如杨深秀、刘葆真、谭嗣同等也常到此聚会。

广和居的许多名菜即这些名士所创，如“曾鱼”为曾国藩所创，“潘鱼”出自潘炳年，“吴鱼片”始自吴润生。一味鱼居然以这样炙手可热的名字命名，可想广和居当年的名气与豪势。

广和居还有一吸引人之处是它的题壁诗。一些文人对朝政不满便在广和居墙壁上题诗。日久天长，这些针砭时弊的诗词成为广和居的一大珍藏，吸引了更多的文人名士去观赏、议论。

鲁迅单身住进绍兴会馆后，广和居成为他最常去的饭馆。他和好友许寿裳等常去小酌。据《鲁迅日记》载，每月不少于四五次，这还不包括从广和居叫菜送到住处。在广和居的聚餐，有时是教育部同事的聚会，有时是绍兴同乡的聚饮，有时是像现在的AA制样的点餐。他们很少点“潘鱼”“曾鱼”等名菜，大多是点酸辣汤、炸丸子等。1932年11月鲁迅回北平时还请友人到广和居用餐。

一个饭馆，留下过这么多风云人物的足迹，这在世界上也是不多见的。

日军侵占北平后，百业凋敝，1939年，广和居停业。

便宜坊创建于明永乐年间，是一家近600年历史的老字号，原址位于宣武门外米市胡同。便宜坊的焖炉烤鸭和全聚德的挂炉烤鸭是北京烤鸭的两大流派。焖炉烤鸭烤时不见明火，烤鸭皮酥肉嫩，肥而不腻。鲁迅曾多次光顾便宜坊，有时是和一二位朋友小酌，也有时与十几位教育部的同事聚餐。现在米市胡同便宜坊旧址已成民居，但便宜坊在北京已开了数十家分店。

东兴楼创建于清光绪二十八年（1902年），坐落在东安门大街路北，是当时东城有名的饭庄。胡适曾请鲁迅在东兴楼用餐。

鲁迅还曾在致美斋、会贤堂、厚德福、来今雨轩、漪澜堂、宣南第一楼等许多老字号用过餐，这些饭店大都已不存。

鲁迅在绍兴会馆住过七年多，离前门较近，他购物常去大栅栏、前门一带。

走到繁华热闹的大栅栏西口，跨过煤市街，就是大栅栏西街。大栅栏西街不长，仅300余米，在它的西口曾有一座修建于明代的观音寺，故这条街旧时称观音寺街。

观音寺街在清末民初十分繁华，街上不仅有福兴居饭庄、惠丰堂饭庄、张一元茶庄等老字号，民国初还先后开设了化妆品公司、亨得利钟表店、百代唱片公司等新式商店。而名气更大的是建于中段路北的青云阁

北京观音寺街（赵敏拍摄）

北京大栅栏西街福兴居（赵敏拍摄）

北京荣宝斋（赵敏拍摄）

北京铁树斜街青云阁（赵敏拍摄）

商场。

据传青云阁已有 200 多年的历史，曾多次修葺，现在的建筑是 1905 年重新翻建后留下的，明显受清末西洋楼风格的影响。它的主体建筑为三层，三层楼房四面围合，三层以上为跑马廊，顶部做罩棚，形成高大明亮的中厅。它的南门在观音寺街，北门在樱桃斜街。门面是仿巴洛克式的装饰。

青云阁的匾额是由晚清三朝元老、著名书法家何维朴于宣统元年（1909 年）题写的。当时他已年过古稀，怀念起年轻时为官的平步青云，因而题名“青云阁”。

重新翻建的青云阁已是现代商场的雏形，不仅出售古玩玉器、古旧书籍，也经营日用百货，还有餐饮娱乐，场内有普珍园餐馆和玉壶春茶楼。台球这一欧美的时尚运动也是由青云阁最早引进北京，供当时的新潮人士消遣。青云阁一时名声大噪，成为北京城达官贵人、文人雅士购物休闲、品茗会友的雅致场所。清末《竹枝词》描述：“货物搜罗遍五洲，纷纷男女往来稠。大观游罢青云阁，乘兴还登第一楼。”

据鲁迅研究家统计，鲁迅在京居住的 14 年间，有记载的逛观音寺街的记录达 400 余次。而在这条短街上，最吸引他的莫过于青云阁。他常从西边来，逛完琉璃厂，正好来到青云阁。青云阁中玉壶春茶楼的春卷、虾仁面等鲁迅百吃不厌。饭后他常去书庄翻书，有时也去小百货店买点日用品。

“五四”前后，许多新文化运动中的名人，如周作人、沈尹默、刘半农、钱玄同等，也都是青云阁的常客。

大栅栏里著名的瑞蚨祥绸布店也是鲁迅时常光顾的。他每年秋冬季节都要来这里购买衣物、布料等。

医疗消费

鲁迅一生体弱多病，在北京期间曾患过胃痛、肋痛、肩背痛、牙痛和失眠症等，支气管炎和肺结核更是他长期看病吃药的原因。鲁迅在北京看病大多是去日本人开设的池田医院、山本医院、伊东牙医院等。

池田医院是日本人池田由友开办的私立医院，当时院址在石驸马大街东口路北。鲁迅住在绍兴会馆时到教育部上班必经池田医院，因而这一时期他主要在这家医院看病。

1912年夏，教育部举办暑期讲演会，鲁迅被聘为主讲。在暑热中辛苦奔波，每日还坚持写作终于病倒。当年8月12日、14日、17日三天到医院看病，这是鲁迅到京后第一次生病。

1916年10月30日，鲁迅大姨妈的儿子阮久逊来京，次日因神经错乱被鲁迅送至池田医院就诊。接下来几天鲁迅每日到医院探视。阮久逊拟是鲁迅的第一篇白话文小说《狂人日记》主人翁的原型。

1919年底，鲁迅搬到八道弯后离池田医院远了，看病才不去池田医院。池田医院20世纪30年代停业。

山本医院院长是在德国获得医学博士的日本人山本忠孝，原院址在北京西单牌楼旧刑部街，1920年开业。鲁迅搬到八道弯以后全家基本上都是在山本医院就诊。1920年底，周作人患肋膜炎，在山本医院住院治疗约两个月。1925年，周作人次女若子患脑炎也是在山本医院治愈。但若子1929年患盲肠炎，却因山本医院的误诊而死去。

1926年，“三・一八惨案”之后，《京报》披露段祺瑞执政府将通缉鲁迅等进步人士。鲁迅于3月29日住进山本医院避难，4月8日出院回家。在医院中写出了《记念刘和珍君》《淡淡的血痕中》等四篇文章。

鲁迅自称为“牙痛党”之一，从小就受牙病困扰，在北京时也经常牙痛。伊东牙医院是由日本人伊东丰作开办的，院址在崇文门内八宝胡同。鲁迅在这里补牙、拔牙十余次。1929年鲁迅回京探亲时还去了三次。他还带母亲去这家医院看过牙。

陈顺龙牙科医院、徐景文医寓也是鲁迅常去看牙的地方。

鲁迅及家属还在位于东交民巷西口路北的德国医院、法国医院等看过病。

经济学泰斗马寅初的百年人生

清光绪八年(1882年)农历五月初九午时,这是一个十分奇特的时刻——马年、马月、马日、马时,就在这一时刻,浙江绍兴县皋埠村一户马姓人家,诞生了一个男孩。乡间盛传:"五马齐全,必定非凡。"父亲给他起名元善,字尹初,后自改名为寅初,他就是日后一生非凡、蜚声中外的经济学泰斗马寅初。那一天折合为公历是1882年6月24日。

马寅初1904年考入天津北洋大学矿冶专业,1907年被官费保送至美国耶鲁大学矿冶系留学。后来他感到要挽救中国必须改革中国经济,于是改读经济学。在取得耶鲁大学硕士学位后,又考入哥伦比亚大学攻读博士学位,1914年获得经济学博士学位和哲学博士学位。他谢绝了留校任教的聘请,于1915年初回到阔别多年的祖国,在北洋政府财政部任职。但他深感"官场习俗,非我所愿",不久便愤而辞职。

北大十年 马寅初对红楼充满感情

1916年9月,在同乡蔡元培的举荐下,马寅初进入北京大学任经济门教授,开始了他的执教生涯。同年12月,蔡元培被任命为北京大学校长,对北大进行了全方位的改革。他竭力提倡科学与民主,推行"囊括大典,网

北京大学红楼（赵敏拍摄）

罗众家，思想自由，兼容并包”的方针，一扫旧北大官学衙门的陈腐局面。蔡元培对马寅初很器重，许多事情都有意让马寅初来辅佐他，协助他推出了一系列科学管理、民主治校的举措。马寅初先后被推选为北京大学编译会评论员、法科经济门研究所主任兼经济、商学门主任。蔡元培在北大实行“教授治校”方针，设立“教授评议会”，凡学校大事均经过“教授评议会”讨论决定。马寅初与沈尹默、胡适等被推选为“教授评议会”评议员。1919 年春，出于改革与发展的需要，蔡元培决定在北大设教务长，并在全校公开竞选。在竞选中马寅初战胜呼声很高的胡适，成为北京大学首任教务长。马寅初贯彻蔡元培的改革方针，大刀阔斧废科改院，废门改系。全校共分 3 个院 14 个系，初步奠定了北大现代化综合性大学的教学体系。

在北大期间，马寅初结识了中国共产党创始人李大钊、陈独秀等。他的第一篇研究人口问题的论文《计算人口的数学》就发表在《新青年》杂志上。他在法科大学堂里召开的经济学第六次演讲会上，专门请李大钊出席并发表了《社会主义之未来》的演讲。在五四运动中，马寅初热情支持青年学生的爱国行动。当局拘捕北大学生，蔡元培愤然辞职后，马寅初以教务长身份参与主持北大校务，与当局周旋，维护学生利益。6 月 4 日，他与马叙伦、沈尹默等进步教授出面与北洋政府交涉，要求释放被关押学生。马寅初大义凛然，在营救中发出了“要关，就连我们一起关进去”的正义呼声。

在北京大学的各个校区，无论是沙滩红楼、马神庙的北大二院，还是北河沿的北大三院都留下马寅初繁忙的身影和匆忙的足迹。他对红楼感情最深，当 1952 年北大要搬入燕京大学校址时，马寅初非常惋惜红楼和民主广场不

北京大学未名湖畔（赵敏拍摄）

能随着北大一起搬走。他在 1954 年召开的第一次全国人大第一次会议上递交了一份提案，建议对北大红楼要重新修整，把毛泽东工作室、李大钊工作室等原样保持下来，供后世观瞻。他无限感慨地说：“北京大学的红楼和民主广场是值得骄傲的！……因此我们要很好地爱护它，保持它的整洁，保持它的荣誉！”

但是这一时期，马寅初在北京居住在什么地方呢？我查了多部马寅初传记和相关资料，都没有得到答案。各种资料传记上都未涉及他这一时期的住所，只能暂留遗憾。

1927 年，奉系军阀张作霖悍然率兵入京，残忍地杀害了李大钊、邵飘萍等，北京陷入“白色恐怖”。8 月张作霖颁布大元帅令，宣布撤销北京大学，将在北京的各所国立高等院校合并，成立所谓“京师大学校”，受到进步教授的抵制。马寅初与许多教授愤而离开北京南下。

抗日战争期间马寅初偕同家眷颠沛流离，辗转于九江、汉口后到达重庆，在重庆大学任教。面对四大家族和其他国民党要员大发国难财，马寅初义愤填膺，他多次点名抨击孔祥熙、宋子文等囤积居奇，倒行逆施。他公开呼吁：“必须把孔祥熙、宋子文撤职，把他们的不义家财拿出来充作抗战经费！”蒋介石试图拉拢他，许他以高官又邀他去美国考察经济，他都不为所动。蒋介石恼羞成怒，下令将马寅初逮捕，囚禁、软禁了数年。

新中国成立后　在陈云安排下　马寅初住进东总布胡同32号寓所

1949年春，在周恩来的关照下，中共南方局安排马寅初、陈叔通等20余位知名民主人士乘船离开香港，几经周折，于1949年3月18日到达已经解放的北平。

回到阔别20多年的古都，马寅初立即投入繁忙的工作。他先后被任命为政务院财政委员会副主任、华东军事委员会副主席、浙江大学校长等，奔波在北京、上海、杭州之间，并多次率领代表团出访。在北京时他住在北京饭店或国际饭店，马寅初当时已68岁。陈云看到他年事已高，需要一个安稳的家，亲自为他选定了东总布胡同32号寓所。经过修葺后，1950年5月马寅初与家人搬进了新居。

东总布胡同现在属东城区建国门地区，是朝阳门南小街路东从南往北数的第二条胡同，自西向东沟通朝阳门南小街与建国门北大街。明代，与它西边的西总布胡同合称总铺胡同，因胡同内设有总辅衙门而得名。清乾隆时改称总布胡同，宣统时以朝阳门南小街为界，将胡同分为两段，西段称西总布胡同，东段称东总布胡同。另外，东总布胡同东段北面有一条南北向胡同称北总布胡同。

总布胡同是历史悠久的老胡同，在近代又创下了不少北京第一：

1911年，由卢绮园任经理的玉泉山酿酒公司在西总布胡同17号开业，这是北京第一家啤酒汽水厂，生产出了北京第一批啤酒、汽水；

1913年，家住东总布胡同的北洋政府财政总长周自齐，捐资修建了东总布胡同的柏油马路，这是北京第一条柏油路；

1921年，北京成立电车公司，租用京城警察总监吴炳湘在西总布胡同

东总布胡同 32 号马寅初故居（赵敏拍摄）

11 号的宅邸为办公用房，这是北京第一家电车公司。

这些第一，都在北京的发展中留下了鲜明的印记。改革开放以来，总布胡同又创造了新的北京第一。

1978 年，总布胡同办起了北京第一所老年学校。

1999 年，总布胡同建起了北京第一个社区健身乐园。

……

东总布胡同 32 号在胡同中段南侧。围墙很高，西式风格的大门朝北，上五步台阶才能进入院内。院内主要建筑是一座砖木结构的二层西式小楼，另有十数间辅助用平房。小楼南面有块花木繁茂的庭院。整个院落并不很大，却很宁静、典雅，是北京数量不多的具有欧洲“新艺术运动”风格的独立式住宅。

马寅初搬进这所住宅的前几年，他在各地奔忙，被任命为北京大学校长后又在燕南园安排了住所。因而他在这里住的时间并不长，只有周末或假日才回到这里。但在难得的假日仍然要接待许多人，处理很多事情。

少年时代　我有幸在东总布胡同 32 号拜访马老

1957 年春，我父亲陈子坚在中国财政出版社任职，是马老的重要著作《我的经济理论、哲学思想和政治立场》的责任编辑。一个周日的早晨，父亲跟我说：“我今天去见一位很有学问的老人，大经济学家马寅初，你有兴趣去吗？”可能是为了让我见世面，少年时父亲常带我去见他的一些朋友。我家那时住在宣武门外校场小六条康乐里，我们步行到宣武门。宣武门内有一条经过西单，穿过东西长安街到达东单，再向南终点在崇文门的有轨电车。我们坐电车到东单，下车后向北经过东单北大街，拐入西总布胡同，穿过整条西总布胡同，过了朝阳门南小街，进入东总布胡同，又走了一段才到马老的家。当时我觉得，他的家好远呀。

马老在书房接待我们。那时我父亲50岁出头，我认为已是老人了。马老胖胖的，我看不出他的年纪，只觉得是比我父亲老得多的一位真正的老爷爷。他看着我问我父亲："这是你的孩子？"父亲说："是我小儿子。"他说："这孩子眉清目秀，一脸聪明相。"父亲说："他爱看书，学习成绩也好。"马老又仔细看了看我说："身体显得单薄些。"又对我说，"小朋友，不但要学习好，还要身体好，要多锻炼，跑步、打球、洗洗冷水澡……"一位阿姨给我端来一杯饮料和一盘花生糖。父亲和马老开始谈稿件，只听他们说什么"综合平衡""团团转""人口论"……我完全听不懂。环顾四周，几面都是大书橱，里面装满了书，很多是外文书，也有些线装书，从书名上我就完全看不懂。我感到这位老人一定是个非常有学问的人。

可能是马老看出我有些无聊，说："小朋友可以到院子里玩玩。"我到了庭院，正是春天，院子里开了不少红的、黄的我叫不出名字的花，还有许多树木。我看到有间房子好像是多角形的，外墙不是平直的，而是向外凸起成折角，觉得很新鲜。临近中午，我们才离开马老的家。

重回北大 重回红楼与民主广场

中华人民共和国成立后，北京大学校长职位一直空缺。1951年春，经周恩来总理提议，中央人民政府任命马寅初任北京大学校长。当年6月1日，在北大红楼前的民主广场举行马寅初就职盛典。北大师生热情洋溢，敲锣打鼓，高举着"热烈欢迎马校长"的宽大横幅，整个民主广场一片喜庆。时隔24年重回北大，马寅初也异常兴奋。他身穿整洁的蓝色中山装，精神焕发，充满感情地发表就职演说："同学们，北京大学是我的娘家。今天，我回到了娘家，见到了红楼，心中有一种说不出的感情！北京大学到底是北京大学，北大青年到底是北大青年！”几句话一出如一股暖流流进了北大师生的心底，激起一阵阵热烈的掌声。

马寅初就职后的第一件事就是把毛泽东、李大钊当年在北大的工作室重新布置起来，作为革命纪念地供人瞻仰。

马寅初入住北大燕南园 63 号

1952 年实行院系调整，北京大学与燕京大学合并，搬入位于西郊的原燕大校址。由于离城较远交通不便，为照顾马寅初的身体与工作，校方为他在燕南园 63 号安排了一处住房。

燕南园是燕京大学为中、外籍教师专建的住宅区，建于 1929 年前后。位于今日北京大学图书馆西南侧，基地面积 40 余亩，建有 17 幢住宅。大都是美国城郊庭院式别墅风格，一色的灰砖小洋楼，楼前后多有庭院，也有几处中西合璧的平房住宅。燕南园的住宅实用、舒适而又朴素，园内林木茂盛，绿树成荫，在校园里形成了一个景色别致的特殊区域，与教学区和办公区飞檐斗拱的中国传统建筑风格迥异。

80 年来，在这里住过的几乎都是大师级人物，如翦伯赞、周培源、江泽涵、陈岱孙、冯友兰、汤用彤、朱光潜、冰心……真是国宝荟萃。

一个风和日丽的日子，我去北京大学寻访马寅初在燕南园的住所，因为多次去过北大，这次寻访很顺利。

我乘地铁 4 号线在北京大学东门站下车，出站不远就是北京大学朴素的东门。进门一条大道向西直通著名的北大图书馆。出图书馆南门，向西南走不远就是燕南园。

马寅初居住的 63 号院在园中的西南部，是中西合璧式平房兼具中国南北建筑风格。整体建筑坐落在虎皮石台阶之上，周边环绕的都是花岗岩条石。正门朝南，前面有片开阔地，很敞亮气派。

燕南园 63 号院是美国范氏家族为纪念传教士威廉姆・艾伦・怀特而筹

北京大学燕南园63号
（赵敏拍摄）

款自建的。后来传教士之子、燕大音乐系主任范天祥夫妇曾长期住在这里，直到1951年4月回国。

马寅初住进时，特意为63号院加建了一道围墙，墙内翠竹环绕。冬夏常青、空心有节的翠竹是马寅初最喜爱的植物。他在杭州的住宅中就种着许多竹子，因而被雅称为“竹屋”。在燕南园63号，再次看到竹影轻摇，他倍感亲切。

在63号院，马寅初一面主持着北大的工作，一面关注着新中国的建设和人口问题。几次视察中，他看到人口快速增长，十分忧虑。1957年4月26日，就在63号寓所里马寅初接受了《文汇报》驻京记者的采访，谈到了新中国的人口问题。他尖锐地指出：“人口繁殖的确是‘无组织、无纪律’的。我认为不能再这样下去，我们现在有计划经济，同时也应该有计划生育。”他还提出了解决办法：“推迟结婚年龄，大力宣传避孕，而且这还不够，要用行政手段控制生育。”第二天《文汇报》以“马寅初谈人口问题”为题，发表了他的谈话。同一天下午，马寅初在北大大饭厅举行了关于人口问题的学术报告。后来他又与邵力子在全国人大会议上两次提出节制生育的提案。

但是，马寅初的理论不合时宜，当时的观点是“社会主义是没有人口问题的”。毛泽东曾说：“除了党的领导之外，六亿人口是一个决定的因素。人多议论多，热气高，干劲大。”马寅初的理论被认为是马尔萨斯人口论的翻版。陈伯达首先发难，他在 1958 年 5 月 4 日北京大学建校六十周年庆祝大会上直接点名说：“马寅初要对他的‘新人口论’作检讨。”接着，7 月在北大大饭厅的一次会上康生也站出来阴阳怪气地说：“听说你们北大出了个‘新人口论’，他的作者也姓马，这是哪家的马啊？马克思的马呢，还是马尔萨斯的马呢？我看是马尔萨斯的马！”接着各大报刊发起了一轮高过一轮的对马寅初的批判浪潮。

但马寅初不服输。他在 1959 年 11 期《新建设》上发表了《我的哲学思想和经济理论》，系统说明了自己的基本理论观点，并勇敢地写道：“我虽年近八十，明知寡不敌众，自当单枪匹马，出来应战，直至战死为止，决不向专以力压服不以理说服的那种批判者们投降。”在庐山会议后，当时全国全党只允许一个思想、一种声音时，马寅初的论辩需要怎样的大无畏的理论勇气与牺牲精神啊！马寅初的坚持只能引来更大的批判狂潮，除了报刊上的文章，北大校园里大字报铺天盖地，一直贴到了 63 号院的院墙上。批判会不断升级，一次在康生亲自参加的批判会上，马寅初最后表态时，是铁骨铮铮的一句话：“我马寅初是马克思的‘马’家！”

1960 年元旦过后，马寅初辞去了北京大学校长职务，结束了在北大的第二个十年。

马寅初搬走后，63 号院曾是北大党委书记兼校长陆平的办公室。而“文革”开始后，“造反派”头目聂元梓曾一度霸占这里……现在门口挂的牌子是“北京大学老干部活动站”。但整个院落和建筑都好像年久失修又疏于管理，显得有些破落。好在是春天，屋前桃花盛开，翠竹也已返绿，显得生机盎然。

寻找北大校园中的马寅初雕像

我听说北大校园中有座马寅初雕像，在理科楼群中，但具体位置却不清楚。进北大东门就是理科楼群，迎面过来几位学生模样的人，我忙上前询

北京大学马寅初铜像（赵敏拍摄）

问，不料他们说是来北大参观的。又连着问了两拨人，竟都是参观者。我不禁想，北京大学真是学术的殿堂，有多少莘莘学子向往着这里啊！看到路边有位身穿保安制服的青年人，我想他一定是校内的，可以向他打听。但又一想，一个小保安能知道马寅初吗？犹豫间我还是走了过去，问道：“同志，你知道附近有座马寅初的雕像吗？”他回答：“您是问经济学家马老的头像吧？就在理科五号楼前。”又热情地对我说：“我带您去。”沿着理科楼群向南走不远，往西一拐，前面是座黑灰色楼房。他说：“这就是理科五号楼，又叫逸夫壹楼。您看，楼门前就是马老的头像。”我顺着他指的方向看，果然有座雕像立在楼门前。我向他道谢后，快步走近雕像。雕像并不高大，是座铜制头像。在马老深邃的目光里，透着对真理的执着追求和少许的忧虑，紧闭的嘴唇显得沉稳与坚定。雕像下面红色大理石底座上刻着“北京大学人口研究所1995年2月敬立”。雕像创作者为雕塑家司徒兆光。

1960 年春　马寅初搬回东总布胡同

1960 年 3 月，马寅初退掉燕南园的住所，重新搬回东总布胡同 32 号。又是一年的春季，32 号院内的春花像往年一样盛开，但整个院落门庭冷落，再不似往年的热闹。忙了大半生的主人“赋闲”家中，倍感孤寂。但马寅初绝不会消沉，尽管已年近八旬，他又开始了新的研究与写作。他早就打算写一部有关农业经济的学术著作，苦于政务繁忙一直没有动笔。现在恰是完成夙愿的大好时机，连续几年他晨起晚睡，伏案奋笔，好像在与时间赛跑。1965 年底，逾百万字的《农书》终于完稿，他完成了自己毕生的一个心愿。

然而半年后，史无前例的大动乱开始了，到处在“破四旧”，厄运随时可能降临。家人为预防不测，提前烧毁了家中的“四旧”，其中包括饱含马寅初晚年心血结晶的《农书》手稿。

然而，预料中的厄运没有到来。就在红卫兵横行、到处腥风血雨的时候，东总布胡同32号却仿佛与世隔绝，异乎寻常的平静，红卫兵和各种“造反派”没有上门打扰。后来才知道，运动一开始，周恩来就作了指示，马寅初受到了特殊的保护。

1978年6月，党的十一届三中全会召开，改革开放的新时期来临了，被尘封多年的马寅初这个名字重新被人们提起，许多人要求为马寅初平反。材料上报中央，陈云、胡耀邦等都作了批示。

1979年7月16日，东总布胡同32号院迎来了一批重要客人，他们是中共中央统战部副部长李贵等人，是专门来当面向马寅初宣告中央为他彻底平反和恢复名誉的决定。

1979年9月15日，32号院再次宾客盈门，北京大学领导、教师和学生代表专程登门看望他们的老校长，传达了任命马寅初为北大名誉校长的决定，献上鲜花向他表示慰问与祝贺。

按照我国的传统习俗，1981年6月24日是马寅初的百岁寿辰。全国的许多地方，他的家乡，还有他辛勤耕耘过的北京大学、浙江大学、重庆大学等都先后举行了隆重的庆祝活动。

1982年5月10日，马寅初走完了他辉煌而又坎坷的一生，病逝于北京医院。

四个月后，在中国共产党第十二次全国代表大会上，中央正式将计划生育确定为基本国策，这可能是对马寅初最好的肯定与纪念。

蜚声中外的学术泰斗
陈寅恪的清华岁月

陈寅恪于清光绪十六年五月十七日（1890 年 7 月 3 日）生于湖南长沙。因生于农历庚寅年，他的排行为恪字辈，祖母黄氏为其取名寅恪。他的祖籍是江西义宁州，即今江西省修水县。

陈寅恪的祖父陈宝箴是晚清维新派名臣，曾担任过曾国藩的高级幕僚，后官至湖南巡抚，成为镇守一方的封疆大吏。但因支持维新变法，变法失败后被革职。陈寅恪的父亲陈三立是陈宝箴的长子，字伯严，号散原，光绪进士。曾参加戊戌变法，与谭嗣同、吴宝初、丁惠康并称“维新四公子”。其诗取境奇奥，造句瘦硬，炼字精妙。著有《散原精舍诗集》及《续集》《别集》《散原精舍文集》等，为近代同光体诗派重要代表人物，被称为“中国最后一位古典诗人”。1924 年 4 月，印度诗人泰戈尔访华，在西湖之畔的净慈寺特地拜晤了陈三立。两位不同国籍的老诗人互道仰慕之情。泰戈尔以印度诗坛代表的身份，赠给陈三立一部自己的诗集，希望陈三立也同样以中国诗坛代表的身份回赠他一部诗集。陈三立接受赠书后，表示谢意，并谦逊地说：“你是闻名世界的大诗人，足以代表贵国诗坛。而我呢，不敢以中国诗坛代表自居。”两人合影留念，传为中印文化交流史上的一段佳话。

生在这样一个世代书香官宦家庭，陈寅恪自幼饱读经史，受到良好的传统文化教育。他有极高的天分与勤勉，读起书来简直到了废寝忘食、不分昼夜的地步。他爱读书，却不死读书。他还有一种锲而不舍、寻根究底的怀疑精神，这是他后来成为一代大家的又一基本素质。1901 年，陈寅恪随父母迁居南京，入学堂读书。学堂除传授传统经典外，还教授数学、音乐、英文等新知识。

1902 年，13 岁的陈寅恪随长兄陈衡恪自南京经上海赴日留学。与陈寅恪兄弟同时到日本留学的还有南京江南陆师学堂及附设矿务铁路学堂的学生，其中包括周树人、周作人兄弟。他们到日本后，同入东京弘文学院。这是一所为中国留学生学习日语和各专业的补习学校。学习期间，陈衡恪与周树人同住一舍，建立了密切关系与终生友谊。

自 1902 年留学日本，开启了陈寅恪的出国留学之旅。至 1925 年他出国五次，足迹遍布欧美。1910 年，他考入柏林大学，次年春转入瑞士苏伊士大学。1913 年，入法国巴黎高等政治学校。

1914 年秋，第一次世界大战爆发，欧洲一片混乱，陈寅恪暂时回国。1918 年秋，他再次出国至哈佛大学留学，因博学多才，成绩突出，与汤用彤、吴宓一起被誉为“哈佛三杰”。

1921 年秋，陈寅恪又由美至德，再入柏林大学深造，至 1925 年回国。

在陈寅恪断续留学的这十几年中，未曾获取任何学位，完全是为了获得真知而读书。虽然他主要研读的是巴利文、梵文等语言，但他兴趣广泛，无书不读，涉猎了许多人文社会科学、文化学、东西方史等学科。他接触过多种西方文化理论，形成了百科全书式的知识结构，成为我国近代学贯中西、独树一帜的学术泰斗。

1915 年陈寅恪在北京短暂停留

在巴黎高等政治学校学习期间，通过王国维的介绍，陈寅恪结识了 20 世纪欧洲著名的东方学家伯希和。伯氏精通汉、藏、蒙、突厥等 14 种语言，并拥有大量敦煌莫高窟的经卷，在法兰西学院讲授敦煌学。与伯希和结识之后，陈寅恪第一次有机会大量接触到以敦煌文献为主的各种新发现的材料，学术眼界大为拓宽。

然而在陈寅恪学术上大有进展之际，第一次世界大战爆发，欧洲陷入战火之中，陈寅恪不得不匆忙回国。1915 年春，陈寅恪到北京担任新成立的经界局局长蔡锷的秘书，主要工作是翻译东西方有关政治经济学等方面的图书资料，探讨中国经济界发生的问题及解决办法。

陈寅恪在北京住在哪儿，工作单位经界局地址在哪儿，资料上都没有确切的记载。但有一个地方陈寅恪肯定是常去的，这就是他的顶头上司、他家的世交蔡锷的府邸。陈寅恪也可能就住在那里。

护国寺街中段，有一条南北向的胡同，南边叫护仓胡同，北边叫棉花胡同。近代著名的军事家、民主革命家蔡锷将军的故居就在棉花胡同 66 号。这个院原来是袁世凯的亲家、天津大盐商何仲璟的产业，后来何家迁回天津，房产由一个亲戚代管。1913 年 11 月，袁世凯不放心倾向革命、拥兵云南的蔡锷，将他诱调至北京，委以参政院参政、经界局局长等虚职、闲职，安排住在这个院，实际上被软禁起来。蔡将军为了麻痹袁世凯，装出一副胸无大志、沉溺酒色的样子，经常出入八大胡同，并在陕西巷与名妓小凤仙结为知己。另外，他又对外称与妻子不和，常与妻子吵架，妻子“一气之下”，带着蔡将军的母亲离京返回湖南。多疑的袁世凯仍将信将疑，他指使军警于 1915 年 10 月某日清晨，对蔡府进行突击搜查，但一无所获。袁世凯放心了，他对外称蔡锷确是“风流将军”。就在袁世凯放松监视以后，在小凤仙的掩护下，1915 年 11 月 11 日，蔡锷秘密潜出北京，绕道日本，进入云南。12 月在云南组织护国军讨袁，反对袁世凯复辟。遗憾的是蔡将军积劳成疾，1916 年赴日治疗，不久便病逝，享年仅 34 岁，可谓英年早逝！

棉花胡同蔡锷故居（赵敏拍摄）

蔡锷离京以后，陈寅恪很快也离开了北京，结束了他第一次北京之旅。

1926 年至 1937 年　陈寅恪的清华岁月

清华大学的前身是 20 世纪初用美国退还的庚子赔款创办的一所留美预备学校。1909 年 8 月，清政府内务部把北京西北郊一座荒芜的皇家园林清华园拨给学校作为校址，故名清华学堂，辛亥革命后改称清华学校。

清华学校自建校以来，延聘有真才实学的教师任教，重视学科建设，学校发展很快。1922 年 4 月，曹云祥出任校长，筹备将清华升格为大学，成立大学部。1925 年 2 月，聘请吴宓主持筹建国学研究院。一段时间内，清华学校中形成留美预备部、大学部、国学研究院三部并存的局面。

清华国学研究院是“以研究高深学问，造成专门人才”为宗旨，具体培养目标是专门培养两项人才：“一以著述为毕生事业者，二各种学校之国学教师。”吴宓深知要办好研究院，聘请学识渊博、道德高尚的一流学者来校任教是关键。研究院继承中国古代书院的办学传统，吸收英国牛津等名校实行导师制的经验。吴宓本着宁缺毋滥的原则，严格选拔聘请研究院的导师。曹云祥校长动员胡适到清华国学研究院任教并主持院务。胡适谦辞，并推荐说：“非一流学者，不能做研究院导师，我实在不敢当，你最好去请梁任公（梁

清华大学校门

启超）、王静安（王国维）、章太炎三位大师，方能把研究院办好。”接受了胡适的建议，吴宓很快聘请到著作等身的学界泰斗梁启超、王国维来校任导师，但遭章太炎拒绝。后又聘到哈佛大学哲学博士、著名语言学家赵元任。

在聘请陈寅恪时却遇到了不少周折和麻烦。因为陈寅恪尽管留学多年，学贯中西，但却一无学历，二无学位，三无著作，在国内也没有什么声望，与清华更无瓜葛。在我国用人要看学历、资历等已是根深蒂固的观念。像陈寅恪这样的“多无”人员怎么可能进入清华，并与学术大师们一同当上研究院导师呢？这个问题是学术文化界长期热议不休的话题，到现在也没有定论。大致有胡适推荐说、梁启超推荐说、吴宓推荐说等，在这篇短文中我们不做过多考证与讨论。但吴宓当时主持国学研究院的筹备工作，他在哈佛时又十分推崇陈寅恪的学识，由于他的再三推荐和据理力争，为陈寅恪争取到了研究院导师这个职务，或更合理与可信。

陈寅恪曾回忆说：“1925 年回国前受清华大学研究院导师之聘，因父病请假一年，于 1926 年开始就职。”他和王国维、梁启超、赵元任一起成为后来人们常常提起的清华四大导师。

当年 7 月 7 日陈寅恪抵达北京，住在西河沿新宾旅馆。当天吴宓去拜访，第二天又亲自到旅馆接他到清华报到，并安排住在工字厅的西客厅。接着一连几天都陪着他在校内参观并拜访校领导和各位朋友。

清华大学工字厅的西客厅“藤影荷声之馆”

工字厅是原皇家园林清华园的主体建筑，原名工字殿。因其前、后两大殿中间以短廊相接，俯视恰是一个“工”字，故得名。清华初建校时，它是学务处所在地，后来成为学校文化娱乐和交往应酬的中心。工字厅后厅专供贵宾居住。1924 年印度诗人泰戈尔访华时，曾在后厅下榻。

与工字厅后厅以三步廊相接，有一所精致的小客厅，名西客厅或西花厅，自有一个独立的小院，幽静雅致。1925 年吴宓在这里居住，给这里取了个富有诗意的名字“藤影荷声之馆”。

陈寅恪进入清华园时已 36 岁，但因多年在外留学，专心学术，无心考虑个人问题，一直没有婚娶。他自己住在西客厅，觉得工作、生活很不方便，希望换个住处。

南院住宅区建在清华学校大门以南的坡地上，1921 年建成。有甲、乙两种户型各 10 套。甲种为西式洋房，建在北、东两面，乙种为中式院落，建在南、西两面。四面住宅内向围合的一块方形场地，作为南院住户共享的运动场。

当时赵元任、杨步伟夫妇住南院二号，学校把陈寅恪安排到南院一号，和赵元任相邻。陈家与赵元任夫妇是世交，陈平时在赵家“搭伙蹭饭”。杨步伟每天都做出可口的饭菜，还帮他料理家务。陈寅恪觉得方便多了。饭后他们常一起聊天，有时王国维也来参加。大师们这种放松式的学术聊天，使他们互有启发，相得益彰。

朋友们也十分关心他的婚姻，纷纷为其出谋划策，物色女友。1928 年春，经友人介绍，他与出身名门、端庄贤淑、受过传统中国文化熏陶的唐筼女士相识。经过一段时间的交往，两人情投意合，相见恨晚，于当年 7 月宣布订婚，并借赵元任家举办订婚喜宴。1928 年 8 月 30 日在上海喜结连理。婚后两人琴瑟和鸣。唐筼不仅是贤妻良母，还是陈的知音和助手。他们同甘共苦，经历了 41 年的风风雨云，一同走完了人生之路。

自 1926 年至 1937 年底，陈寅恪在清华 12 年。前期五年任国学研究院导师，1930 年，清华正式转制为清华大学，后七年陈任中文系、历史系合聘教授。自 1930 年起兼任中央研究院议委员、历史语言研究所研究员、故宫博物院理事、清代档案委员会委员等学术职务。

在北平的这12年是陈寅恪一生中极为重要的一个时期。这一时期生活安定，他正年富力强，家庭和谐，身心愉悦，加之读书研究环境相对舒适，教书育人条件安定祥和，许多重要的学术成果面世。陈寅恪倡导“独立之精神，自由之思想”的学术研究原则，在史学研究中将东方传统与西学相结合，拓宽了历史研究的视野，初步奠定了他一生的学术地位，而且培养了一大批高层次的国学研究人才。

约在1929年，陈寅恪又在城里租了一处房子。房子在西四驴肉胡同以南的姚家胡同。西四牌楼周边在元、明时曾有多种牲畜市场，因而留下了羊市大街、马市大街、羊肉胡同等多处与家畜相关的地名。而当时羊市大街（今阜成门内大街东段）往北的第一条胡同，称为驴肉胡同，想必这条胡同里也有驴市场或是集中卖驴肉的地方。清代时，家畜市场逐渐消失，民国时被雅化改称为礼路胡同，这就是今日的西四北头条。

西四北头条的南边主要是历代帝王庙、广济寺等的后墙，没有多少住户，北边却有不少大宅门，曾是达官显贵的宅邸。据说清代的大贪官和珅就在条胡同里长大，并开始发迹。和珅的家族隶属于正红旗，其父当过正二品福建副都统，家就安置在正红旗管界内的驴肉胡同。和珅在这里长大，步入仕途，并得到乾隆皇帝的恩宠，直至把女儿和孝公主赐婚给和珅之子，成为权倾一时的宠臣。和珅与皇帝联姻后旗借由正红旗改为正黄旗，他在什刹海西岸建造了豪华的新府，即后来著名的恭王府，才搬离了驴肉胡同。

西四北头条街景

在西四北头条中段路南有一条南北向的小胡同姚家胡同，

南口通阜成门内大街。这条胡同 3 号，就是陈寅恪在城内所租的房子。这是一座有大小三个院子及一个小菜园的住宅。

姚家胡同 3 号

1934 年，年逾八旬的陈三立来到北京，与陈寅恪同住。父亲住在正院堂屋东侧主卧室。当时大哥，著名画家陈衡恪（陈师曾）已去世，孀居的大嫂住在西屋，照顾父亲的起居。陈寅恪及家人平日住清华园寓所，周末及假期乘车回城与父亲团聚，住在东跨院内。

陈三立曾游西山，看到被八国联军破坏的园林遗址，他义愤地连叹：“国耻！”他对当时日本侵略中国的形势深感忧虑。他爱憎分明，好友郑孝胥投靠日本，辅佐溥仪建立伪满政权。陈三立痛斥他“背叛中华，自图功利”。在再版自己的诗集《散原精舍诗》时，愤然删去郑所作之序，以示断交。1937 年卢沟桥事变后，他表示：“我决不逃难！”日军百般游说陈三立与他们合作，均遭到严词拒绝。一天又有一汉奸上门，他呼喊用人拿扫帚将其逐出。面对日寇的猖狂，他绝食五日，最终忧愤而亡，表现了崇高的民族气节。

面对日寇日益猖獗的侵略行为，平日性格恬淡、远离政治的陈寅恪一反常态，表现出刚烈而深沉的爱国热情。早在“一·二八”事变之前，陈寅恪便将刚出生的长女、次女分别命名为琉球、小澎。要自己的女儿“切勿忘记在当时被日本侵占，而原本属于中国的台湾、澎湖”。他作诗多首，表现对日寇侵略的谴责和对民族命运的担忧。另外，他更抓紧时间研究与著述，希望多为国家与民族保留一些文化。

这时，陈的右眼视网膜脱落，医生建议立即住院手术治疗，但术后需调养多日，方可慢慢复明。陈为了保全个人民族大节，他决定先不做手术，在办理完父亲的丧事后，便偕妻带女于 1937 年 11 月初，匆匆逃离北京，结束了他12年的清华学术生涯。

1946年至1948年 陈寅恪的第二次清华岁月

在整个抗日战争期间，陈寅恪在长沙、昆明、香港、桂林等多地辗转，任教于西南联合大学、香港大学、广西大学等。尽管多地迁徙，辛苦备至，但他却始终没有停止学术研究。他最重要的学术著作《隋唐制度渊源略论稿》《唐代政治史述论稿》等都是在这一时期完成，使他跻身世界著名史学家之列，被授予英国皇家学会研究员、牛津大学汉学教授。

在长期的颠沛流离和日夜研读中，他的原已有病的双眼近乎失明。1945年春，受英国皇家学会之约飞赴英国治疗眼疾，但疗效不佳。回到国内后，清华大学校长梅贻琦专程到南京看望他，聘请他重回清华任教。

1946年10月，陈寅恪夫妇将两个大女儿留在南京读中学，偕小女儿美延自南京北上，重返阔别九年的清华大学任教。当时清华园受日军破坏，一派破败，尚未恢复。学校将他们一家安排住在条件较好的新南院52号。

1934年2月，校评议会决议在南院住宅以南，新建高标准的教授住宅，原计划建44套，后实际建成30套。均为独栋单层的花园洋房，由著名建筑师沈理源设计、施工，10月底竣工，名新南院或新林院。房屋内部均为当时最先进的设施，如取暖设备、浴缸、抽水马桶等，一经建成即以其独特的西洋建筑风格和高标准的现代生活设施，成为20世纪30年代清华园住宅中最引人注目的焦点。

1947年，陈寅恪在清华大学新林院住宅前

陈寅恪全家

他仍任中文、历史两系合聘教授，兼任燕京大学的研究院导师。校长梅贻琦见陈身体病弱，双目基本失明，要他先修养一段时间，身体许可先做些学术研究，不急于开课。但陈回绝说："我是教书匠，不教书怎能叫教书匠呢？我要开课，至于个人研究，那是次要的事。我每月薪水不少，怎能光拿钱，不干活呢？"在陈的坚持下，课很快就开了。中文系、历史系各开一门。为了照顾他，讲课就在他家稍大的一间房内，以免他奔波劳累，并给他配了两名助手。

陈寅恪始终把上好课当作自己神圣的职责。即使是讲过多次的熟悉课程，课前他也要参考多种典籍和资料，反复思考，认真备课。课后要助手们去征求学生意见。然后再修改讲稿。陈寅恪没有门户之见，无论向他求助或求教的学生来自哪所学校，出自哪位老师门下，他都会耐心指导或帮助，希望他们在学术上有所建树，而不希图对他个人有什么报答。对在学术上崭露头角的后辈，他更是倾力相助。比如对季羡林、周一良等，他都给予过悉心帮助指导，表现了一代大师教书育人的风范。

陈寅恪重返清华园时，国民党已发动内战。物价飞涨，民不聊生。北平的冬天气候严寒，新南院住宅虽装有供暖设备，但学校资金短缺，无力供暖。陈寅恪体弱畏寒，却无力购煤取暖。知道此事的胡适想赠一笔美元供陈买煤取暖，陈寅恪却坚辞不受。最后决定将自己珍藏的图书卖给北京大学，以换取胡适欲赠的美元。当年具体承办此事的季羡林几十年后回顾此事说："适之先生想赠送寅恪先生一笔数额颇大的美元。但是，寅恪先生却拒不接受。最后寅恪先生决定用卖掉藏书的办法来取得适之先生的美元。于是适之先生就派他自己的汽车——顺便说一句，当时北京汽车极为罕见，北大只有校长一辆——让我到清华陈先生家里装了一车关于佛教和中亚古代语言的极为珍贵的西文书。陈先生只收了两千美元。这个数目在当时虽不算少，然而同书比起来，还是微不足道的。在这一批书中，仅一部《圣彼得堡梵德大词典》市价就远远超过这个数目了。这一批书实际上带有捐赠的性质。而寅恪师对于金钱的一文不取的狷介性格，由此也可见一斑了。"

1948 年 12 月，平津战役激烈进行，清华园内人心惶惶。南京政府拟订了一个所谓"抢救计划"，组织北平学者南迁，陈寅恪是被接的重点人士。但此时陈对国民党政权已十分失望，不愿再与其合作。正在犹豫之间，他妹夫、时任国民党交通部部长俞大维的催促，促成了他的离京。俞大维估计北平会有一战，他担心陈氏一家的安全，特捎来口信，要陈氏务必随胡适一起搭乘飞机离京。仓促中，陈氏只带了简单的行李，于 12 月 15 日和家人一起在南苑机场搭上了南下的飞机。他百感交集，途中赋诗一首。其中一句为"去眼池台成永诀"，表明这一去，可能很难再回古都了。

但陈寅恪并没有留在国民党的老巢南京，更没有逃往台湾或出国。他只在南京住了一晚，便到上海，接着乘海轮去往广州。

1949 年 1 月 19 日，陈寅恪一家到达广州。从此开始了陈寅恪一家在广州生活的最后 20 年。

他先在岭南大学任教，1952 年院系调整后在中山大学任教。中华人民共和国成立后，清华大学、中国科学院历史研究所等曾几次邀请他回北京工作，都遭到了他的婉拒。他一直留在中山大学历史系任教。在亲自给高年级授课的同时又写了多篇论文，继续向学术高峰攀登。

在中华人民共和国成立初期的多次政治运动中，陈寅恪因其特殊的学术地位和身体原因等都得到保护，没有受到更大的冲击，生活上也给了很多优待。郭沫若、周扬、胡乔木、陶铸等都到中山大学看望过他。但在史无前例的“文革”中他却在劫难逃。整个社会陷于无序和动乱状态，陈寅恪成为重点的斗争对象，各方面都遭到严重冲击和摧残。他的身体健康状况迅速恶化。1969年10月7日晨，陈寅恪因心力衰竭而凄然去世。他的夫人唐筼在安排好陈的后事的45天后，即11月21日晚因脑溢血不治，追随丈夫于九泉之下。

粉碎“四人帮”之后，一切都在拨乱反正，1980年纠正了“文革”期间强加给他的一切不实之词，彻底为他平反昭雪。此后，在中国文化学术界和世界史学界陈寅恪热一浪高过一浪，持续不断。

然而陈寅恪身后的最后一件大事——安葬，却费尽周折，拖了34年之后才最终解决。夫妻合葬于他父亲陈三立曾住过五年的庐山松门别墅旁的一座小山上，现在属于庐山植物园。植物园将墓址所在的小山岗命名为“景寅山”。2003年6月16日（农历五月十七）是陈寅恪113岁诞辰，在新建的墓前举行了简朴的落成仪式，陈寅恪夫妇终于叶落归根，入土为安。

教我如何不想他
——刘半农在北京的岁月留痕

刘半农是我国著名的文学家、翻译家、诗人、语言学家、教育家。他是我国“五四”新文化运动的先驱之一，同时又是我国语言及摄影理论奠基人。他的《汉语字声实验录》荣获“康士坦丁语言学专奖”，是我国第一个获此国际大奖的语言学家。他病逝后，鲁迅曾在《青年界》上发表《忆刘半农君》一文表示悼念。他丰厚的思想文化遗产和贡献，赢得了人们的尊敬和爱戴。

刘半农病逝已 80 多年，让我们穿越时空，寻找他在北京工作与生活的痕迹。

早慧的江阴才子　才识双全

刘半农，1891 年 5 月 27 日生于江苏省江阴县，原名寿彭，又名复，字半侬，后改半农。刘半农、二弟刘天华、三弟刘北茂，刘氏三兄弟都对中国文化有卓著的贡献。二弟是著名的中国民族音乐家，

刘半农质聪资慧，3 岁会唱儿歌，4 岁随父亲识字，6 岁入塾，能作对咏诗。11 岁入父亲创办江阴最早的小学翰墨林小学。他学习成绩名列前茅，能一字不漏地背诵白居易的《长恨歌》和《琵琶行》，17 岁以江阴考生第一名的成绩考取由八县联办的常州府中学堂，同期录取的还有后来蜚声海内外的国学

大师钱穆。

刘半农深得学监（校长）屠元博的喜爱。刘半农到屠家拜访，屠父是远近闻名的史学家，他发现这个少年学子才识双全，可堪造就，于是破例将他收为弟子，此事在当地一时传为佳话。出于嫉妒，有人说他钻营取巧。他没有理睬别人的造谣。一次，知府到学堂视察，想考查一下学生的成绩。临时出了道命题作文。刘半农以第一名的成绩夺魁，黄知府捐赏他学费一年，以资鼓励。刚入常州府中学堂第一年，刘半农每次考试几乎都名列第一，被学校“列入最优等”，刘半农才子的名声一下子传开了。钱穆晚年回忆说：“不三月，寿彭连中三元，同学争以一识刘寿彭为荣。”

刘半农在毕业前一年，他母亲犯病。为了冲喜，匆忙为刘半农娶了大他三岁的朱家长女朱慧。而这桩婚姻并未挽救母亲，在大媳妇进门后，母亲咽下最后一口气。新郎、新娘脱下红装，披麻戴孝。“猛忆结婚戴顶，旋遭大故体披麻”这句诗，描述了刘半农悲喜交加的家庭变故。

中学肄业的北大教授

在常州府学堂毕业前一年，出于对学校保守的教育体制的不满和失望，刘半农决定离开家乡到外地发展。1912 年，刘半农赴上海独立谋生，当过编辑、演员，生活十分困难。为了生存，他开始了创作生涯。由于国文功底好，悟性高，再加上勤奋和才情，刘半农很快成为上海滩文坛上一个十分活跃的小说新秀，拥有了一批读者。五年时间发表了 40 多篇小说，内容包括言情、警世、侦探、滑稽、社会等。苏雪林晚年回忆说：“半农的小说我仅拜读过三数篇，只觉得滑稽突梯，令人绝倒。”经过几年奋斗，刘半农在上海滩声名鹊起，被人称为“江阴才子”“文坛魁首”。

后来刘半农毅然摈弃了往日的小说创作，先后在《青年杂志》上发表文章。1917 年从《新青年》上崭露头角的刘半农被北大校长蔡元培发现，由陈独秀推荐，北大校长蔡元培向刘半农发出了邀请，破格聘请他到北大文科任教。一个寂寂无闻的连中学都未毕业的乡村青年，跨入了全国最高学府北京大学。

同时执教的还有钱玄同、周作人、胡适等人。

1917 年夏末秋初，刘半农动身赴京，因未带家眷，一个人借住在北大三院教员休息室后面的一间屋子里。

在北大，刘半农除了担任预科一年级丙班国文教员外还兼理预科一年级丁班国文和三年级乙班小说科教员。根据陈独秀和古文大家钱玄同等人建议，加上一己之得，刘半农有一个简单的宗旨，他不好高骛远，不讲门派，只求在短期内使学生能看懂普通人应看之书，在职业上必看之书，人人能作通应作之文，在职业上所必作之文，总之要实事求是。他如鱼得水，在课堂上滔滔不绝，将自己写作经验进行归纳。最初他教授诗歌、小说、文法概论和文典编纂法等。虽然连中学都没有毕业，好在他国学功底并不逊于他人，而且又长于写作，阅读广泛，上课又认真准备，不久就站稳了脚跟，得到了学生的认可。很快人人都知道北大来了一个中学肄业的国文教授刘复。

北京大学红楼（赵敏拍摄）

北京大学红楼中的文科教员休息室（赵敏拍摄）

在北大刘半农积极主张写新诗和应用白话文，主张破除旧韵重造新韵。他还提倡文学作品的分段和运用新式标点，并创造“她”“它”二字，经历了时代的考验，运用至今。刘半农与胡适、沈尹默、周豫才、周启明、俞平伯，还有美国的陈蘅哲女士，都努力作白话诗，形成了一个不小的氛围。

北大红楼东侧有一条小河向南流去，被刘复称为“北大河”。河的东岸叫“黄城根儿”，西岸叫“北河沿儿”。今天的 58 路公共汽车站站牌上有一个地名，叫

“骑河楼”。可想，当年一定有座独具匠心的小楼，曾经浪漫地骑跨在北大河上，左脚站在黄城根儿，右脚落在了北河沿儿。北京人管汉花园所在区域叫“沙滩儿”。不过，北大河形成的那一小块可怜的沙滩，今天早已无影无踪。“沙滩儿”，只不过是北京人含混不清的记忆。

这时期，刘半农的心情很愉快。对北大三院门口的这条小河，感情越来越深。他觉得北大周围的风景，就是三院的河可看。皇城边的河，居民太多。什刹海在后门外，虽好看，太远。北海可看，可惜还没开放。刘半农常和胡适在北大三院门前的小河散步，对河岸上的一草一木，也有特别的趣味。当时正是秋季，河水满满的、亮晶晶的，映着岸上的人物、草木、房屋，分外玲珑、明净。靠东安门桥的右岸，也很整齐。两岸的杨柳，虽然不如春天那样的嫩，夏天那样的浓，已呈现了憔悴的枯态，却饱含着诗意，给人以遐想。

新文化运动的健将

早在1915年，陈独秀创刊《新青年》杂志，宣传科学与民主，倡导文学革命，刘半农积极响应成为骨干。刘半农对诗歌、小说、戏剧、散文等各种文学样式都提出了改革的意见。1917年开始陆续发表了《我之文学改革观》《诗与小说精神上之革命》《应用文之教授》等文章，认为文学应表现自我的真情实感，主张用白话文写作，只有将窒息性灵的古人作文的僵死格式推翻，新文学才能得到发展，强调文学的真实性，批判背离现实的虚伪文学。为了推进文学革命的发展，1918年刘半农和新文化运动的另一名“台柱”钱玄同，共同策划书写了著名的“双簧信”。由钱玄同化名王敬轩，概括了反对新文学的种种谬论，用文言写了致《新青年》编者的信，再由刘半农以记者名义，用白话写《奉答王敬轩书》，针锋相对地予以驳复。这篇战斗檄文引起广大读者浓厚的兴趣，激起广泛的反响，收到了意想不到的社会效果。

在五四运动以前，刘半农就写过一些控诉式的诗篇，为底层的劳动人民呐喊呼吁，这些诗篇带着强烈的反抗意识和阶级对立的思想。他的诗不仅有着新的思想内容，在诗的形式体裁、创作手法以及语言的运用等方面，都鲜明地表现了他的创造精神。他不仅创作白话诗、散文诗、民歌体新诗，还翻译外国的民歌，《瓦釜集》《扬鞭集》《国外民歌译》里的作品，集中显示出了他的诗歌成就。

他创作的《游香山纪事诗》中写道："白云如温絮，广复香山巅，横亘数十里，上接苍溟天。今年秋风厉，棉价倍往年。愿得漫天云，化作铺地棉。"还有"公差捕老农，牵人如牵狗。老农喘且嘘，负病难行走。公差勃然怒，叫嚣如虎吼。农或稍停留，鞭打不绝手。问农犯何罪，交租才五斗"。他的这类诗歌不仅有浓郁的生活气息和田园风味，更写出了旧中国劳苦大众的悲愤，是对旧社会的抗议书。

1919 年 5 月 4 日，"五四"爱国运动的爆发，震撼了整个北京、整个中国。青年知识分子、北京的大学生都投入到运动中。北京大学成为新文化运动的中心，国内反动派实施镇压。6 月 3 日下午，刘半农、周作人、陈百年、王星拱四人在北大新建的第一院二楼中间的国文系教授室，听说政府逮捕了千余名学生和市民，其中北大法科八名学生在中央公园散发传单时被拘捕，拘留在北大第三院法科。几个人前去探望，三院前面南北两条路已断绝交通。隔着北河沿的水沟东面的空地上聚集着许多看热闹的人。学生们不断地被军警押来。到了三院法科门前，军警不许他们进。次日下午，刘半农、钱玄同、沈尹默等 20 位北大教职员工举行紧急大会，商讨救援被捕的学生。陈独秀 6 月 11 日在香厂路新市区散发传单时被捕，李大钊上了黑名单。刘半农不顾个人安危而奔走，竭力营救。他在《新青年》上发表长诗《D—！》怒斥敌人，鼓励和声援被捕的青年学生的精神领袖陈独秀。

他在 1926 年"三·一八惨案"中化名范奴冬发表在 3 月 22 日一期《语丝》上的《呜呼三月一十八——敬献于死于是日者之灵》，更鲜明地表现出这种倾向，真可谓是血泪的控诉："呜呼三月一十八，北京杀人如乱麻！民贼大试毒辣手，半天黄尘翻血花！"

1927 年 4 月，李大钊被害。刘半农不顾当局的恐吓，与钱玄同等 12 人联名发出为李大钊举行公葬募捐书，四处奔走筹措安葬费。他带头捐资 20 元，并为李大钊撰写碑铭，书写墓碑。创作《敬献于是日者的亡灵》《呜呼！三月一十八》等新诗，深切悼念革命烈士，严厉抨击段祺瑞政府扼杀爱国青年的罪行。同时他还撰写了《瞎了眼的文学史家》《奉答陈通伯先生》，矛头直指北洋军阀及走狗，声援女师大风潮中的鲁迅和师生。

“九·一八事变”爆发后，刘半农阵线分明，疾恶如仇，他连续发表了《好聪明的北平商人》《反日救国的一条路》等文章，他振臂呐喊：日本帝国主义是我们不共戴天的死敌，对付它的办法只有一个，那就是“打”！他主张与日本帝国主义破釜沉舟拼到最后一滴血。他还出任北大创办的国民伤兵医院理事会理事，到处募捐经费。他在《中央日报》上发表《阿弥陀佛戴传贤》的文章，公开揭露考试院院长戴传贤在日本帝国主义面前的卑鄙软弱的丑态。当他看到周作人的家门挂着日本旗时，他愤怒地说：“周作人再挂日本旗，我就和他划地绝交”，表现了他鲜明的爱国立场。

留洋深造后重返北京

在北大，由于刘半农没有洋学历，被一些人认为他知识不渊博，认为他浅。刘半农痛下决心深造，发奋读博士。在蔡元培的支持下，刘半农考上了公费赴英留学的资格。1920 年 2 月 7 日偕夫人朱惠和女儿小蕙起程，赴英留学。

将近六年，刘半农获得博士学位。1925 年 7 月 3 日，一家人搭乘法轮“porthos”号由马塞起程回国。一路上刘半农抑制不住内心的喜悦，连作《行程中得小诗五首》。几首小诗一个声音，就是怀念祖国和家乡。“船向故乡行”伴着诗人“渐入家山魂梦中”。1925 年 9 月上旬，刘半农回到了阔别六年的北京。

10 月 18 日下午，北大研究所国学门主任沈兼士主持，在北海濠濮间举行第三次肯亲会。刘半农在会上发表了《我的求学经过及将来工作》的演说。

因没有房子住，夫人和孩子先回江阴老家，他在孔德学校借住了两个多月。孔德学校是华法教育会利用庚子赔款筹建的，位于东华门大街智德前巷 11 号（现为北京二十七中学），一个狭长的胡同里。一天，刘半农在校长马隅卿的办公室见到堆在地上的旧抄本，“那是什么东西？”他问。马校长说：

“你看看，有用没用？”刘半农捡起一看说：“好东西！学校不买我买。”原来是车王府曲本。孔德学校以50元买成，整整装满了两大书架。从此，车王府曲本的声名传遍全国。

11月，刘半农从孔德学校临时住所搬到协和医院附近的北帅府胡同7号寓所，这是一个小四合院。二弟刘天华在西河沿找了另一处房子。秋天刘半农回老家，接家人来北京。

1925年2月1日，成舍我在北京创办《世界日报》。次年6月老朋友成舍我请刘半农担任《世界日报·副刊》主编。刘半农为《世界日报·副刊》写了《也算发刊词》，1926年7月1日刊登。在刘半农看来，副刊不是专门的讲学写文章，而是随便浏览，消磨余闲的同时，得一些小益处。1927年，刘半农辞去《世界日报·副刊》主编，在此工作了七个月，他共编辑了七卷，在《世界日报·副刊》登了来稿18篇。1月28日，他写了《老实说了的结束》。

随身带把伞　防日本邻居的恶犬

在北京居住时，刘半农搬了好几次家。1927年11月，搬到了王府井大街敦厚里7号。这是一座三层楼房，房子不错，但后门正对着一个空旷的院子，院子尽头有一个小土房，是协和医院的太平间。家里人都感到很不舒服。

1928年春，刘半农一家搬到南池子大街的扁担胡同1号。这座房子在胡同的尽头，附近就是昔日的太庙，环境十分安静。糟糕的是隔壁住着日本人，养了条非常凶狠的日本矮脚狗，常趴在刘家门前，看见人过来，就会直冲上去狂叫，它还会追上来咬人。为了防止被咬，大家得随身携木棍防身，刘半农时常随身带一柄把儿很粗的伞做防身武器。没多久，一天清晨刘半农开门时，只见那条狗直挺挺地倒在刘家大门前。刘半农检视一下，确实死了。这条让大家提心吊胆的恶犬终于被人毒死了。刘半农又喜又忧，喜的是恶犬终于死了，忧的是恶犬竟死在了自家门前，担心日本人会报复。第二天日本人果然气势汹汹地上门寻衅。在好心人提醒下，几天后刘半农一家悄悄地搬

大阮府胡同（赵敏拍摄）

离了扁担胡同。

1929年7月，刘半农一家从扁担胡同搬到了大阮府胡同30号。不久，他的二弟刘天华也搬到了大阮府胡同17号，正好对门。在大阮府胡同30号住的时间不长，1931年9月又搬到了不远处的16号。

“含辉堂”名人雅聚

从大阮府胡同30号搬到16号，刘半农的家庭生活有了较大的变化。房屋虽大，但并不贵，他们夫妇感到这是比较理想的住宅。

实际上这是一所宫廷式的房屋，面积大，建筑结构讲究。整座住宅分东西两部分，原来是相通的，东部是正房，西部是花厅，后来分开了。刘家住在花厅，东部则另有人家。据说全部房屋共有100多间，最后一位主人是清朝的末代皇族，叫作伦贝子。刘半农的女儿小惠回忆：“……我们从未见过东屋的内部情况，花厅房舍标志中最引人注目的是一块由清朝皇帝亲笔题的匾‘含辉堂’。东屋正房曾住过清末著名的思想家、翻译家严复。”刘半农将“含辉堂”改名“二复堂”，即刘复与严复。附近的邻居说那东部正房是有名的凶宅，后花园中有鬼，所以一直空闲着。刘半农并不介意，他开玩笑说：“我不怕鬼，如果有鬼，叫他来找我，我能对付！”

从胡同西边的入口进去，就是南北两间号房，从号房西边进去是一个大的四合院，刘半农将花厅坐北朝南的上房作为主要生活用房。东南西三面各有两套住房，上房的正厅就是“含辉堂”，金字匾悬挂在正中的墙上方。厅左是刘半农夫妇的卧室，前端有一间是刘半农的书房。卧室后面有一小间是刘半农儿子卧室。大厅后面有一排房间，刘半农的女儿都有了各自的卧室和书房。正厅的后面有一个小会客室。刘半农的岳母住在院内的西厢房，刘半农的三弟住在东厢房。院内朝南的一排房后来由刘半农的弟弟刘天华居住。

大阮胡同 16 号还有一个很大的后花园。园内的井亭建在一个假山上，假山的后面紧靠围墙处，还有六间空房子。花园有长廊与正房相通。园内有不少果树、花卉。“含辉堂”不仅富有诗意，而且环境优美。

很快，许多文人学者常来这里聚会。半农的女儿小惠回忆第一次见谢冰心。一天下午正在后花园假山旁学画，父亲匆匆走来说：“你不是想认识谢冰心女士吗？她现在正好来了，你快去见她！”小惠听了非常兴奋，赶紧跟着父亲出来，到了大厅上，只见一位穿着灰色绸旗袍、装束入时的女士，正对衣镜前整理她的衣服。小惠急忙跑上前说：“谢先生，您好！”谢冰心女士热情地笑道：“我没想到您家里还有客。”半农笑道：“她不是客人，是我的大女儿小惠。”

一次，画家徐悲鸿、诗人徐志摩两人一起来到后花园，准备一个作画，一个题诗。临时又来了张大千和齐白石。商讨后决定由张大千主笔，先动手作画，其他人补充。画到一半，有人提议在风景中加几个古装人物，半农的两个女儿做了临时模特儿。

梅兰芳是刘半农的弟弟刘天华的朋友。1929 年秋冬时节，梅兰芳为赴西欧访问演出做准备，“自审国剧有歌词音吐，非西人所能聆悉，拟用

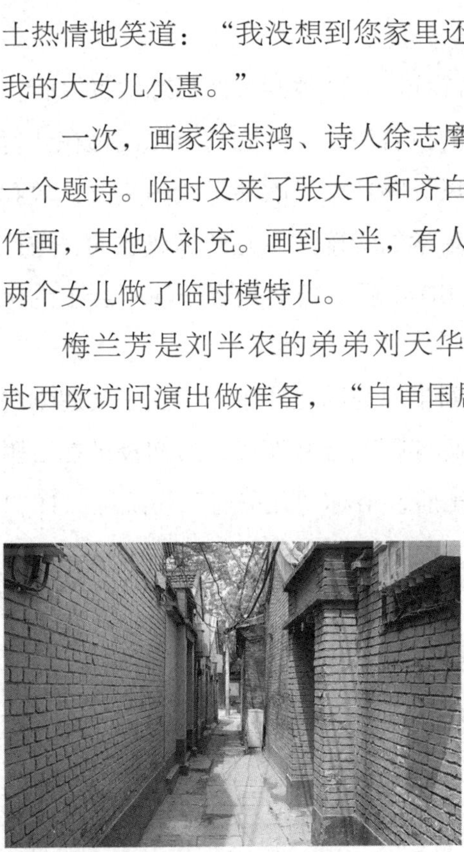

飞龙桥胡同（赵敏拍摄）

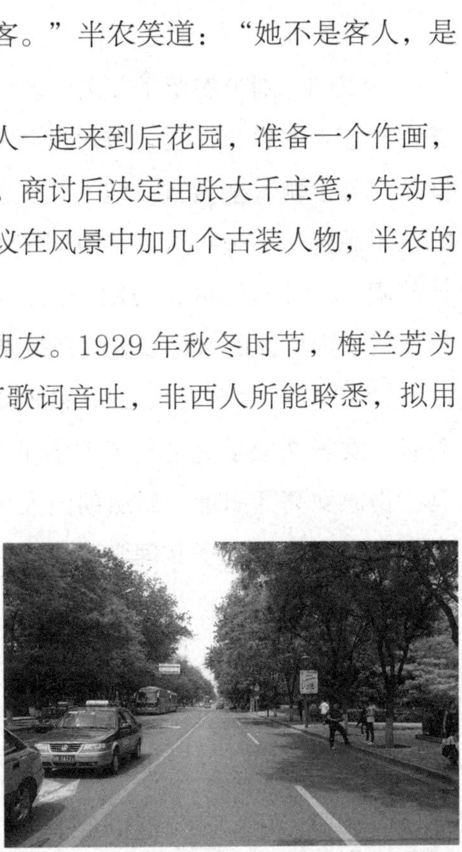

南河沿大街（赵敏拍摄）

近代音符，制为五线谱，使世界人士按谱寻声，以得悦耳之音”，便请刘天华为其记谱。那段时间，梅兰芳几乎每天都要去大阮府胡同刘家清唱，由刘天华记谱，反复推敲，不厌烦琐，经百余天的努力才告竣，一共记录了梅兰芳《天女散花》《霸王别姬》《洛神》《贵妃醉酒》等18支曲子。刘天华为他编辑了《梅兰芳曲谱》。受蔡元培的影响，刘半农主张戏剧上也要百家争鸣。1929年底，他为《梅兰芳曲谱》写序。

刘天华像

教我如何再想他

1920年，刘半农留学英国伦敦时，曾写过一首《教我如何不想她》的新诗，既有对恋人的思念，又含有对家国故园的执着情思，爱恋与乡愁浸透在诗行间：“天上飘着些微云，地上吹着些微风。啊！微风吹动了我的头发，教我如何不想她？……”这首诗被同在伦敦留学的音乐家赵元任谱成歌曲，被广泛传唱。后传至国内，轰动全国。直到60年后，仍然是音乐演唱会上的保留曲目，为广大的音乐爱好者所钟情。

1930年4月28日，国民政府任命刘半农为国立北平大学女子文理学院院长。女子文理学院是女子大学和女子高等师范合并而成，最初校址在石驸马大街原女高师旧址，后租朝内大街孚王府，俗称“九爷府”为院址。1931年改称北平大学女子文理学院。一度在宗帽胡同租房子临时上课，后又回到石驸马大街原址，

据赵元任的夫人杨步伟回忆，她20世纪30年代在女子大学体育系教生理和解剖学，她的班上有个女生爱唱《教我如何不想她》的歌。一天，女学生们见刘半农穿了件蓝棉袍子，很失望，便暗地议论：“原听说刘半农是一个很风雅的文人，怎么会是一个土老头呢？”杨步伟说：“你们有的人一天到晚唱他写的《教我如何不想她》的歌！这就是那个他呀！”大家哄起来说：

“这个人不像嘿，那歌不是赵先生写的吗？”杨步伟解释道：“曲是赵先生谱的，词是刘先生写的。”

1934年3月24日夜，刘半农到灯市口公理会会堂，听贝满、育才两校联合歌咏团第三次音乐会。其中李抱枕演唱了刘半农十多年前所作《教我如何不想她》及《听雨》两曲，最受欢迎。唱毕，他登台热情地向听众介绍说歌词的作者刘半农先生也出席了。大家鼓掌欢呼，一定要请刘半农见面。刘半农无法推辞，“如猢猿之被牵上台，向大家一鞠躬而退”。下台时，刘半农听到一女士悄悄说，“原来是这样一个老头儿”。刘半农听了心中不是滋味。想，此语大可玩味。其时，刘半农不过43岁。回家后，戏吟诗云：

教我如何不想他，请来共饮一杯茶。
原来如此一老叟，教我如何再想他？

2009年3月22日晚，在台北中山堂举办“听雨忆江南——刘半农、刘天华、刘北茂纪念音乐会”。音乐会由两岸民乐名家联袂演出。

两岸艺术家对刘氏三兄弟作品的演绎，如泣如诉、如怨如慕、或喜或悲、忽急忽徐，余音绕梁，在观众中引起强烈共鸣，每首曲终都报以热烈掌声。传唱海内外华人社会数十年的歌曲又回荡在台北春意融融的夜空中。

刘半农的儿子刘育熙教授在接受新华社记者采访时说，两岸文化传承相同，心心相通，能在台北举行纪念父辈的专场演出，别具意义，自己也感到无限欣慰。

英年早逝

1934年6月，刘半农冒着酷暑带领学生和好友到绥远、内蒙古一带考察方音民俗。不幸在张家口身染“回归热”。7月10日晨抵京，经抢救无效，7月14日于北京病逝，年仅43岁。早他两年，他的弟弟刘天华于1932年6月8日因感染猩红热病逝。

刘半农逝世后，7 月 16 日移灵于北海后门外的嘉兴寺。灵车覆盖着北京大学三色校旗，蔡元培手书“国立北京大学教授刘复博士之铭旌”作为前导。灵车曾在北京大学一院稍停，由蒋梦麟率北大教职员和学生路祭。

10 月 14 日上午 10 时，北京大学的校、院、系负责人，师生员工代表及北平各界代表 500 余人，在北大二院大礼堂为刘半农先生举行隆重的追悼会。收到挽联 300 余件，花圈 200 余个。追悼会由北大校长蒋梦麟主持，胡适、周作人、钱玄同、魏建功报告生平事迹，由半农的三弟刘北茂向来宾致谢词，由育英中学歌咏团奏哀乐，唱哀歌。

刘半农自 1917 年从南方来到北京，过去了 17 年，他在这块土地上永远地离去了。无论南方的雨、北方的雨，都永远听不到了。在《听雨》音乐中，追悼会上已是哀泣声一片。

在众多的挽联中，钱玄同的挽联最长，有不少副含义颇深，饶富意趣。胡适的挽联是：“守常惨死，独秀幽囚，《新青年》旧日同伙又少一个；拼命精神，打油风趣，老朋友当中无人不念半农。”俞平伯挽联：“百灵庙远驼铃寂；二复居寒凤鬟孤。”赵元任的挽联是：“十载凑双簧，无调今后难成曲；数人弱一点，教我如何不想他。”赛金花出席了追悼会。她身穿蓝袍绸裙，白绣花鞋，戴了白花，极为引人注目。

北京大学校长蔡元培沉痛悼念他，为他作了碑铭，全国各地报刊纷纷发表消息和纪念文章。

1935 年 5 月 29 日，刘半农与弟弟刘天华的木棺，同葬于北平西郊香山东脉的玉皇顶南冈老爷庙。刘半农的墓在北，刘天华的墓在南，相距十几步。

刘半农的墓地为中法大学捐赠，墓垄是长方形，长约五丈，宽四丈，上盖石板，墓门东向，上书沈兼士题“刘半农先生之墓”。刘半农的墓前有两块墓碑。一块是周作人受刘半农遗孀朱惠英之请撰写的墓志，魏建功书石。另一块墓碑由蔡元培撰写《刘复碑铭》，吴敬垣题，章太炎篆额，钱玄同书丹。蔡元培写的墓铭是对刘半农一生的经历和成就的总结，与胡适和周作人对刘半农学术、人格的评价交相辉映。

寻找刘半农墓

我两次上香山去寻找刘半农墓。

第一次我径直进了香山公园，问玉皇顶怎么走。工作人员回答：“玉皇顶在碧云寺北边，不在公园里。从公园里走，到不了。”我不死心，跟着登山的人群往上爬，边上边打听。但没有一个人知道玉皇顶怎么走。正犹豫间，看到几个人已从山上下来。我想这一定是老登山者，立即上前打听，其中一位说：“好像到了鬼见愁，有条小路可通玉皇顶。”我又增强了信心，继续攀登。好不容易登上鬼见愁，已是浑身大汗。再向人打听，却无人知晓。有人说从这里可以走到八大处，但从未听说可以到玉皇顶。眼看已近中午，自己也精疲力尽，只好歇了一会儿，决定下山，下次再找。

回家后我查了几种地图，香山一带只标有卧佛寺、碧云寺、植物园等，再往北是一片绿色，没有任何标注。上网查，有一篇文章写他们是从八大处往玉皇顶走，但在文中提到“下山后就看见了梅兰芳墓”。梅兰芳墓我去过，决定从梅兰芳墓找起。

歇了几天，我和老伴两人早早起身赶往香山，很快找到梅墓。在梅墓的台阶下，向人打听如何去玉皇顶？几个人都说不清楚。这时我们看到一位晨练的老人，看他像当地的老住户，或许他知道，便上前打听玉皇顶。老人笑着说：“你问着了，我常上玉皇顶。”又问他可否知道刘半农的墓？他说：“刘半农、刘天华兄弟的墓都在大木坨，是玉皇顶的南坡。你顺着前头的道往北走，见到一道石墙，看见一道栅栏门进去，顺着石板铺的路往上，就能到玉皇顶。”他又补充说：“还有一条近道，看见石墙后，沿石墙往西不远，看见一个养蜂的姓李。对面有个豁口，进豁口直着往上爬，别拐弯，可直接到刘半农墓。”接着又说：“不过这条道不好走。”我们道谢后开始登山。

顺着路北上，见到石墙，沿着石墙的一个豁口进去，看到两位女士坐在石头上闲聊。问她们刘半农的墓怎么走？她们却都不知道。我们顺着石板铺成的路上行。原以为会像爬香山那样，有些同行者，看看前后，只有我俩，爬了一段，前面是岔道，往哪走？我们没了主意。只好坐在道旁的石头上歇息。等了一会儿，看见下面上来三个人，问他们刘半农的墓怎么走？他们都摇头说没听说过，其中一个说："右边有大片坟地，不知是不是。"我们向右走，走了不久，就几乎没有路了。要攀着树的枝条往上爬，我感到不对头，我们又返回了岔路口。过了会儿，又上来登山者，问他们去哪里？他们说要去樱桃沟。我问："到樱桃沟，不是从卧佛寺去吗？"他们说从这里可以到樱桃沟的后面。我又问他们可知道刘半农的墓？他们仍不知道。"那你们知道玉皇顶怎么走？"我老伴问。他们说从这里可以经过玉皇顶，我们一起上山。我们爬了一段路，到了一块较平坦的山坡，看到一个破旧的山门正在维修。他们说这里就是玉皇顶。一块儿歇了会儿，他们说要往右边去樱桃沟，并告诉我们前面有防火墙，路就好走多了。分手后我们继续沿着山道爬。再往上爬，几乎没有路，越来越难走，石条路变成了碎石小山道。我们几次犹豫，但已没有回头路。满眼绿色，就只不见刘半农的墓。"刘半农藏在哪儿啊？要真是在哪棵树下，这茫茫林海太难找了！"老伴失望地说。我鼓励她："咱们已到玉皇顶，刘半农墓应该就在这一带，会找到的。"老伴说："要是再找不到也就当咱们春游了一趟。"太阳已到头顶，我们已是满头大汗，互相搀扶着，奋力向上攀登。一抬头，不远处一条柏油马路，看见有了路，仿佛

刘半农墓（赵敏拍摄）

也有了力气，爬上防火通道。马路顺着山腰向两边延伸，往哪边走？这里前前后后，没个人影儿。我仔细打量，往右路延伸得很远，往左很快有个弯道。我们决定向左走，碰碰运气。沿着弯道转过弯，眼前竟然出现了一块不小的平坦的开阔地。踏上开阔地前面不远就有一个墓。我们急忙上前，墓碑上赫然写着“刘半农先生之墓”，刘半农的墓终于找到了。山风吹来，浑身清爽，太让人兴奋了。

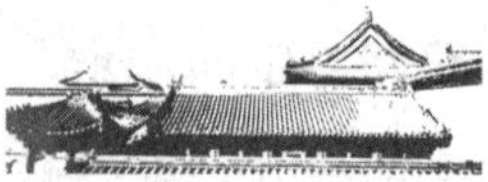

胡适四次居京生活的轨迹

胡适是我国近现代文化和教育史上的大师级人物。早在“五四”时期，他就和陈独秀等率先倡导文学革命，对我国的新文化运动和教育事业作出过巨大贡献，开辟了“五四”新文学整整一个历史时代。此后他一直活跃于文化教育与学术领域，在哲学、史学、文学、教育、考证学等领域都有开创性贡献，著作等身，桃李满天下。但胡适又是一位很复杂的人物。早在“五四”时期，他就声称“不谈政治”，鼓吹《多研究些问题，少谈些主义》，挑起了同早期马克思主义者的第一场论战。此后，他一直作为中国“自由主义知识分子”的代表由反极权而走上拥蒋反共的道路，落得许多骂名。

胡适清光绪十七年十一月十七日（1891 年 12 月 17 日）出生于上海大东门外程裕新茶栈，乳名嗣糜，学名洪骍，字希强。他不满两个月时，父亲胡传调往台湾任职。不到一岁半，胡适随母亲冯顺弟赴台湾与父团聚。当时他父亲任台东直隶州知州兼领台东后山军务。1895 年初，胡适随母亲离开台湾，回到胡氏祖籍安徽绩溪。当年 8 月，父亲胡传在厦门病故。寡母遵照遗命抚育管教幼子胡适，倾注了她毕生心血。胡适在家乡接受私塾教育九年，受到良好的启蒙教育。

1904 年春，13 岁的胡适随三哥到上海，先后就读于梅溪学堂、澄衷学堂和中国公学。他接受进化论，本着“物竞天择，适者生存”的思想，自己

胡适夫妇

胡适全家

改名“适”，字“适之”。

1910年，胡适得知将在北京举行第二批庚款官费留美生的考试，决定应考。当年初夏，19岁的胡适与二哥乘船赴京应试，这是他第一次赴北京。以后在他71岁的生命中，曾有四段时间生活在北京，总计近20年，仅次于在美国的时间，成为他生命中第二个生活最长的地方。

第一次赴京　胡适考上官费留美生

史家胡同是东城区东四南大街东侧，从南向北数的第二条胡同，是规划建设元大都时就有的一条古老胡同。在明代嘉靖年间的《京师坊巷胡同集》中“史家胡同”赫然在目。据传因当地大户史家而得名，名称一直沿用至今。

史家胡同是中国近代最早的留学潮的起源地。1908年，美国国会通过法案，授权罗斯福总统退还中国“庚子赔款”中超出美方实际损失的部分，附加条件是用这笔钱设立留美培训学校，资助中国学生赴美留学，企图以此“造就亲美人才，控制中国发展”。1909年，由外务部和学部派出官员组成“游美学务处”，负责考试挑选、派遣联络等事宜。学务处就设在史家胡同，并于当年组织第一次考试，630人参考，47人被录取，其中有后来成为清华大学终身校长的梅贻琦。

1910 年，当时胡适的二哥在东北奉天海城工作，路过北京，听到了即将举办第二批留美官费生报考的消息，他立即写信告诉胡适，动员他报考。盼望光宗耀祖的胡适认为“科举既停，上进之阶惟有出洋留学一途”，胡适决定报考。他立即闭门苦读两个月。五六月间乘船赴京应试。

到京后，他住进了绩溪会馆。旧址在宣武门外椿树上头条 1 号。这是一座由徽商筹资倡建的会所，历史很久，始建于明代，但规模不大，是供安徽绩溪人进京赶考居住之处。1881 年，胡适的父亲胡传只身赴京赶考时就寄宿于此。29 年后，他的小儿子胡适赴京参加留美考试也住在了这里。而再过七年，胡适留美归来，到北京大学任教，也常来这里看望老乡。再后来，他应邀出任会馆董事，兼任绩溪同乡会会长。

出宣武门向南不远，路东有一片以椿树命名的胡同，计有东椿树胡同，西椿树胡同，椿树上、下诸条等十条之多。自明代这里就是一片椿树林。据说在东椿树胡同东有一口井，井边有一棵大椿树，树围要两人合抱。后来这里有了居民，演变为多条以椿树命名的胡同。明清时这里有多座会馆建筑。1997 年后，椿树地区开始拆迁，这里新建为椿树园小区和庄胜崇光购物中心。与胡适家颇有缘分的绩溪会馆也被拆除了。

也有资料称，胡适来京后，由他二哥的好友介绍，住进了京师女子师范学堂。就是后来名气很大的北京女子师范大学前身，在石驸马大街。现在这条街改称新文化街，学校改称鲁迅中学。当时的主要建筑还保留了下来。

考试是在史家胡同内的游美学务处。报考者 400 多人，胡适怕考得不好出丑，报名时没有用原名胡洪骍，而用了自己改的名字胡适。考试分两场进行，第一场考国文和英文。国文的题目是“不以规矩不能成方圆”，胡适根据自己的理解，做了一篇考证文章上交。不料阅卷先生是位考据癖，极为赞赏，竟给了满分 100 分。英文作文的题目是“借外债兴建国内铁路之利弊说”。当时胡适的英文并不好，勉强得了 60 分。第一场考试及格后才能再参加第二场考试。第二场考试的内容有希腊史、罗马史、世界地理、物理学、生理学、化学、立体几何等多科，不少是胡适从未学习过的，只能应付过去。

发榜的日子到了。胡适雇了一辆人力车赶往史家胡同，到时已近傍晚，惴惴不安的胡适借了车夫的车灯凑近榜单从榜尾看起，一直看到榜首，没看到自己的名字。他心凉了，呆呆地盯着榜单，突然发现这是一张“备取”榜单。而正取榜单在旁边。他又小心翼翼地再从榜尾看起。突然看到了一个姓“胡”的，他心突突跳了起来。但仔细一看名字是“胡达”。在失望中再坚持，终于看到了自己的名字“胡适”。胡适的总成绩是 59.7 分，排名第 55 名。当年共录取 70 名。同期录取的还有后来成为著名语言学家的赵元任、气象学家竺可桢等。

胡适第一次来京，圆了他的留学梦，为他一生的发展奠定了基础。他这次来京，总共不过两个月。1910 年 8 月 16 日，他与第二批留美生一起由上海出发，漂洋过海，赴美深造。

胡适留美七年，先在康奈尔大学农学院学农学，在文学院学哲学、经济、文学等课程，后转入哥伦比亚大学学哲学。通过哲学博士全部课程考试。

第二次赴京　胡适任北京大学教授

1917 年 5 月胡适参加了哥伦比亚大学博士论文答辩。经陈独秀推荐，蔡元培聘请他担任北京大学文科教授。陈独秀来信说：“孑民先生盼足下早日回国，既不愿任学长，校中哲学、文学教授俱乏上选，将虚位以待。”在这种情况下，胡适没等拿到博士文凭，即毅然决定回国。6 月离开纽约，经加拿大乘船过日本，7 月 10 日到上海，后回绩溪老家探母。9 月初到北京，接受了蔡元培校长签发的聘书，聘请他为文科教授，自此开始了他在北京大学的教书生涯。

这一次胡适在北京住了近 10 年，是他在北京居住时间最长的一次。10 年中，他换了五处住所，也是他在北京住处最多的一次。胡适在北京居住多年，换过许多住处，但他始终未在北京购房置业，一直租房居住或住在北京大学安排的住处。

刚到北京胡适住在北京大学文科教员预备室，也就是有名的“卯”字号，这是在马神庙四公主府内的一排平房，一位教员一间，不用交钱。当时出入“卯”字号的名人很多，最著名的单指出生于“卯”年，属相为兔的，如蔡元培、陈独秀、朱希祖、刘文典、刘半农、胡适。但胡适仅在“卯”字号住了一个月，就搬到了南竹竿胡同。

在朝阳门内大街以南，有三条以“竹竿”命名的东西向胡同。竹竿胡同东起朝阳门南大街，西至朝阳门南小街。明代称铸锅巷，据说当时此地聚集铸锅匠人，因而得名。清时讹传为其谐音竹竿胡同，也有人说因乾隆时此地有竹竿市场而得名。

竹竿胡同以北原有老君堂，以南有八大人胡同。1965 年整顿地名时分别改称北、南竹竿胡同。

胡适在“卯”字号仅住了一个月，可能是他更想给自己一个独立自由的空间，于是领到薪水后，他便与同乡高一涵在南竹竿胡同合租了一个小院，当时这里还称八大人胡同。院子不大，条件简陋，离北大较远，好处是房租低廉，每月仅 6 元，两人分摊更为合算。胡适住北房三间，他的侄子胡思聪与他同住。高一涵住南房三间。他们雇了一个厨师住厢房。

当年 12 月中旬胡适返回老家与已订婚 13 年的江冬秀完婚。婚后妻子仍在家侍奉母亲。胡适于 1918 年 2 月初独自回北京。回京后不久，元宵节前夜，胡适家被盗了，丢的东西不多，但有他从国外带回的照相机、剃须刀，还有母亲为他缝制的马褂。胡适很心痛，房子不好，又遭了贼，他决定离开南竹竿胡同。南竹竿胡同现已不存，盖起了一片居民楼。

他和高一涵看了几处房子，看中了南池子缎库胡同 8 号。

南池子大街路东有一条不起眼的胡同叫缎库胡同。清初为多尔衮的府邸。多尔衮殁后，府邸南部改为内务府所属的缎匹库，用来储存皇家使用的绸缎、布匹、棉花等。后来缎匹库废弃了，留下了地名。清宣统时称为缎库，民国后沿称。1965 年整顿地名时，将缎库前巷、后巷和迎祥里、迎青里、鸭蛋井并入统称为缎库胡同。

这处院落比南竹竿胡同强多了，当时院内有九间正房，还有厢房、耳房。1918 年 3 月 30 日，他与侄子、高一涵一起搬到了这里。他们雇了一名厨师、一名女工，还有一名拉人力车的车夫。房子大了，条件好了，当年6月，江冬秀从老家赶来与胡适团聚。胡适告诉母亲：“自冬秀来后，不曾有一夜在半夜后就寝。冬秀说，她奉了母命，不许我晏睡。我要坐迟了，她就像一个蚊虫来缠我，讨厌得很！”字里行间透露着小夫妻团聚的乐趣。

这一时期，胡适在事业上也很有成就。他在北大相继开设《中国哲学史大纲》《欧洲文学》《英美近代诗选》《中国史学研究方法》等多门课，很受学生欢迎。选修他课的学生越来越多，他的课常在沙滩红楼的大教室或北河沿北大三院大礼堂上。除讲课外，他参与拟定选科制与分系法，实行“教授评议会”制度，在大学开女禁，与周作人、钱玄同等向教育部提出《请颁行新式标点符号议案》等。1922年，胡适当选为北大教务长兼英文系主任。

早在留美时，胡适就倡导白话文，写出《文学改良刍议》，在1917年《新青年》杂志第二卷第五号上发表。到北大后，他立即参与《新青年》的编辑事务，成为《新青年》杂志的重要成员。在缎库胡同住时，胡适和高一涵共同参与编辑，这里几乎成为《新青年》的另一个编辑部。胡适在这里写下《建设的文学革命论》《易卜生主义》等新文学史上重要的理论文章。

毛泽东第一次到北京，曾到缎库胡同拜访了胡适。两人谈到了出国勤工

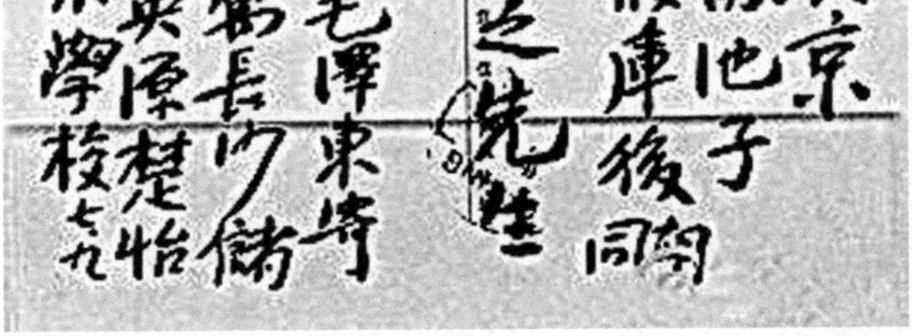

毛泽东给胡适的明信片

俭学和湖南的话题。毛泽东走后，胡适在日记里记有“毛泽东来谈湖南事”。后来毛泽东曾和斯诺谈到自己在北京拜访胡适的情形：“那时候我也遇见了胡适，我去拜访他，想争取他支持湖南学生的斗争。”胡适 1958 年在哥伦比亚大学进行《口述自传》录音时，唐德刚问胡适：“你是毛泽东的老师？”胡适说：“那时，他在北大做旁听生，听过我的课，还到我家拜访过我。五四那年，毛泽东写文章，我在《每周评论》上写过介绍文章。”唐德刚问：“毛泽东的文字如何？”胡适说：“共产党里白话文写得最好的还是毛泽东！”

日子刚刚安定，胡适在事业上也渐入佳境。当年 11 月下旬突然收到母亲去世的电报。母亲含辛茹苦一辈子，而自己自 1904 年离家已近 15 年，刚刚归来待回报，母亲竟撒手人寰。胡适悲恸欲绝，立即偕妻回乡奔丧。丧事完毕，因江冬秀已有身孕，暂留家乡，自己先回北京。次年得一子，为纪念母亲，胡适给他取名思祖（后改名祖望）。后江冬秀在侄子思永及堂弟江泽涵陪同下返回北京。

家里人口多了，房子就显得不够用。胡适再次考虑搬家。1920 年 5 月 22 日，胡适搬离缎库胡同，入住钟鼓寺 14 号。

钟鼓寺在北河沿大街路西，北起后局大院，南至嵩祝院北巷，是条曲折的小胡同。它所在的地域是旧时皇城的东北角。明清时是内务府所在地，专门负责皇宫内的后勤服务，也是皇宫御用作坊及仓库所在地。离钟鼓寺东面不远的黄化门街内设有制造皇帝、太子、亲王所用冠冕龙袍的尚衣监，掌管内外奏章、督理皇城事务的司礼监，办造各宫用帘子、地毯的司设监。而职掌“出朝钟鼓”及有关娱乐的钟鼓司就设在钟鼓司内。清末“司”讹传为“寺”，宣统时称钟鼓寺，1965 年整顿地名时改称钟鼓胡同。

胡适住过的钟鼓寺 14 号，是现在的钟鼓胡同 17 号，是个普通的四合院，占地约 300 平方米。北房三间，北房东侧有耳房一间，东西厢房各三间，南房四间半。胡适将北房作为卧室与书房，厢房为客厅与餐厅。1921 年 9 月，此前一直与胡适同住的高一涵也搬到这里，他们又一起合住了四年。

在钟鼓寺 14 号，胡适很努力办的一件事是成立“努力社”和办《努力周报》。

《新青年》自1920年5月七卷五号起，由北京迁回上海出版，逐渐成为早期共产主义者的舆论阵地，胡适遂与《新青年》脱离。胡适想再办一个刊物，抒发自己的主张。1921年5月21日下午，他邀请丁文江、蒋梦麟、王文伯三人到自己钟鼓寺的家中，酝酿成立一个组织。胡适建议取名“努力”，后来正式定名为“努力社”。组织很小，成员也就四五人，多时不超过12人，可以坐在一张桌子上边吃饭，边讨论问题。有了组织，还要有论坛。经过近一年的申请、筹备、报批，1922年5月7日，中国现代自由知识分子议政的刊物《努力周报》第一期出版了。作为发刊词，胡适写了《努力歌》：“朋友们，我们唱个《努力歌》，不怕阻力！不怕武力！只怕不努力！努力！努力！阻力少了！武力倒了！中国再造了！努力！努力！”周报第二期上发表了由胡适主笔的《我们的政治主张》，提出了“好人政府”的理想。这成为周报的整个主导思想：由好人组成好人政府，中国就得救了！当然，这只能是脱离实际、脱离国情的幻想，只能是胡适他们的一厢情愿。

《努力周报》的编辑部也设在胡适家中。为办刊物，他于1922年7月15日新租了隔壁钟鼓寺15号。打通卧室的后门与14号连成一体。

胡适的家庭生活在这里也发生了很大的变故。他妻子在这里相继生下了女儿素斐和小儿子思杜。素斐是胡适唯一的女儿，从小体弱多病，但异常聪慧，被胡适视为掌上明珠。不料于1925年5月夭折了，胡适异常痛苦。更不幸的是他的两个侄子也相继在这里染病身亡。于是胡适决定搬离这里。

1926年3月，胡适搬到了北海东门外的陟山门街6号。陟山门是北海的东门，从东门外到景山西门有条皇帝专用的御道，清代称陟山门大街或简称陟山门，1965年定名为陟山门街。

陟山门街6号是曾任段祺瑞内阁司法总长的林长民的公馆，庭院气派，房子宽敞。院中有优雅的长廊，厨房中有机井。林长民参加郭松龄的反戈倒奉，结果被流弹击中。林长民去世后，其女林徽因把宅子租给了胡适，包括住宅中的成套家具、沙发都留了下来。更让胡适满意的是，这里有足够宽敞的房子存放他日益增多的藏书。

宅院比前几处都好，但胡适本人并没有在这里住多久。3月搬家时他在上海治病，并参加“中英庚款顾问委员会”会议。7月作为“中英庚款顾问委员会”委员赴英参加会议，在欧洲逗留半年之久。后又去美国访问考察，至1927年5月才回国。当时奉系军阀正盘踞北京，知识分子纷纷南下。胡适直接回到上海，结束了他第二段北京生活。但他租的房子似乎未退。他的书仍存放在陟山门街。直至他再次回京。

胡适在上海先后任私立上海公学教授、校长，又与同在上海的新月派骨干徐志摩、梁实秋等重整旗鼓，成立新月书店，出版《新月》月刊。胡适在《新月》月刊上发表时评，不时批评国民党的专制、独裁，主张“言论思想自由”，引起国民党政府的极大不满。教育部奉命对胡适给予警告，《新月》被查禁，胡适也被迫辞去上海公学校长一职，处境困难。这时北京大学代理校长陈大齐及许多教授欢迎胡适北上重返北大。1930年11月底，胡适返京。严格地说，那时的北京已改称北平特别市。

现在的陟山门街是条很热闹的小街道，有许多售卖北京特色食品和廉价商品的店铺。当时胡适究竟住在哪个院落，有人说是现在的13号，欧式的石门，宽敞的院落，有不少人到这里寻觅胡适的住所。也有人说当时的6号是现在的7号，紧挨着清稽查内务府御史衙门，但现在的7号已是破败的大杂院。

第三次赴京　胡适任北京大学文学院院长

第三次赴京，胡适住进了米粮库胡同4号。米粮库胡同在地安门内大街西侧，明清时是内官监米盐库的所在，清光绪年间改称米粮库，1965年定为米粮库胡同。它的东段很开阔，有好几座大宅门，后变窄，拐了一个“凹”字形弯，西口在恭俭胡同。米粮库胡同4号是一座大宅，是胡适在北京住过的最阔绰的一处住宅，也是他在北京居住时间最长的一处住宅。

民国初年，与邵飘萍、黄远生一起被称为“三大名记者”之一的徐凌霄1931年拜访胡适，曾描述过米粮库胡宅的情形：“紫城之北，景山之右，风物清妍，境地幽僻，有山林之佳淑，无车马之倾喧。博士之居在焉，名园清旷，大可十余亩，弥望皆奇石短松，饶苍古之趣，遥望红楼一角。阍者前导，凡经数盘曲，转六七向而达于博士读书之室。室小而暖，光线特强。适哉！适之乎。层楼广厦，多用以庋藏典籍，约百余架，周密严整，或如墉垣，或如画屏。古所谓‘坐拥书城’，今乃亲见之。”胡适的弟子罗尔纲在《师门五年记》中也对此宅作了详尽的描述：“米粮库四号是一座宽绰的大洋楼。洋楼前是一座很大的庭院，有树木，有花圃，有散步的广场。庭院的左边是汽车间。从大门到洋楼是一条长长的路，从洋楼向右转入后院，是厨房和锅炉间，还有一带空地，后面是土丘，土丘外是围墙。洋楼共三层，一楼进门处做客人挂衣帽间，进入屋内，左边是客厅，右边是餐厅。客厅背后很大，作为进入大厅的过道……从那里向东就进入大厅，这个大厅高大宽阔，原来大约是一个大跳舞厅，胡适用来做图书室。大厅的南边是一间方形的房，是胡适的书房。”

北京米粮库胡同3号（赵敏拍摄）

地安门内大街（赵敏拍摄）

应该特别提一下胡适的图书室和书房。由舞厅改成的图书室异常高大，立着50多个书架，放满图书。这是多年来胡适在各地藏书的第一次大集合。穿越其中，仿佛穿梭在书籍的丛林。胡适给图书室命名为“藏晖室”。胡适经常指点助手罗尔纲整理图书到深夜。胡适的记忆力特别强，哪一部书放在哪一架、哪一格都记得一清二楚，绝不会记错，全部书目都仿佛印在他的脑子里。

图书室南边的书房中也堆满了书。书房中有三个书架，留着放手头经常用的书。大写字台上也是厚厚的几堆书。书房的四壁却空空的，没有挂任何字画。胡适最喜欢在书房里消磨时光，甚至早饭也在这里吃。而每天晚上，回来得再晚他也要在书房中看一阵书，再去睡觉。

入住米粮库不久，1930 年 12 月 17 日是胡适的 40 岁（虚岁）生日，又是北京大学成立 32 周年纪念日。当天上午胡适参加校庆纪念日活动并发表演说。中午 11 点多赶回米粮库接受亲友们为他祝寿。当天室内宾客满座，院外车水马龙，来祝寿者不下百人，是一次少有的北平文化界的大聚会。

每个周日上午这里也是宾客盈门。这天任何客人不管是老相识还是未曾谋面的，是著名学者还是青年学生，也不论什么政治见解，都可以不通过门卫传递名片而直接进入，客人络绎不绝。他的夫人江冬秀戏称为“做礼拜”，而胡适称之为“磨刀会”，大家一起切磋学问，各抒己见，不同的见解恰可碰撞出思想的火花。还有一些好友如徐悲鸿、徐志摩、丁文江等曾都住在他家。罗尔纲也长期住在这里。

米粮库 4 号的另一热闹是江冬秀日复一日、从晨至夜的麻将声。

1931 年 1 月，蒋梦麟出任北京大学校长。在他的一再恳请下，胡适担任北大文学院院长兼中国文学系主任。他为北大引进人才，提携后进，争取资金，做了大量工作。20 世纪 30 年代前期，北大人才济济，成绩卓著，是北大历史上一个中兴时期。胡适是北大中兴的有功之人。

当时他还兼任北平图书馆的董事委员长、中华教育文化基金董事会名誉秘书、中央研究院名誉研究员、北平协和医学院校董等职。

1932年5月，胡适与丁文江、傅斯年等发起成立了“独立评论”社，创办《独立评论》周刊。社址在后门慈慧殿北月牙胡同 2 号，即现在的地安门内大街东侧的慈慧胡同内的北月牙胡同。这里离米粮库胡同很近，只隔着一条地安门内大街。因此许多编辑事务胡适都在家里做，独立社同人每一次编辑委员聚餐也都在米粮库胡适家中。在创刊号的“引言”中胡适标榜说：“我们叫这个刊物做《独立评论》，因为我们都希望永远保持一点独立精神。不依傍任何党派，不迷信任何成见，用负责任的言论来发表我们各人思考的结果：

这是独立的精神。”但事实并非如此，胡适的言论和《独立评论》都逐渐走向亲蒋和向国民党执政当局靠拢的道路。后来《独立评论》最初集结的无党派人士和自由知识分子也大都进入了国民党政府的权力中心。

抗日战争全面爆发后，1937 年 6 月，胡适赴南京讨论国难。9 月，他受蒋介石派遣赴欧美开展民间外交，为中国抗日寻求国际同情与支持，离开了米粮库 4 号，结束了他的第三段北平生活。

米粮库 4 号现在是否还在？究竟是现在的哪个院落？有两种说法。一种认为胡适所住 4 号院就是现在的 4 号院。离胡同东口不远，在胡同南侧，现在已是一个大杂院。当地居委会的工作人员持这种观点。另一种认为当时的 4 号院现在的门牌是 3 号，在胡同北侧。当年胡适搬走后，画家陈半丁购买了这个院落，在这里住了十多年。这一时期他所作书画作品多落款“五亩之园”就是指这个院落。1951 年，陈半丁卖掉这个院，后被部队征用，李克农、陈伯达都先后住过这里。1977 年，邓小平第三次复出后，73 岁时搬到了这里，一住 20 年，直至病逝。胡适的后人曾说他住过的院落在胡同北边。不管是哪个院落，都已经经过多次翻建，早已没有了胡适当年居住的痕迹。

第四次赴京　胡适任北京大学校长

1938 年 9 月，胡适被任命为中华民国驻美利坚合众国特命全权大使，任职四年。卸任后在纽约作学术研究。1946 年 7 月，胡适被任命为北京大学校长，开始了第四阶段的北京生活。这次他居住在北京大学为他准备的东厂胡同 1 号西院。

东厂胡同是王府井大街北段路西从北数的第二条胡同，东起王府井大街，西至东黄城根南街。现在看来普普通通的小胡同，在明代却是一个让人人生畏的地方，因明朝的东厂设在此，胡同也因此得名。《明宫史》记载：“东厂，永乐十八年始置，其外署在东安门外迤北。”当时东厂占据了东厂胡同与翠花胡同之间靠东段的大半条胡同。明熹宗天启年间，大太监魏忠贤掌握东厂。

他的豪华宅邸也建在此地，他的遗园以后成为众多重臣名人的居所。

北京大学后果楼文科教员休息室（赵敏拍摄）

清代废除了东厂和锦衣卫这两个无恶不作的机构，这里一度荒芜。清咸丰、同治年间，文渊阁大学士、官居两广总督的瑞麟买下魏忠贤的遗园，建造了一座私家花园“漪园”。“漪园”中亭榭精巧，假山峻峭、花木葱茏，靠东墙还依地势开凿了一弯月牙河，全园更显清雅旖旎，成为京城一座经典园林。瑞麟经常不在京，他还将这所大宅院借给军机处沈桂芬居住。据《天咫偶闻》记载：“沈文定公（沈桂芬）居东厂胡同。公本无屋，借居瑞文庄公（瑞麟）第。”

北京大学红楼中复原的胡适书房（赵敏拍摄）

清末，因协助发动戊戌政变，幽禁光绪皇帝有功而深得慈禧信任的权臣荣禄也曾住在这里。众所周知，荣禄的故宅在菊儿胡同。但因这里临近紫禁城，上朝方便，荣禄又买下这处府邸。进住后他又对住宅大加修缮，还引入电线，装上电灯，此宅成为京城第一个使用电灯的私宅。

辛亥革命后，袁世凯窃取了总统职位，黎元洪任副总统。为了拉拢黎元洪，袁世凯花 10 万银圆买下荣禄遗宅，送给黎元洪居住。黎元洪以后两次任大总统，府邸一直在东厂胡同。1922 年对府邸进行了一次大的扩建、修葺，将原在东厂胡同中的正门改在王府井大街上。宅院中部是住宅部分，有四路院落，每路都是四进套院。东部为花园和黎氏家庙，西部为轿班、车房、花房等附属用房，占去了东厂胡同东段的大半。然而好景不长，1923年夏，黎元洪被曹锟、吴佩浮逼下总统宝座，出走天津。1926年，将宅邸卖给了日本在华文化特务机关日本东方文化研究所。他们在院内空地盖起了几座日式楼房。日军占领北平期间，曾一度成为关押中国人的监狱。

抗战结束后，这所宅院被作为敌产接收，划归给北京大学文科研究所使用。胡适于1947年从美国返京任北京大学校长后就住在这所大宅中的一套四合院中，是北京大学分配给他的。大门坐北朝南，进大门稍向东拐，北面就是胡适家的门厅。他家共有三排房子，中间夹着两个庭院。第一排是门厅与餐厅，胡适的卧室和书房在第二排房中，第三排是他的书库。这是胡适在北京的最后一处住宅。

在其他院落中还住过北京大学教授傅斯年、范文谰、季羡林等著名学者。黎氏旧居的其他部分供考古研究所、建筑研究所、语言研究所等单位使用。郭沫若、梁思成、吕叔湘等历史学家、建筑学家、考古学家都曾在此处工作，这里成为鸿儒云集之地。

中华人民共和国成立后此处分配给了中国科学院社会科学部（现中国社会科学院），学部下属的近代史所、考古所、世界史所、语言所和中国科学院图书馆都设在此院。院中又陆续盖起了几座苏式楼房，但直到20世纪70年代末，黎元洪故居的旧貌还基本保存。1977年至1978年，将住宅和家庙拆除，盖了一座九层办公楼。1980年后将西部附属用房拆除，盖了六层职工宿舍。近年在东边的花园部分又盖起一幢更现代化的“社科博源宾馆”。在宾馆院中还保留了几间旧居的房子，算是对这座写满历史的老宅的纪念吧。

经过一段紧张的筹备，北大于1946年10月10日开学了。开学典礼在国会街旧国会议场举行，当时那里是北大第四院。胡适在典礼上讲了话。他首先回顾了北大建校48年以来的光辉历程，接着讲他的办学理想。他说：“我只做一点小小的梦想，做一个像样的学校，做一个全国最高学术的研究机关，使他能在学术上、研究上、思想上有贡献，这不算是个太大的梦想吧。”使北大能够成为中国最好的大学和最高水平的学术研究机构一直是胡适的梦想。他致力于国家教育与科学事业的长远发展，提出了若干颇有创见、颇有价值的重要建议。比如他提出集中全国研究原子能的第一流专家，以北大物理系为基础，开展原子能的研究与实验工作，进而将北大物理系建成国内首屈一指、在国际上也有声望的原子能物理研究中心。但是在蒋介石悍然发动全面内战的情况下，胡适的计划、建议一样也没有实现。他复兴北大的雄心壮志只能成为泡影。

北大是学生运动的发祥地和大本营。面对风起云涌的学生运动，胡适夹在国民党当局与学生之间，处于两难的境地。作为校长，他一方面不能不保护学生，至少也要做出某种姿态；另一方面又不能不秉承当局的旨意，对学生严加管束。胡适整天忧心忡忡，唯恐“军警入校”与学生发生冲突，酿成更大事端乃至血案。在严酷的形势下，胡适不禁产生了退意。尽管作为一校之长和社会名人，胡适住在宽敞的东厂胡同庭院中，但他的个人生活远不如过去宽松舒适。面对法币贬值，物价飞涨，胡适也感到捉襟见肘，生活日益困难。记者曾采访他的生活，他如实回答：“我的薪水不够用，虽未在校内透支借薪，几个银行的朋友可以让我立透支户头，但亦得设法还债。”一次吴组湘去家中拜访。他正在用餐，看到圆桌上只有一小砂锅汤菜、一小碗白饭、两个馒头。

1948 年底，解放军已兵临城下。12 月 15 日，蒋介石派飞机接胡适南下。胡适匆忙离京，连小儿子胡思杜都没有来得及带上。从此胡适离开了北京，再也没有回来。

12 月 17 日，在南京的北大校友举办“北大五十周年校庆”。胡适在会上痛哭流涕，称自己是“一个弃职的逃兵”。

1949 年 4 月，胡适离开大陆赴美做寓公。1958 年 4 月回台湾，由蒋介石圈定担任“中央研究院”院长。1962 年 2 月 24 日，胡适在台北主持“中央研究院”第五次院士会议，在欢迎新院士酒会结束时突发心脏病与世长辞。10 月 15 日安葬于南港旧庄墓园。花岗岩的墓碑上刻着于右任题写的“中央研究院院长胡适先生墓”。

梅兰芳在北京的千古绝唱

梅兰芳，原名澜，字畹华，又字浣华，是我国戏曲发展史上一座难以超越的高峰。他将京剧旦角艺术推向极致，也将中国京剧推向了世界，其表演被奉为“世界三大表演体系”之一。

梅兰芳生在北京，长在北京，学戏在北京，成名在北京。在他67岁的生命历程中，48年在北京度过。他在北京达到了艺术发展的巅峰，最后这颗巨星在北京陨落，在北京留下了他的千古绝唱。

生于铁树斜街梅家老宅

八大胡同，指在前门外西侧，大栅栏街、铁树斜街以南的多条胡同，“八”字概言其多。这一带的20多条胡同中集中了大量妓院、烟馆。许多人只知道“八大胡同”是京城的“花柳繁华之地”，却忽视了这一地区的另一重要特点，即它是京城的戏曲之乡。自徽班进京之后，这一地区聚集了众多戏曲班社。各剧种各行当的名角以及乐师、编剧在这一带居住。当时有“人不辞路，虎不辞山，唱戏的离不开百顺、韩家潭”的民谚。这一地区亲历了徽戏与汉调、秦腔相互借鉴、融合，逐渐形成新的剧种京剧的全过程。

铁树斜街东起大栅栏西街，东北至西南走向，街南侧自东向西与石头胡同、陕西巷、大外廊营胡同相交。此街原称李铁拐斜街，因街东口路北曾有铁葫芦五个，铁拐一支半埋在地下，因与八仙中的李铁拐相联系，便称李铁拐斜街。1965 年改称铁树斜街。

铁树斜街中段路北 101 号是京剧大师梅兰芳的出生地，他家的老宅，他的祖父梅巧玲的故居。

梅巧玲（1842—1882 年），原名芳，字慧仙，祖籍江苏泰州，因家境贫困，11 岁入福盛班学戏。后随四喜班名旦罗巧福习花旦，艺成后便崭露头角，成为四喜班主要旦角，被称为“同光名伶十三绝”之一，是京剧形成初期的著名旦角演员。他为人正直，待人宽厚，30 多岁就掌管“四大徽班”之一的四喜班，在梨园界做过许多善事，被称为“义伶”。他有二子二女，长子梅雨田是著名琴师，曾给谭鑫培伴奏多年。次子梅竹芬即梅兰芳的父亲，他从小学戏，先学老生，再改小生，后因酷似其父而唱旦角。

清光绪八年（1882 年），不满 41 岁的梅巧玲病故于老宅。12 年后，1894 年 10 月 22 日，他的孙子梅兰芳在老宅的东厢房出生。不幸的是刚满 3 岁，他的父亲梅竹芬年仅 26 岁便去世了。孤儿寡母随祖母和伯父母生活，仅依靠伯父操琴收入维持生计，无奈于庚子年间将梅家老宅卖掉，全家迁入百顺胡同租房居住。

9 岁时梅兰芳跟吴菱仙学青衣。吴菱仙早年搭过四喜班，与梅巧玲有旧谊，他对梅兰芳倍加关怀，细心教导，梅兰芳也刻苦习艺，进步很快。11 岁正式登台，14 岁入喜连成班（后改富连成），同时他向陈德霖学青衣、刀马旦，向王瑶卿学花衫，在北京梨园行崭露头角，为他日后的艺术生涯奠定了坚实的基础。

铁树斜街 101 号梅家老宅是一座二进四合院，现建筑格局和梅兰芳出生的东厢房尚存，但已是居民大杂院。

在百顺胡同，梅家住在著名武生杨小楼的隔壁，后又搬至杨家的前院。梅兰芳在附近的一个私塾读书，杨小楼清晨练功时，常碰到他，就抱着他或者让他跨在肩上，送他上书馆。

在老崇文的岁月

北京外城东部，崇文门外的大片区域曾是崇文区，2010年7月与东城区合并，成为新东城的南部，但人们还常习惯地把它称为崇文。梅兰芳在崇文居住近17年，居所有四处。在这十几年间，他从一个初学京戏的孩子，成长为红极一时的名伶，注入了多少心血，付出了多少汗水，是外人很难想象的。在崇文居住的这段日子，是梅兰芳生命中极为重要的岁月。

青年梅兰芳

清光绪三十三年（1907年），梅家举家迁往崇文居住。第一处住所是原三里河大街，现珠市口东大街以北的北芦草园一个简陋的小院。此时梅家的经济状况处于最紧迫的时期，当年梅兰芳带艺搭富连成班借台演戏，没有薪水，仅拿一点点心钱。第二年他的母亲杨长玉病故于这所简陋的房子，年仅32岁。梅兰芳成为失去双亲的孤儿。

宣统元年（1909年），梅兰芳随祖母和伯父一家迁至三里河以南的鞭子巷头条一所小四合院内。这一年他因为“倒仓”（变声）离开了富连成班，暂停演唱。所幸梅兰芳的变声期很短，过程很顺利，变声后他的嗓音更加明亮、悦耳。而后他正式搭鸣盛和班演出。

16岁，梅兰芳在鞭子巷宅内与王明华成婚。王明华也出身京戏世家，爱戏、懂戏，又通情达理。她嫁过来时，梅家并不富裕，但她毫无怨言，吃苦耐劳，勤俭持家。伯父看到这一切，十分欣慰，即将家中银钱往来、日常用度交给王明华操持。

王明华对梅兰芳在事业上也有不少帮助。她心灵手巧，嫁过来后，梅兰芳演出前的梳头、化妆都由她包揽，梅兰芳演出新戏的服装、服饰的设计她也提出了许多好的建议。

两人十分相爱。婚后第二年就生了儿子，取名大永，隔了一年，又生了个女儿，叫五十。

这一时期，梅兰芳在技艺上也大有长进。他演出了伯父亲授的新腔《玉堂春》，大受欢迎。

2001 年，因扩建广安大街，鞭子巷头条已拆除。

1912 年，18 岁的梅兰芳又一次搬家，搬入锦绣三条 26 号（原鞭子巷三巷）一座比头条稍大的四合院。院子坐北朝南，北房五间，左首头两间为祖母卧室，右首两间为伯父、伯母卧室，中间一间辟为佛堂，供祖母诵经拜佛。院内东、西厢房各三间，梅兰芳夫妇住在西厢房，东厢房是饭厅和厨房。南边为三间倒座房，两间为客厅，一间是书房。

同年冬，戏曲界发起为“正乐育化会”募款义演两日。请伶界大王谭鑫培唱《桑园寄》，谭点名让梅兰芳与他配戏。梅兰芳唱得有板有眼，谭由衷地称赞梅“是一块好材料”。大师的提携，提升了梅兰芳在戏坛的地位。

这期间，梅兰芳两次受邀去上海演出，第一次即一炮而红。第二次更受到上海各大戏院的争抢，梅兰芳征服了上海观众。

从上海回京，全家团聚在一起吃晚饭时，大家都打听上海的种种新潮先风。梅兰芳也向大家说上海的奢靡繁华。这时祖母语重心长地对梅兰芳说：“我们这一行的人成了角儿，钱来得容易，就胡乱用，糟蹋身体。等到渐渐衰落下去，难免挨冻挨饿。像上海那种繁华地方，我听见许多角儿，都毁在那里。你，第一次去就唱红了，以后短不了有人来约你，你可得自己有把握，别沾染上那套吃喝嫖赌的习气，这是你一辈子的事，千万要记住我今天的几句话……”祖母的谆谆教导深刻地印在梅兰芳的脑海里。他一直把这些话当作立身处世的准则。

在学艺的路上梅兰芳始终不曾停步，他不断向前辈学习，他拜被称为“青衣泰斗”的陈德霖为师。经陈德霖精心指点，唱功大有长进。他向王瑶卿、路三宝等各路名家学习，从乔惠兰、李寿山等学习昆曲，取各家之长，不断充实，提高自己。

辛亥革命以后，社会发生了巨大变革，观众的审美情趣也随之发生改变。梅兰芳敏锐地感知了这一变化，最早跻身京剧改良的行列。这一时期，梅兰芳排练演出了许多时装新戏，如《孽海波澜》《邓霞姑》《一缕麻》《童女蛇》等。这些时装新戏取材现实题材，贴近现实，针砭时弊，一经上演，大受欢迎。与此同时，梅兰芳还排演了多部古装新戏，如《嫦娥奔月》《黛玉葬花》《天女散花》等。这些戏，歌舞并重，极大地丰富了京剧舞蹈艺术的表现形式，而且在服装、道具、布景、灯光上都有许多创新，使人耳目一新。

在锦绣三条，梅兰芳有了一个新的业余爱好，养鸽子。他在院子两边搭出两个鸽子棚，里面用木板隔了许多鸽子窝。天刚亮，梅兰芳即要起床，洗漱完毕就忙着打开鸽子窝，先把鸽舍打扫干净，接着喂食、喂水，然后一队队地放飞，挥舞着长长的竹竿，指挥它们在蓝天下飞翔……

养鸽子的爱好，使梅兰芳受益匪浅，增强了臂力，强健了身体，特别是锻炼了他的眼力。梅兰芳小时候有些近视，目光不很灵活，养鸽子后眼睛天天随着鸽子在天上转，越望越远，日久天长，使他养成一双“神光四射，精气内涵”的十分传神的眼睛。

在这个小院，梅兰芳也经历了失去亲人的伤痛。搬来的当年 8 月，伯父就病故于此院，享年 47 岁。此后，梅兰芳挑起了全家生活的重担。两年后，他的一双小儿女也先后在此院夭折。失子之痛，使梅兰芳极度伤感，他决意尽快搬出这伤心之地。

约在 1916 年，演出收入日丰的梅兰芳以 2000 多银圆典了北芦草园西口青云胡同 29 号（原青云巷 8 号）。这是由两个四合院合并起来，在内部打通的。北房是十间，有前廊。南房也是十间，除一间院门、一间门房、一间储物外，另七间，三间打通做客厅，四间也打通，是梅兰芳的书房。他在这里读书、习画，也在这里吊嗓子、排戏。这里更是他与他的“梅党”朋友们聚会的场所。他把书房命名为“缀玉轩”。此外，还有东、西厢房。

梅兰芳从一出道就渴望创新，也有悟性和灵性，却深感文化不足而力不从心。所以他一直尊敬知识分子，也喜欢结交知识分子，逐渐在他周围形成了一批对他的艺术发展起到重要作用的朋友，充任了梅兰芳幕后的“智囊团”，常被称为“梅党”，如银行家冯耿光、戏剧家齐如山、诗人罗瘿公、李诗戡等。他们都是社会名流，博学多才，旧学素养丰厚，痴迷京剧艺术，同时许多人又曾留学海外，受过新思想的冲击，眼界开阔。他们以自己的学识、修养，对京剧的把握和开拓，帮助梅兰芳编写、修改剧本，分析、塑造人物，进行舞台、灯光、服饰各方面的改革，全面提升京剧的审美品格。正是在他们的指点、熏陶、浸润之下，梅兰芳的修养与气质全面提升，终于创造了雍容华贵的梅派艺术，并将京剧艺术推向国际。

这一时期，梅兰芳对绘画产生了浓厚兴趣。他先拜画家王梦白学画，后来结识了许多画家，如陈师曾、姚茫父、陈半丁、齐白石等。1920 年秋，他开始跟着齐白石学画。他们的友谊保持了几十年。热爱绘画，提高了梅兰芳的审美情趣，而且直接有益于他的戏剧艺术。他曾说：“色彩的调和，布局的完整，对于戏曲艺术有相通的地方，因为中国戏剧在服装、道具、化妆、表演上综合起来可以说是一幅活动的彩墨画。”

梅兰芳在艺术上更为娴熟。他多次与名家谭鑫培、杨小楼、余叔岩等合作，珠联璧合，反响热烈。他又多次到上海、南通、武汉、香港等地巡演，广受欢迎。1919 年 4 月，应日本帝国剧场邀请，率“喜群社”访问日本，先后在东京、大阪、神户等地演出。第一次将京剧带出国门。

1921 年冬，在青云巷宅中，梅兰芳再做新郎，新娘是福芝芳。

王明华生育了一儿一女后，贸然做了绝育手术，却不料儿女双双夭折，王不可能再生育。在悲痛的情绪之下，身体日益虚弱。梅兰芳的伯父

梅兰芳剧照

梅兰芳与夫人福芝芳

没有儿子，梅兰芳一肩挑两房，不能无后，于是亲友们为梅物色新夫人。福芝芳是梅兰芳恩师吴菱仙的女弟子，一门二徒，若能喜结良缘当然是一段佳话。当吴菱仙得知梅兰芳对福芝芳也有好感时，便主动做媒，从中撮合，促成了这桩婚事。

王明华因肺病久治不愈，后来长期在天津治病、养病，于1928年病逝。

红星胡同中享誉中外的梅宅

红星胡同在金宝街以南，东西向，东起朝阳门南小街，西至东单北大街，旧称无量大人胡同，据说与明代将领吴良有关。明军进攻元大都前夕，朱元璋派吴良秘密潜入大都打探情报。他完成任务准备撤出时，却在大都迷宫般的胡同中迷了路，并被元军发现。眼看元军即将捉到他时，他却在一条小胡同中消失了。原来吴良在这条小胡同中遇到了仙人，经指点神秘地回到自己的军营。明军攻占大都后，朱元璋为吴良记了功。吴良为感激仙人，在他被救的胡同中修了一座庙，人们便将这条胡同称为吴良大人胡同，后讹传为无量大人胡同。

有关胡同名称的来源，还有另几个版本。元代至元年间有一位叫屠文正的人住在这里，其母住在南方老家。屠文正极为孝顺，但因战乱无法回乡探亲。等到战乱结束，急欲回家时，却得到母亲已去世的噩耗。他悲恸至极，在居住的胡同内修建了一座无量寿庵。每天早晚都到庵中祭奠，一时传为美谈。胡同也被称为无量大人胡同。还有一种说法是这里曾住过一个爱喝酒的文人，酒量奇大，无人能比，所以这条胡同叫无量大人胡同。

第二种说法似更为可信。吴良虽确有其人，立有战功，但从来未到过北京，仙人指路更是充满神话色彩。由寺庙名称转化为胡同名称，在北京却并不鲜见。1965 年整顿地名时改称红星胡同。

使这条胡同名扬中外的是 20 世纪二三十年代，胡同中 24 号（现红星胡同 51 号）的梅兰芳宅。在青云胡同住了六年多后梅兰芳再次搬家，这次彻底搬出了崇文，于 1923 年购买了东城无量大人胡同中的一处大宅。这处住宅大小七个院落，还有花园、假山、游廊、池塘。梅兰芳将抚养他成人的祖母接来一起居住。搬入后又在宅内盖了一座两层西式小楼。此后的 10 年中梅宅成为京城一处著名的艺术沙龙。梨园界、书画界、文学界的许多名人常在这里聚会，在浓郁的文化氛围中，梅兰芳的文化修养不断提高。他在这里编排了《霸王别姬》《洛神》《西施》等许多新戏。1924 年，抚养梅兰芳成人的祖母以 85 岁高龄在此宅病逝。

1924 年，梅兰芳再次访日。他在灾后重建的帝国剧场连演十多天，场场爆满，轰动一时。他还在日本拍摄了无声电影《红线盗盒》《廉锦风》等戏的片段。梅兰芳的名字在日本几乎妇孺皆知。1930 年，梅兰芳赴美演出半年之久。在西雅图、芝加哥、华盛顿、纽约、旧金山等多座城市，在美国本土形成“梅兰芳热”。在美国还获两个文学荣誉博士学位，使中国古老的戏曲在世界戏剧舞台上产生了巨大影响，梅兰芳也成为名扬中外的戏剧大师。

由于巨大的国际声誉，梅宅还成了著名的外交场所。当时的外国人到北京有三愿：一登长城，二观梅剧，三访梅宅。在这里梅兰芳接待过瑞典王储，即后来的瑞典国王古斯塔夫六世夫妇、美国前总统威尔逊的夫人、英国哲学家罗素、英国作家毛姆、美国影帝范朋克等许多文艺界、实业界、政界的著名人士。梅兰芳每月总要在家中举行招待茶会多次，梅宅中古香古色的硬木家具、美轮美奂的中国书画与古玩、精美的餐具、色香俱全的中式茶点，均使中外宾客享受了一次中国传统文化的盛宴。招待外国客人花费极大，但当时的北洋政府不愿支付交际费用，完全是梅兰芳自掏腰包。

“九·一八事变”后，梅兰芳于 1932 年离京迁居上海避难。后来很长的一个时期他蓄须明志，拒绝登台演出。1943 年，迫于生计卖掉了无量大人胡同中的寓所。

中华人民共和国成立后，周恩来总理希望梅兰芳回北京定居工作，并承诺腾空无量大人胡同中的原宅供他居住。梅兰芳感谢总理的美意，但他不愿借政府之力重新搬回，请国务院任选一处院落居住。当年的梅宅解放初先成为缅甸驻华大使馆，后又改为外交部机关宿舍，多位新中国的外交家搬入居住。乔冠华一家曾住西式小楼的二层，一层是章文晋一家，在这里住过的还有黄华、何伟、陈家康等我国外交战线上的风云人物。现在红星胡同还在，但被几座新建的大厦隔成几段，梅兰芳旧居已不见踪影。

梅兰芳在北京的最后居所

周总理希望梅兰芳来北京工作，并许诺收回无量大人胡同梅宅供他居住。梅兰芳认为此宅早已卖出，借政府之力收回供自己居住不妥。周总理尊重梅的想法。1949 年 7 月，梅兰芳来京参加中华全国第一次文学艺术代表大会期间，政务院管理局派出同志陪同他看房，选中了护国寺 9 号。这里原是清代庆王府的马厩旧址，民国时期禁烟局曾设于此。中华人民共和国成立后改为招待所，邓宝珊将军住在这里，不久邓宝珊被任命为甘肃省人民政府主席前往赴任。此房经整修后，梅兰芳入住。

梅兰芳究竟是何时入住的？现在“梅兰芳纪念馆”的介绍及许多资料中定为 1951 年，这是不正确的。实际上根据梅兰芳及其秘书许姬传的记述，早在 1950 年上半年，梅兰芳已入住此院。

当时这里是一个两进四合院，但没有南房（倒座房）。随着家人的迁入及由于为方便演出，梅剧团的有些人员也要与他同住。房屋顿时显得紧张起来。梅兰芳决定按四合院的规制，重建南房，增建四合院的后罩房。当时他的长子梅葆琛刚好大学毕业，又恰好是学建筑设计，分配到了北京建筑设计院工作，就让他来主持这次改建。工作很顺利，很快建成了南房 5 间。在狭窄的西跨院中建成坐西朝东的西房 11 间。后罩房最有特色，因院子面积所限，后罩房与正房（北房）相连，为解决采光通风问题，在房顶设计了高出屋顶 1 米多的玻璃采光窗。这些建筑完成后，使这所四合院格局更加完整，使用也更方便了。

梅兰芳在这里度过了人生最后的 10 年。梅兰芳在这里居住时期可以说是他人生最辉煌的时期之一。他的社会活动极为繁忙，先后担任全国人大代表、全国政协常委、中国文联副主席、中国戏剧家协会副主席、中国戏曲研究院院长、中国戏曲学院院长、中国京剧院院长等，为中国文化戏剧事业的发展做出了重大贡献。他还频频出访，为国家的和平外交事业赢得声誉。他的家成为戏剧界人士的聚会中心，全国各地的著名艺术家，如周信芳、俞振飞、红线女、马师曾、袁雪芬、常香玉、丁菊仙等到京时都会到护国寺街 9 号拜会梅先生，共同切磋技艺，畅谈戏曲事业的发展。

当时他年事已高，但仍不辞辛苦到全国各地巡演。他对艺术一丝不苟，故居的庭院里留下了他不倦追求的身影。他坚持吊嗓子、练功，从不懈怠。在这里，他排演了最后一出名剧《穆桂英挂帅》，使梅派艺术又登上了一座高峰。

在梅兰芳故居西边不远路南是人民剧场。剧场建于 20 世纪 50 年代，可能是设计师受到护国寺的启示，建筑采用中国古典式，歇山顶上与护国寺金刚殿一样，中心用黑色琉璃瓦，绿色琉璃瓦镶边。如果将来金刚殿露出街面，与人民剧场一南一北，真是相映生辉！人民剧场建成后主要用于上演京剧。许多京剧名家在这里登台献艺，许多京剧新秀在这里亮相，这里成为北京人欣赏传统京剧的艺术殿堂。1951 年至 1961 年，京剧表演艺术大师梅兰芳正住在护寺街 9 号，离人民剧场仅一箭之遥，梅先生和梅剧团的重要演出大都在这里进行。梅先生生前排演的最后一个剧目，也是他的代表性剧目《穆桂英挂帅》就是 1959 年 5 月在人民剧场首次公演的。演出后立即引起轰动，各剧种纷纷移植，形成一股穆桂英挂帅热。

但是这时他的身体早已亮起了红灯。从 1960 年开始，他就感到胸上隐隐作痛，却没有引起重视，仍马不停蹄地投入繁忙的工作。1961 年 5 月 31 日，梅兰芳率团在中国科学院演出了《穆桂英挂帅》，这是他最后一场演出。7 月 30 日，他因突发心绞痛被送入阜外医院抢救。经多位专家努力，当时稍有缓解。但因病耽误太久，医护人员也无力回天。1961 年 8 月 8 日凌晨 4

点 45 分，一代戏剧大师梅兰芳遽然而逝，享年 67 岁。

梅兰芳另一处少有人知的旧居

梅兰芳还有一处少有人知的旧居在西旧帘子胡同。西旧帘子胡同在西绒线胡同南边，东西向，与绒线胡同平行。在近年的绒线胡同改造中大部分已被拆除。

西旧帘子胡同路北 29 号是一所坐北朝南的大四合院，北房五间，东西厢房各三间，还有东跨院。这所院落原是天津《大公报》驻北平办事处。1954 年梅兰芳买下了这所宅子。但他当时已住在护国寺街 9 号，买下此院后并未居住，只是用来存放多年积累的大量文物。1961 年 8 月，梅兰芳在京病逝，梅夫人福芝芳悲恸欲绝，为避免触景伤情，后搬到此宅居住。

1966年春，“十年内乱”爆发。当年12月京剧名须生马连良在浩劫中惨死。当时根本无法按回族传统安葬。梅夫人行侠仗义，将马连良火化后，葬于香山脚下的梅家墓地。后来她听说马夫人陈慧琏境遇凄惨，生活无着，又将马夫人接到西旧帘子胡同梅宅，与自己一起居住。她住北房西间，马夫人住北房东间，待若上宾，一住就是六年。在“文革”那种局势剧烈动荡，人人自危，稍有事变躲避唯恐不及的黑白颠倒的日子里，梅夫人能这样做，需要怎样的胸怀和勇气，这是一段多么感人的梨园佳话。

安眠在万花山上

1961 年 8 月 10 日上午，北京各界 2000 余人在首都剧场举行了隆重的追悼会，由国务院陈毅副总理主持。文化部副部长齐燕铭致悼词，高度评价了梅兰芳的一生及其艺术成就。

当问到梅兰芳夫人福芝芳有什么要求时，她提出的唯一要求是“不能火化只能土葬”。周恩来总理同意这一要求，并建议将存放在故宫博物院的一口贵重楠木棺材作价 4000 元用于梅兰芳安葬。这口棺材原本是给孙中山准备的。孙中山逝世后用的是苏联送来的一口水晶棺，这一楠木棺就一直存放在故宫。棺木确定之后，下一步就是确定墓地，而墓地梅先生本人早就选好了。

梅兰芳青年时特别爱去香山游览。一次他站在碧云寺极目远眺，发现在香山东侧的山腰中还有一座幽静的小山，得知山名“万花山”，山中还有一座小庙叫“万花娘娘庙”。梅兰芳很快爱上了这座小山。不久，他在山脚下买了一块地种树盖房，取名“雨香馆别墅”。闲暇时常来此小住休养。前夫人王明华去世后，特将她葬于此地。20世纪50年代，梅兰芳与夫人旧地重游，他欣赏着周围的环境，认真地说：“我看这块地的环境太好了。我死后最好就下葬在这里。”福芝芳遵照他生前的愿望，将他安葬在万花山。王明华的棺木在他墓地的右侧，左侧预留了福芝芳的寿穴。

按照周恩来的指示，有关部门准备为梅兰芳修建墓地。梅葆琛参加了设计。然而还未正式施工，“文革”开始了，修墓一事只得暂停。“文革”高潮中，“造反派”、红卫兵们抗着工具冲向万花山，要挖梅坟，可是坟前尚未立碑，他们找不到准确的位置，只好作罢。梅兰芳幸运躲过了被掘墓暴尸这一劫。

直到1983年初，梅葆琛关于修建梅兰芳墓的报告才被批准。墓地采用了梅葆琛的设计：汉白玉墓碑高2.5米，宽1米，被镶嵌在墓后的虎皮石弓形围墙的中间，在墓碑前正中间安置长方形花岗石墓头，四周是一朵四瓣花形的梅花，象征着梅氏兄妹四人一人一边陪伴在父亲身后。

梅兰芳纪念馆

在梅兰芳逝世后的一段时间，梅兰芳家人还住在护国寺院中，但到了“文革”高潮的1968年，他们被“轰”出此院。这里成为中国京剧院的单身宿舍，后来又成为955厂在北京城里的招待所。

梅兰芳去世后，周恩来指示要建一座梅兰芳纪念馆，以长远纪念这位戏剧大师，馆址拟选在香山梅墓附近。但“文革”的动乱使这一项目没有落实。

到了1983年重提这一项目时，考虑到护国寺的梅兰芳旧居虽几经变动，但全院的格局没有改动，于是决定重新维修护国寺四合院，将其辟为“梅兰芳故居纪念馆”，由文化部艺术局负责这项工作。国家拨款80多万元从北京955厂购回此房，另拨款25万元按梅兰芳居住时的原貌进行修缮。施工中多次征求梅兰芳亲友的意见，又参照历史照片，严格采用传统工艺精心施工。梅兰芳家属又将梅兰芳的各类收藏及生活用品3万余件，全部捐献给纪念馆。1986年12月27日正式开馆。

故居的朱漆大门上悬挂着邓小平亲笔题写的“梅兰芳纪念馆”的匾额。迎门青砖灰瓦的大影壁前安放着著名雕刻家刘开渠及学生创作的梅兰芳先生的汉白玉半身塑像。内院北房的客厅、卧室、起居室、书房均按梅兰芳生前原貌布置，其他房间布置为展室。再现了梅兰芳的生平与艺术风采，受到各界欢迎。

梅兰芳塑造了那么多或雍容华贵、或娇媚俊美、或英姿飒爽的女性形象，为我国的京剧艺术赢得了世界性的声誉。但在外敌入侵时，他又不畏强敌，蓄须明志，表现了大丈夫的铮铮铁骨！他的绝代风华、他的爱国情怀都将永远留在人们心中。

纪念馆开放至今已30多年，维修过多次。2004年及2007年又经过两次较大的修缮。遗憾的是两次大修都对原建筑进行了较大改动，部分丧失了建筑原貌。

传统四合院大门是四合院规格、等级的重要标志，梅兰芳故居大门原为等级较高的金柱大门。其门扉设在前檐金柱之间并由此得名。大门宽敞明亮，门前有较大的空间。大门的外檐柱间，檐枋之下安装雀替，以显示大门的规格等级。但不知何故，2004年大修时却将金柱大门改为蛮子门。蛮子门等级较低，多为南方来京经商的人家所使用。它是将门扉安装在前檐檐柱间，门扉外面没有空间，与金柱大门气派相去甚远。2007年再次大修时，将故居中风格独特的后罩房拆除，后罩房洗漱间中梅兰芳使用过的大浴盆，洗手盆等已被毁掉，卧室北墙通往洗漱间的门现在仅剩一个假的门框。梅家后人对此十分愤慨，事情披露后，也曾在社会上引起强烈反响，呼吁有关部门尽快采取措施，恢复故居建筑原貌。

“北漂”张恨水与北京的风土民情

如果想了解20世纪二三十年代的北京，你绝对不能不读张恨水先生的作品。虽然他不是北京人，更不像老舍先生一样生于斯长于斯，但他的事业建立在北京，在他72岁的生命里，一半以上是在北京度过的。他对北京的热爱，以及他那双观察入微的双眼都使他的多部小说充分地反映了那个时代北京的风土民情。

张恨水祖籍安徽潜山县，1895年5月18日出生在江西景德镇，起名张心远。他是家中的长子，后来又有了三弟两妹。他6岁入私塾，念蒙学，很快就成为同龄学童中的佼佼者，并有了神童的美誉。16岁时，家里打算送他出国留学，不料父亲突然病故。弥留之际，父亲让他挑起全家的重担。不满17岁的恨水仿佛突然之间长大了，郑重地向父亲许诺，一定会尽全力照顾寡母弟妹，当时他最小的妹妹还是个婴儿，寡母也才只有36岁。父亲没有留下任何家产和积蓄，这突如其来的打击，一下子就把他推到了深渊。

1919年初春，老乡和好友郝耕仁举荐年仅23岁的张恨水接替他芜湖《皖江日报》主编的职务，开始了他的报人生涯，而且一干就差不多是一辈子。虽然是新人，张恨水干得尽心尽职，且游刃有余，在这个职位上他获得了极大的成功。张恨水受到新文化运动的影响，向往新思潮的中心北京。

尽管报社老板一再挽留，但志存高远的他还是在同年秋天辞去了这份工作，借钱北上。

张恨水第一次进京先后住在怀宁会馆和潜山会馆　开始了新闻苦力的生涯

1919年秋，张恨水第一次来到北京。他刚出前门火车站就对北京留下了极深的印象。他晚年回忆当时的感觉说：“天色已经黑了，前门楼的伟大建筑，小胡同的矮房，带着白纸灯笼的骡车，给我江南人一个极深刻的印象。”

当晚他住进了怀宁会馆，这是老乡王夫三借给他的。怀宁会馆在现在的迎新街北段。迎新街在骡马市大街以南，从果子巷进入后向南走，再拐向西，与保安寺街相交处一条南北向小街就是迎新街。迎新街的名字颇具时代色彩，它是1965年由延旺庙街与张相公庙街合并后新起的街名，而延旺庙是由阎王庙谐音而来。原来在街北口不远处，有座不大的阎王庙。怀宁会馆就在庙的斜对门。现在已都是普通民居了。

在怀宁会馆借住不久，张恨水搬到了潜山会馆。潜山会馆在骡马市大街以北的山西街内。民国时的会馆就相当于同乡的免费公寓，并提供廉价的餐饮，对于家庭负担很重的张恨水来说，再合适不过。

经王夫三引荐，张恨水在上海《时事新报》驻京点谋得一份差事，虽然只有10元月薪，恨水还是一口应允。不久他又在成舍我任编辑的《益世报》担任了助理编辑。

初到北京，张恨水原想到北京大学学习，但为了父亲的嘱托，为了照顾寡母和幼小的弟妹，他把全部时间都用在了工作上。作息时间基本是上午9点到12点，下午2点到6点在《时事新报》工作，晚上10点到第二天的6点在《益世报》工作。用他自己的话说，成了一个“新闻苦力”。不停的采访、撰稿无形中使他对北京增加了认识，对生活在这里的各行各业的人也有了更深的了解，为他后来的小说写作积累了素材，奠定了基础。

在世界报系张恨水成为副刊圣手并发表了《春明外史》《金粉世家》等多部轰动一时的章回小说

1924 年成舍我筹到资金，创立了《世界晚报》，力邀张恨水负责文艺副刊，这是恨水喜欢的工作，他辞去了其他职务，专门来做这个副刊。《世界晚报》社坐落于西单手帕胡同 35 号，当时只有几个未满 30 岁的青年，凭着一腔热血来办报。由于初办，稿源不多，整个副刊《夜光》基本上就被恨水包写了，小说、诗词、散文、小品、谈戏等都是张恨水的作品。整个副刊被一个人包写还是新闻界的新鲜事，常被人津津乐道。张恨水的第一部长篇小说《春明外史》，就是在副刊上连载的。

张恨水小说《春明外史》

《春明外史》主要写的是新闻记者杨杏园到各种场所如茶馆、戏院、俱乐部、妓院、展览会等采访，接触的三教九流，有官僚、商人、老师、演员、妓女等。作者以一种平易的笔调描绘与此相关的请客吃饭、亲朋宴请、看戏娱乐、男亲女爱、逸事奇闻等，给读者呈现出 20 世纪 20 年代京城生活的画卷。在貌似歌舞升平、欢声笑语的下面却是枪炮声、灾民的血泪、百姓的痛苦和呻吟。张恨水在这部小说里刻画了 500 多个人物，这些人物各有性格和特点，每个人物都栩栩如生，让人过目不忘。

小说中，韩幼楼这个形象年轻、英俊且富有正义感，很多读者都认为这个人物写的是当时的少帅张学良。张学良也恰巧读了此书，并对作者十分仰慕。一天一位军人到家中拜见，自称是奉少帅之命邀请张恨水任职，且薪水丰厚。张恨水婉言谢绝，并修书一封。张学良后来又亲自登门拜访，两人相见恨晚。少帅又再次提起邀请恨水做官一事，恨水推辞说做了官，岂不成了你的属下，还是做朋友的好。两人的这段情谊也成了一段历史佳话。

次年2月，成舍我在石驸马大街甲90号开办了第二家报纸《世界日报》。张恨水又主编其副刊《明珠》。他撰写并连载了小说《新斩鬼传》和他的名作《金粉世家》，这一次又引起了更大的轰动，涌现出大量的《金粉世家》迷。同时他还为其他几家报纸连载了若干小说。张恨水的一支笔可以说为这两份报纸立下了汗马功劳。他也被人称为是副刊圣手，同时也显现了他的办报能力。他逐渐从自己包揽到联系更多的优秀人才为报纸供稿。

虽然在不停地写小说，张恨水的主业还是办报，但他一直关注着时局的变化。在震惊中外的“三·一八惨案”中，张恨水顶着巨大的压力，在报上对惨案作了翔实报道，刊登了刘和珍等烈士的照片。同期，张恨水还多次利用报纸这个宣传的窗口发表了多篇文章揭露社会黑暗，指责军阀政府。

1926年　张恨水搬到了未英胡同　将全家接到了北京

张恨水来北京几年后有了比较稳定的工作与收入。1926年，张恨水在未英胡同36号租住了一个大院子，将母亲、夫人及弟妹们都接到北京。

今日未英胡同（赵敏拍摄）

西城的未英胡同南北走向，在绒线胡同以南、油坊胡同以西。明朝皇帝喜欢养虎、养鹰。虎坊桥是养虎的地方，这里曾是喂鹰、驯鹰的地方。清朝入关后，带来了北方游牧民族的习俗，王公贵族更是以骑马狩猎、架鹰搏兔为乐事，喂鹰、驯鹰更兴盛了，久而久之，这里被叫作喂鹰胡同。民国后按谐音改称未英胡同。

未英胡同36号，是张恨水以每月30元租赁的。他曾对这所住宅有过细致的描述："未英胡同三十六号，以旷达胜。前后五个大院子，最大的后院可以踢足球。中院是我的书房，三间小小的北屋子，像一只大船。面对着一个长五丈、宽三丈的院落。院里并无其他庭树，只有二百岁高龄的老槐。绿树成荫时，把我的邻居都罩在下面。……住家，我实在爱北平。"看来，对在这里居住，对这段生活，张恨水是很有感情、很满足的。未英胡同离《世界晚报》《世界日报》社址都不远，很方便他的工作。

张恨水小说《啼笑因缘》

1929年5月，上海第二大报《新闻报》的主编严独鹤在北平认识了张恨水，邀请他给《新闻报》写连载小说，他很快就答应了。由于南、北方的读者口味上有所不同，张恨水筹划了很久。如何才能写得更有噱头，更符合南方读者的口味，并经常约朋友一起来聊故事框架，最终写成《啼笑因缘》。这部小说在上海一连载，就以其强烈的传奇性和故事性马上引起了读者的兴趣，人人见面聊天竟然都是以这部小说为谈资，盛况和当年的北平一样。这部小说多次搬上银幕，为近百年中国小说创下纪录。不光是电影，话剧、京剧、沪剧、粤剧、评剧、越剧、评弹、大鼓等都不断改编着这部小说，使张恨水的名字在全中国妇孺皆知、家喻户晓。

张恨水在大栅栏12号的写作生活

随着名气的增长，张恨水的身价倍增。一些小报记者报道，张恨水一签约，就能收到几万元稿费，马上在北平买了座王府，还买了汽车，等等。这些报道虽然有些夸张，但这一阶段他确实摆脱了贫困生活，1930年，张恨水离开耕耘了十多年的报纸，专心从事创作。

写作中的张恨水

张恨水把巨额的稿费主要用于几项支出，一是弟妹的学费和婚嫁；二是租赁了一处更大的宅子。这所大宅曲折蜿蜒，大小有七个院子。南跨院住着上大学的三弟朴野，北正院住他的夫人和几个孩子。东边穿过短廊，进小门，便是张恨水的客室与书房。西院是书库、卧室。另外的院落住着母亲和用人。这几个院落里，到处是名贵花木，整个院落显得清幽、雅致与气派。

没有繁忙琐碎的编务在身，张恨水在这个院落中度过一段既安闲舒适，又紧张充实的写作生活。

这一时期，张恨水的写作达到了一个新的高峰，写了大量脍炙人口的作品，包括被人们称为张恨水的“三大时代”（黄金时代、青年时代、过渡时代）。

关于这所大宅的位置，却有不同的说法。一些传记和回忆录中说，此宅在前门外大栅栏 12 号。大栅栏是北京著名的商业街，明代中后期已是商业繁华之地，清中后期至民国年间达到了鼎盛。窄窄的街内是一家紧挨一家的店铺，在这寸土寸金之地，怎可能有这样宽敞的院落用于居住？也有资料称这个宅院在大栅栏北面的门框胡同。门框胡同南北向，北起廊坊头条，南至大栅栏。长不过百余米，宽仅三四米，就是这样一条小胡同，却是北京有名小吃街，布满了京城的名小吃。这样的小胡同内，可能有座七个院落的大宅院吗?

北京还有多处叫大栅栏的，比如西城太平桥大街东侧的三道栅栏、位于景山东街的横栅栏、位于原宣武区的大北栅栏等，到底是哪一条呢?

后来我查到在谢家顺先生编写的《张恨水年谱》中有张恨水于1931年1月12日由未英胡同迁至西长安街大栅栏十二号居住，月租40元的记载，当月张在给友人信中写道："第十二日迁寓西长安街大栅栏十二号。"但是，在西长安街也有两条叫大栅栏的胡同。一条在西长安街路北，明代在胡同南口设置栅栏而称栅栏胡同。清代时因原栅栏破旧不堪而换了一个高大的铁栅栏而改称大栅栏。1958年，该胡同南口东侧建起北京电报大楼，钟楼上装四面钟，每当整点时悠扬的钟声便响起。1965年该胡同改称钟声胡同。

在西长安街南侧，安福胡同和小六部口胡同之间有一条南北向胡同明代称栅栏胡同，清代也改称大栅栏。1965年改称双栅栏胡同。

这两条大栅栏，若论与西长安街的远近和关系，北边的一条称"西长安街大栅栏"似乎更恰当，但南边的一条离未央胡同更近，搬家更方便。因而张恨水搬家到了哪条胡同，还应有更多的证据。此外，张恨水还在国子监大方家胡同12号住过。

张恨水在东四十一条办起了美术学校

张恨水自幼对绘画颇感兴趣。1931年，在他的支持下，学绘画的三弟邀请了一些朋友，创办了北平私立华北美术专门学校（简称北华美专）。张恨水以稿费出资成为该校董事并兼任校长。他还聘请好友刘半农做董事，为学校出谋划策。学校聘请了许多名家授课，包括齐白石、王梦白、李苦禅等，在当时的美术界可算是一件盛事。学生有200多人，分国画、西洋画、师范等几个专业，办学的四年间培养了很多以后成为艺术家的学子，包括张仃、蓝马、凌子风等。

校址在东四十一条21号。此宅原是清末曾任光绪军机大臣、礼部尚书兼总理各国事务衙门裕禄的府邸。此府院宇宽敞，雕梁画栋。张恨水的校长室在一精美的小院里，院内绿树成荫，花木扶疏。张恨水兼职教授中国古典小说和小说创作。他的课是最受欢迎的，每次他讲课的时候，大礼堂都座无虚席。但也有资料称校址在东四十二条原安徽会馆内。两条胡同前后相邻，是否是同一院落的前后门在两条胡同内呢？

1935年，北平形势日益紧张。北华美专不得不停办。随后他举家搬到了南京，辗转重庆。

抗日战争中，在艰苦的岁月里，他写了多部抗战小说。毛泽东曾对他的《八十一梦》大加赞赏。

1946年春　张恨水重回北平住北沟沿甲23号筹办《新民报》

1945年抗日战争胜利。1946年3月张恨水受朋友之托，回北平担任《新民报》经理兼编辑副刊《北海》。他在北沟沿甲23号购买了一处住宅。这是一个有着30多间房的四进四合院。前院是门房、汽车房。穿过垂花门进入中院，是张恨水的会客室和书房，夫人和孩子们住在后院。院内虽没有多少名贵树木，却有槐树、枣树、丁香树等，虽然不能和之前北平的住处相比，但比起重庆的生活环境来已经是天壤之别了。

沿着北沟沿，原来有条水道，元代是供宫廷用水的金水河的一段。明代成为排水沟，叫大明濠。大明濠两侧的通道，以劈柴胡同西口为界，以北称北沟沿，以南称南沟沿。民国后，明沟改为暗沟，上开辟马路，称为南、北沟沿大街。抗战胜利后，为纪念抗日英雄，北沟沿大街改称赵登禹路，南沟沿大街改称佟麟阁路。“文革”期间，改阜成门内大街以北为白塔寺东街，阜兴门内大街以南为民族宫南街，两街之间为太平桥大街。20世纪80年代以后，白塔寺东街恢复为赵登禹路，民族宫南街为佟麟阁路，太平桥大街却没有恢复原名，仍称太平桥大街。

张恨水购买的北沟沿宅究竟在什么位置？一些资料想当然地以为是在现在的赵登禹路上。其实不然，这所宅子在现太平桥大街北段路东。张恨水的儿子张伍在回忆录中明确这所宅子大门在赵登禹路，后门却在砖塔胡同。

一到北平，张恨水就开始为创建《新民报》奔忙起来。身为经理的他经常要参加各种应酬。1946 年 5 月，北平的“文学艺术界联合会”在中山公园水榭成立，张恨水被选为“新闻记者公会”的常务理事。《新民报》在北平取得了不俗的业绩，发行量从 1 万多份升到约 4 万份，居北平报业之首。与此同时，张恨水又完成了多部小说，包括长篇小说《纸醉金迷》《巴山夜雨》《五子登科》和多个中短篇小说。

报社是个鱼龙混杂的地方，虽然张恨水办报有方，但他却不是个左右逢迎的人，更不懂得权力之争。1948 年秋，在《新民报》总社派来了新负责人后，他主动辞去了职务，也从此离开了他为之奋斗了数十年的报业。

1949 年初　张恨水突发脑溢血卖掉了北沟沿宅　搬进砖塔胡同

1949 年 1 月，北平和平解放，解放军浩浩荡荡地进了北京。张恨水家也接待了解放军官兵，军队住在前院。解放军尊重百姓，恪守纪律，从不打扰他们，给张恨水留下了很好的印象。

接着发生的两件事情，却给张恨水极大的刺激。

张恨水曾将自己的全部积蓄购买了 10 两黄金，存入私立大中银行。不料解放前夕，经理卷款逃走。张恨水多年的积蓄化为乌有。另一件事更让他惊恐。1949 年 3 月，《新民报》发表长篇文章《北平新民报在国特统治下被迫害的一页》，编造张恨水和国民党特务互相勾结，狼狈为奸。看到这些，张恨水控制不住地颤抖起来，几天工夫他衰老了很多。

5 月初，张恨水突发脑溢血，半身不遂，严重到连家人都不认得，声音也发不出来，完全丧失了写作能力，生活陷入困境。这时周恩来总理派人来了，了解了他的困难，他被聘为文化部顾问，有了一份固定工资，后来周总理又指示有关部门安排张恨水任中央文史馆馆员，彭真市长也指示北京市文化局给他提供生活补贴，生活有了基本保证。但为了节约开支，他卖掉了在北河沿的唯一房产，把家搬到了砖塔胡同 43 号的一个小四合院。

砖塔胡同在西四南大街丁字路口的西南侧，临街有座玲珑秀丽的塔。塔前山门石额依稀可以辨认出“元万松老人塔”六个字，这是金、元两朝极负盛名的佛学大师、佛教重要宗派曹洞宗的一代宗师行秀（1166—1246年）禅师的墓，胡同因而得名。砖塔胡同在元代就已存在，距今已有700多年的历史，而且从未改名，被称为北京胡同的根。

万松老人塔（赵敏拍摄）

在小院中张恨水顽强地进行着自我恢复，也试着拿笔写一些短小的东西。张恨水的新家虽不能与原宅相比，小四合院虽然不大，但也很清幽，北房三间，中间客厅兼饭厅，靠西是卧室，靠东是书房兼卧室,其他房间为其他家人所用。房子虽然不是很宽敞，但被收拾得干净利落，种了许多花木，小院里洋溢着安详与温馨。

1953年后，张恨水又恢复了写作，他对解放后的新生活不熟悉，便投入了民间文学的挖掘与整理，写出了《梁山伯与祝英台》《白蛇传》《孟姜女》《孔雀东南飞》《凤求凰》等一批群众喜闻乐见的作品。1956年，他参加了全国政协团拜会，受到了毛主席和周总理的亲切接见。

“文革”初期的急风暴雨中，在邻居们的保护下，张恨水竟有幸躲过了抄家、批斗等劫难。1967年2月15日晨，72岁的张恨水在砖塔胡同小院内平静地逝去。

当时中国已是红色的海洋，没有人注意这样一代文学大师的离世。

张恨水一生写作达3000余万字，这要付出怎样辛勤的劳动？他常常是多部小说同时写作，比如1928年，有《春明外史》《春明新史》《金粉世家》《剑胆琴心》等六部长篇同时在不同的报刊连载，不同的人物、情节、线索，同时推进而不能混淆，这需要作者有多么缜密的思维和高超的写作技巧？

但是，中华人民共和国成立后对张恨水的评价一直不高，据说是因为鲁迅先生曾指责他为“鸳鸯蝴蝶派”。但是经查《鲁迅全集》，鲁迅对张恨水本人及其作品从未有过褒贬。1934 年鲁迅在给母亲的信中有这样一段：“母亲大人膝下敬禀者：……三日前曾买《金粉世家》一部十二本，又《美人恩》一部三本，皆张恨水作，分二包，由世界书局寄上，想已到。但男自己未曾看过，不知内容如何也……”看来鲁迅的母亲是张恨水迷，鲁迅见到张恨水的书必买后寄给母亲。鲁迅或许不喜欢张恨水的书，但他也绝不厌恶，以鲁迅疾恶如仇的性格，他怎会将自己厌恶的书寄给自己十分孝敬的母亲呢？

改革开放后张恨水的作品又逐渐被人提起，《金粉世家》等被拍成电视剧播出后，受到越来越多的人的喜欢，掀起一轮轮张恨水热。

好的作家和作品是不会被人们遗忘的。

砖塔胡同 43 号院在胡同西口路北，后改为 95 号。遗憾的是近几年在太平桥大街拓宽时已被拆除。

徐悲鸿在北京成就了他的艺术巅峰

徐悲鸿是我国近现代最著名的绘画艺术大师、美术教育家、我国近现代美术奠基人之一。

1895 年 7 月 19 日，徐悲鸿诞生在江苏宜兴一个叫屺亭桥的小镇上。青年时代，徐悲鸿几次独闯上海寻求发展，又短暂留学日本，后又在欧洲留学长达八年。学成回国后长期在上海、南京从事美术教育。抗日战争期间，他奔波在重庆、桂林、昆明等地，又曾远赴新加坡、印度举办画展，筹款支援抗战，救济难民。他的生活重心似乎始终不在北京。

但是细观他的生平，在赴欧之前他就到过北京，之后又三次赴京。在他不长的 58 岁生命历程中有八年是在北京度过的。最后一次他在北京生活了七年之久，成就了他人生最后的辉煌并病逝于北京。北京是他艺术人生的重要一站。

徐悲鸿的父亲徐达章是当地小有名气的画家，兼教私塾。耳濡目染徐悲鸿从小就对绘画产生了浓厚兴趣。在父亲指导下，临摹当时流行的《吴铀如画本》，接受了中国传统绘画最初的熏陶。10 岁时他已经能为父亲的画敷色，为乡亲们写春联，成为父亲的助手。17 岁时父亲身染重病，悲鸿挑起了全家的生活重担。他同时应聘于宜兴县初级女子师范、始齐小学、彭城中学，任三校的图画教员忙碌奔波，以养家糊口。1914 年父亲病故。埋葬父亲后，19 岁的徐悲鸿决心离开家乡，到上海去寻找出路。他几进几出上海，历尽坎坷，几度绝望，最终在自己的努力和友人的帮助下命运出现了转机。

1916 年初，徐悲鸿考入震旦大学法文系半工半读维持学业。一天，徐悲鸿在《申报》上看到一则征集仓颉画像的启事，是设在哈同花园内的仓圣明智大学奉仓颉为先师，要为仓颉征求画像。徐悲鸿便根据传说中仓颉生有“双瞳四目”的特征，为这位古代传说中创造中国文字的圣人画了一幅水彩画像。徐悲鸿没有想到，他的画以丰富的想象力和出色的画技在众多应征画稿中脱颖而出，被校方选中。不仅获得一笔高额奖金，并在暑假应邀住进哈同花园，继续为仓圣明智大学作画。

当时仓圣明智大学内还设有广仓学会，常邀请一些学者名流讲学。这使徐悲鸿除有机会结识了康有为、王国维、陈三立等许多颇负盛名的学者。特别是康有为十分看重徐悲鸿的才华，将他收为入室弟子，将自己收藏的许多历代名画、碑帖等供徐悲鸿观看、临摹，提高了徐悲鸿的艺术素养。康有为主张中国画应“合中西之术求变，开拓中国绘画新纪元”的思想，也极大地影响了徐悲鸿一生的艺术之路。

徐悲鸿早有去欧洲学习绘画的愿望，但当时第一次世界大战尚未结束，于是 1917 年 5 月他东渡日本。在日本，徐悲鸿看了许多绘画展览，购买了许多他喜欢的书画。但他所带费用不多，很快就无法维持生活，只在日本生活了半年多，于当年 11 月又回到上海。

回上海后他立即去拜访康有为，希望老师能帮助他出国深造。康有为建议他先去北京，争取一个官费留学的名额。他给自己在北京的弟子、社会名流、诗人罗瘿公写了一封亲笔信，推荐徐悲鸿。

1917 年底　徐悲鸿第一次到北京

罗瘿公看了康有为的信与徐悲鸿的画十分欣赏，将他推荐给当时的教育总长傅增湘。傅总长也认为徐是一个不可多得的人才。他诚恳地说：“现在欧战还未结束。将来如果派留学生赴欧，一定会给你争取机会。”

在北京，徐悲鸿认识了青年作家华林。他单身一人住在方巾巷一个四合院内的三间厢房中。他将一半分租给徐悲鸿，两人成了邻居。华林为人热情，他带徐悲鸿拜会了时任北京大学校长蔡元培。蔡元培一生倾心教育，对美术也有独特见解，提倡“以美育代替宗教”。他看到徐悲鸿的画十分赞赏，聘请他担任了成立不久的北京大学画法研究会导师。

画法研究会的导师还有陈师曾、李毅士、钱稻荪、贝季美等。陈师曾是诗人陈三立的儿子。他和徐悲鸿特别投缘，常一起谈诗论画，谈论中国画的改革。当时的北京知识界十分活跃，传播着科学与民主的思想，北京大学正在形成新文化运动的中心。徐悲鸿也深受影响，面对保守的国画界，徐悲鸿发表了《中国画改变论》提出：“古法之佳者守之，垂绝者继之，不佳者改之，不足者增之，西方绘画采入者融之。”徐悲鸿的写实主义和借鉴西方美术改革中国画的主张深得蔡元培认可。

在北京徐悲鸿看到了大量的我国古代绘画、书法、陶瓷、玉器等，灿烂的传统文化给予他深深的震撼。在罗瘿公的引导下，他也喜爱上京戏艺术，常去前门外大栅栏一带的戏院听戏。他最欣赏的演员是程砚秋与梅兰芳。他为梅兰芳画了一幅《天女散花图》。这幅画既有国画的神韵，又借鉴了西洋画的写实技法，形神兼备，栩栩如生。

暑假里，徐悲鸿参加了北京大学组织的去香山避暑。碧云寺、卧佛寺、静宜园等都留下了他的足迹。他每天作画不停，大自然的美给了他新的灵感。

1918年10月，教育部派员去欧洲考察，名额中没有徐悲鸿。他坐不住了，写信责怪傅增湘食言，措辞十分激烈。同年11月欧战结束。中国选派留学生计划再次启动之后，傅增湘不计前嫌，履行承诺，为徐悲鸿争取到了官费赴法留学名额。徐悲鸿知道自己错怪了傅增湘，他立即前往教育部向傅先生致谢。

在北京居住一年的徐悲鸿离开北京。1919年3月，他从上海出发，开始了留学生涯。

1928年10月 徐悲鸿第二次到北京 任北平大学艺术学院院长

1927年8月，徐悲鸿结束了长达八年的留学生涯。八年的刻苦学习，徐悲鸿掌握了精湛的绘画技法，他决心投身祖国的美术教育事业。回国后他立即参加田汉、欧阳予倩等创办的南国艺术学院，任西画系主任。后来南京中央大学又聘他为美术教授。在此期间，他开始创作巨幅油画《田横五百士》。

1928年10月，由蔡元培先生推荐，徐悲鸿受聘担任北平大学艺术学院院长。

在西单十字路口西北，有一条与复兴门内大街平行的小街叫中京畿道。民国初年在中京畿道西口路南，开设了京师模范小学，在当时是一所规模较大的新式小学。1917年，小学改为美术学校；1918年，正式命名为国立北京美术学校，是北京成立的第一所美术学校，设有绘画、图案两科，第一任校长是郑锦；1923年，改称国立北京美术专门学校；1927年，与其他校合并成立国立北平大学；1928年，改称北平大学艺术学院。

回到阔别10年的北京，徐悲鸿非常兴奋。他决心大胆革新，师法造化，借鉴西方技法，创造出新的有生气的中国画。在用人方面他也不墨守成规。当他发现木匠出身的齐白石不落古人窠臼，大胆创新，将富有生活气息的民间艺术情趣融入画中开创一代新画风时，十分佩服。在当时教授名额很紧张的情况下，坚持聘齐白石为教授。

齐白石当时住在跨车胡同，徐悲鸿“三顾茅庐”，动员他来学院任教。齐白石开始是婉言谢绝，但徐悲鸿一而再、再而三地造访，终于打动了他。跨车胡同离中京畿道并不太远，但在齐白石授课时，徐悲鸿坚持用马车接他，并且时常亲自去接。两个年龄相差30岁，经历和画风完全不同的画家，很快成为忘年交，而且他们的友谊保持终生。

徐悲鸿改革中国画的主张在艺术学院很难推行。当时的北平，艺术上和政治上同样守旧。吴作人曾在《追忆徐悲鸿先生》一文中，记述了徐悲鸿在艺术学院的际遇：“当时他发现北平艺术学院的国画教学基本上是掌握在保守派的手里，而他素来主张对陈陈相因、泥古不化的所谓传统要进行改革。他大胆吸收新的以写生为基础训练的主要教学方向，是不见容于当年画必称‘四王’，学必循《芥子园》的北平艺术学院的。……他预见他在北平是孤掌难鸣的。”

徐悲鸿不愿妥协，不愿随波逐流，三个月后，他辞职南下。1931 年 4 月，在南京中央大学任教的徐悲鸿带领艺术系学生赴北平、天津参观写生，第三次短暂地来到了北京。

徐悲鸿与泰戈尔

现在艺术学院的旧址在太平桥大街 252 号国家民族事务管理委员会院内，原教学楼是一栋中西合璧的二层小楼，还较完整地保留着。

抗战期间，徐悲鸿随中央大学内迁重庆，继续在艺术系任教，完成巨幅国画《愚公移山》。他曾在新加坡、印度、吉隆坡等地举办酬赈画展，并将卖画所得近 10 万美元全部捐出用于抗战救灾。在印度他与大诗人泰戈尔结下了深厚友谊。

1946 年夏　徐悲鸿第四次到北京

1946 年夏，徐悲鸿接受了北平艺术专科学校校长一职。同年 8 月 31 日，偕妻子廖静文到达北平。

他决心大胆革新，办一所高水平的美校。他聘请他的弟子和好友吴作人担任教务长。在给吴作人的信中说："我准备办一所左派学校……"他物色了许多思想进步、在艺术上又卓有成就的画家担任教职，如李桦、叶浅予、艾中信、李可染、李苦禅、米斛、董希文、周令钊等。他还聘请国画大师齐白石、黄宾虹担任教授。对于没有真才实学而又思想反动的教师，他顶着巨大的压力予以解聘。

徐悲鸿主张艺术应有"求真精神"，绘画教学应"以素描为基础"，反对一味模仿古人。这引起了一些保守画家的不满。艺专国画系三位教师宣布罢课，抗议徐悲鸿“摧残国画，毁灭中国艺术”，在北平美术界引起了一场新旧国画的论争。

徐悲鸿与廖静文

但当时的形势，已不是1928年艺术学院时的北平。徐悲鸿并不孤立，他召开记者招待会对罢课事件作出回应，表明国画需要革新，要创立新国画的观点，受到了许多画家和舆论的支持。他坚持在国画教学上进行改革，扩大专业设施，艺专的面貌有了很大的变化。

当时的北平艺专旧址在什么地方？有两种观点。廖静文的《徐悲鸿传·我的回忆》中明确说：“北平艺专在东总布胡同10号，校舍狭窄，砖砌的灰色楼房显得朴素而安静。”而在报告文学作家傅宁军所著的《悲鸿生命——徐悲鸿的生前死后》中写道：“二〇〇四年冬天，一个寒风凛冽的上午，当时担任助教的中央美术学院教授戴泽带路，领我们找到国立北平艺专原址，即如今美术出版社大院。戴泽说教室就是大院里面的老房子，没有改变。”美术出版社在北总布胡同32号，两者虽然距离不远，但在两条胡同中，显然不是一处。

我又查了许多资料，两种观点都有，看来要确定北平艺专的旧址还要进行一番认真的考证。

随着专业设置的扩大与学生人数的增多，校舍更显得狭小，影响了学校的发展。徐悲鸿希望找到一块更大的地方建校舍。他想到了老友李宗仁，当时正任北平行辕主任。李宗仁将帅府园的一块较大的地块批给了北平艺专。那里抗战时曾是一所不错的小学，当时用于国民党驻军。为了使军队尽快搬走，又费尽周折，徐悲鸿为驻军长官画了多幅画作。1947年新学期开始，北平艺专搬入帅府园新校舍。

徐悲鸿六骏图

徐悲鸿狮

1948年平津战役之后，北平已在解放军包围之中。南京政府教育部一再催促北平高校南迁，并且派飞机接走在北平的一批文化名人，徐悲鸿也在要接走的人名单中。徐悲鸿拒绝离开北平，也拒绝北平美专南迁。他最担忧的是古老的北平城如何免于战火的摧毁。在傅作义召开的一次座谈会上，徐悲鸿第一个站起来发言："北平是一座闻名于世的文化古城，它在世界建筑艺术的宝库中也属罕见的。为了保护我国优秀的古代文化免遭破坏，也为了保护北平人民的生命财产免受损伤，我希望傅作义将军顾全大局，顺从民意，以使北平免于炮火的摧毁……"徐悲鸿的发言受到了与会者的热烈响应。大家纷纷发言希望傅作义将军早日作出决策，争取北平和平解放。

1949年初，北平迎来了和平解放，徐悲鸿的生命也掀开了新的一页。3月，他作为中国代表团成员前往巴黎出席保卫世界和平大会，回国后立即参加了中华人民共和国制定国旗、国徽、国歌的工作。徐悲鸿建议以《义勇军进行曲》代国歌。不久在全国政协会议上正式通过。

1949年7月，徐悲鸿当选中国美术工作者协会主席。同年11月北平艺专与华北大学三部美术系合并，成立国立美术学院。1950年2月，国立美术学院更名为中央美术学院，这是中国第一所全国性高等美术学府，政务院总理周恩来颁布委任状，徐悲鸿被任命为第一任院长。

在紧张的社会活动和繁忙的教学工作之外，徐悲鸿还不忘绘画创作。

人民美术出版社小门楼
（赵敏拍摄）

1950 年全国战斗英雄劳动模范大会在北京召开，徐悲鸿亲自带领美院教师去为英模人物画像。1951 年，他为创作油画《毛主席在人民中》《鲁迅与瞿秋白》搜集材料，创作了多幅素描。同年，夏徐悲鸿赶赴山东导沭整沂的水利工程工地体验生活，在工地写生，准备创作《当代新愚公》。

徐悲鸿患有高血压和肾病多年，紧张的工作终于压垮了他。回京后不久他突发脑溢血住进了人民医院。经过抢救和精心治疗，他转危为安，住院四个多月后回家休养。

徐悲鸿是闲不住的人，即使病中，他仍关心着美院的教学。稍能活动，他就带病到学院去检查学生们的绘画习作，给毕业班讲课，办教师进修班……他也关心着时局，关心着抗美援朝，他为战士们画了六幅奔马，寄往朝鲜前线。

1953 年，徐悲鸿身体有所好转。他参加了全国文艺工作者第二届代表大会的筹备工作。9 月 23 日，文代会在北京召开。他担任大会执行主席，主持当天的大会，会后又参加欢迎波兰代表团的宴会。他终于支撑不住，在宴会上突发脑溢血，猝然倒下。他被送往北京医院抢救，但很快陷入昏迷，再也没有醒来。

1953 年 9 月 26 日凌晨 3 时，徐悲鸿逝世，时年仅 58 岁。

主管文化的政务院副总理郭沫若闻讯赶来，抽泣中的廖静文扑在他的肩头大哭："八年前你为我和悲鸿主婚，现在他走了……"郭沫若含着眼泪劝她节哀。周恩来总理也于徐悲鸿去世的当天赶到医院。周恩来与徐悲鸿相识在青年时代，深知徐悲鸿对于中国艺术的探索与雄心。周恩来说，徐悲鸿的死是永远无法弥补的损失。

徐悲鸿是中华人民共和国成立后第一个去世的文化名人，他的告别送葬仪式在八宝山革命公墓举行，空前隆重。

徐悲鸿故居与纪念馆

徐悲鸿最后在北京居住的七年中，换过几次住处。

1946 年 8 月初到北京，他租住在东裱褙胡同 22 号。裱褙胡同是建国门内大街南侧的一条较宽的东西向胡同。明清时胡同内从事裱褙字画者甚多，因而得名。据《汤显祖诗文集》记载，我国大戏剧家《牡丹亭》作者汤显祖曾一度客居裱褙胡同。徐悲鸿租住的是一个不大的院落，房主住北房，他们租住在东西厢房。房主家时常聚众打牌，喧嚣直至深夜。

为了有个安宁的住处，住进不久，廖静文就到处找房。一天经人介绍，她与徐悲鸿去看东四附近的一处房子。房子整齐宽阔，雕梁画栋，院内花木扶疏，异常安静，室内布置中西合璧，豪华富丽。徐悲鸿却当场回绝了。廖静文十分不解，问："这样好的房子你还觉得不行？"徐悲鸿回答："不是不好是太好了，太富丽堂皇了。这不是我这样身份的人住的，我们应该有书生本色。"徐悲鸿的回答让廖静文感到羞愧，她又一次感到了徐悲鸿做人的本色。

在东裱褙胡同，廖静文生下了她与徐悲鸿的第一个孩子小鸿（徐庆平）。直到这年底，他们搬到了小椿树胡同 9 号的一个小四合院中。廖静文回忆这个院落："房屋陈旧，院子不大，院内仅有一棵小小的槐树，孤单而寂寞地在张望我们。我们在这里住了将近一年，直到有一天院墙忽然倒坍，我们只好另觅住处，才搬到东授禄街 16 号。"

东授禄街在北京站以东，是现在北京站东街以南的一条曲折的小街。16 号院是一个有东西两个院子的旧式院落，房子并不多，但院子宽大。院边墙角长着五颜六色的蜀葵花。徐悲鸿给院子取名“蜀葵花屋”，又名“静庐”，将女主人的名字嵌入其中，以示珍爱。这所房子是用徐悲鸿卖画的收入买下的，廖静文在这里生下了女儿芳芳。徐悲鸿夫妇及孩子们一起在这里度过了生命的最后六年。

徐悲鸿病逝后第二天，廖静文就毅然作出决定，将徐悲鸿的遗作和珍贵收藏及授禄街住房全部无偿捐给国家。

1954 年 9 月 26 日，在徐悲鸿逝世一周年纪念之际，以授禄街悲鸿故居为基础的徐悲鸿纪念馆建立，周总理亲笔题写了“悲鸿故居”的匾额。纪念馆中展出了他各个时期的代表作品，他的画室与卧室按他生前的原状陈列。纪念馆对外开放后受到各界欢迎，国内外宾客络绎不绝。

然而在“文革”十年中一切都颠倒了。徐悲鸿被诬为“反动权威”，廖静文更被疯狂批斗。但这时她想到的仍是如何保护徐悲鸿珍贵画作，她不顾风险，给周总理写信。周总理决定将全部画作移交故宫博物院收藏，躲过了“文革”浩劫。1970 年前后北京站修地铁时，徐悲鸿故居被拆除。1973 年，廖静文写信给毛泽东，请求重建纪念馆。毛泽东批复：“查清，恢复。”1983 年新的纪念馆在新街口北大街 53 号落成开放。这是一栋朴素的二层灰色楼房，门前有徐悲鸿的全身塑像。

到了 2013 年，纪念馆已开馆近 30 年，建筑和设施都老化了，恰逢新街口地区重新规划。在新规划中为纪念馆预留了一块更大、更规整的建设用地。经过几年的规划建设，2019 年 9 月，徐悲鸿纪念馆新馆改扩建工程完工。一座馆藏更丰富、建筑更宏伟、设施更现代化的徐悲鸿纪念馆已重新屹立在新街口北街。

徐悲鸿也将永远活在广大美术爱好者的心中。

郁达夫的北京情缘

2014年9月，民政部公布了首批300名抗日英烈名录。该名录既有中国共产党系统，也有国民革命军系统、东北抗联系统，还有社会人士及外国友人。著名作家、时任新加坡文化界抗日联合会主席的郁达夫名列其中。

郁达夫是我国现代文学史上举足轻重而又备受争议的作家。他在小说、散文、诗歌创作上都达到了一定的高度，许多名篇佳作至今仍广为流传。但他复杂浪漫的另类个性，悲喜交织的婚恋行旅，“左”倾激进而又多元的思想倾向，良莠相间的交友活动都使他仿佛被层层轻雾包裹，谜团重重。赤者嫌其白，白者嫌其赤，争议不断。但无论如何争论，他是一位伟大的爱国者是毫无疑问的。

郁达夫原名郁文，浙江富阳人，1896年12月7日出生，三岁丧父，家境窘迫。7岁入乡塾，后就读富阳县立高等小学堂、抚州中学、之江大学预科。1913年秋，18岁的郁达夫跟随去日本考察司法的长兄郁曼陀东渡日本求学。他的留学生活持续了近九年，1922年夏才回到国内。

郁达夫曾数次到过北京，但每次都时间不长，加起来总共不足两年。对于古都北京，他只能算一个匆匆过客。但在匆匆的一瞥之间，郁达夫却对北京产生了深深的爱。在他的《故都的秋》《北京的四季》等名篇中都对北京发出了由衷的赞美：“中国的大都会，我前半生住过的地方，原也不在少数；

可是当一个人静下来回想起从前，上海的热闹，南京的辽阔，广州的乌烟瘴气，汉口武昌的杂乱无章，甚至于青岛的清幽，福州的秀丽以及杭州的沉着，总归都比不上北京……在北京以外的各地——除了自己幼年的故乡以外——去一住，谁也会得重想起北京，再希望回去，隐隐地对北京怀起怀乡病来。这一种经验，原是住过北京的人，个个都有，而在我自己，却感觉格外的浓，格外的切。”

1919 年秋　郁达夫匆匆从日本赶回北京　参加外交官、高等文官考试　却无功而返

1919 年夏，郁达夫从名古屋第八高等学校毕业，升入东京帝国大学经济学部就读。快开学时，突然收到长兄郁曼陀从北京的来信。长兄在日本考察不到一年就回国了，就职于司法部。他得知北京将于 10 月进行外交官、高等文官的考试，要弟弟立即回国赴京应试。9 月初，郁达夫离日回国，先在故乡富阳小住了几日，即赶赴北京。

外交官的考试在 9 月 26 日，郁达夫笔走龙蛇，下笔如有神，顺利完成了试卷，不料发榜时却名落孙山。他百思不得其解，在一位朋友的指点下才明白其中的奥秘。原来在考试前，有权有势的考生早在主考官那里疏通了“关节”，录取者早已内定。郁达夫虽对国内官场的腐败有所耳闻，却不料黑暗到如此地步。满腔激愤的郁达夫在路过一座破落的旧王府花园时，将一首诗题在墙上，署名江南一布衣题：“……燕雀岂知鸿鹄志，凤凰终生羽毛伤。明朝挂席扶桑去，回首中原事渺茫。”

回到哥哥家中，他想立即回日本，不再参加文官考试。但在兄嫂的劝导下，他勉强留了下来。10 月初考试当天，天未亮他就起床，顶着星月来到东华门等候点名。时间尚早，他沿着故宫的高墙慢慢散步。深秋的晓风吹在身上感到一阵阵发冷。他忽然有些委屈，自己千里迢迢赶来赴试，不就是为了争取一个报效国家的机会吗？可是谁能理解他的苦心？考试的时刻终于到了，他随着考生走入太和殿……考试的结果与外交官考试一样，郁达夫又未被录取。

这次北京之行让他心灰意冷，他羞于回故乡再和亲友相见，直接回了日本。他一面继续在帝国大学学习经济，一面从事文学活动。他与郭沫若、成仿吾等成立了新文学团体创造社，编辑出版《创造》季刊，这是现代文学史上影响深远的文学社团。1921 年，郁达夫的第一部小说集《沉沦》出版，这也是“五四”以来最早出版的新文学白话体小说集。《沉沦》在社会上引起了极大轰动，郁达夫在文坛也声名鹊起。

1923 年 2 月　郁达夫第二次在北京短暂停留　他见到了仰慕已久的周氏兄弟

1922 年 7 月，郁达夫从东京帝国大学毕业归国。在安庆政法学校任教，同时继续与创造社同人编辑出版《创造》季刊，继续他的小说创作。

他的小说在社会上受到许多人的误解与谴责，在学校里也受到一些人的嫉妒与嘲讽，郁达夫内心十分苦闷。1923 年初他辞去了教职，2 月第二次来到古都北京。一是看望兄嫂，散散心；二是为感谢周作人。原来在《沉沦》出版后引起轰动，同时各种抨击甚至漫骂也向郁达夫袭来。郁达夫曾将一本《沉沦》寄给周作人，并给他写信：“我希望你出自内心对我的作品进行批评。上海所有文人都反对我，我正在被迅速埋葬，我希望你是给我唱悲哀的挽歌的最后一个人。”周作人立即在《晨报》副刊上发表文章，力排众议大声疾呼为郁达夫申辩。他指出：“《沉沦》是一件艺术的作品，但他是‘受戒者的文学’（Literature for the initiated），而非一般人的读物。”周作人的文章逐渐平息了封建卫道士对《沉沦》的围攻。

郁达夫到京后住在长兄家，并立即致信周作人请求到府上拜访。周作人回信请他及几个朋友到家中吃饭，鲁迅作陪。当时，周氏兄弟住在西直门内大街南边的八道弯胡同 11 号。在这里他第一次见到仰慕已久的周氏兄弟。他感到他们真是一代宗师的风范，温文尔雅，彬彬有礼，学识渊博。特别是鲁迅更给郁达夫留下了深刻印象，后来他回忆道：“他的脸色很青，胡子那时候已经有了；衣服穿得很单薄，而身体又矮小，所以看起来像是一个和他的年龄不大相称的样子。他的绍兴口音，比一般绍兴人所发的来得柔和，笑声非常之清脆，而笑时眼角上的几条小皱纹，却很是可爱。”

与周氏兄弟在北京的相见也许注定了郁达夫还会再次来京。

1923年10月，郁达夫再次到京，住巡捕厅胡同长兄家，在北京大学任教。

1923年10月初，在北京大学教授统计学的陈启修要到苏联考察。他是郁达夫在东京帝国大学的学兄，因而推荐郁达夫接替自己到北大来教授统计学。郁达夫也想“转换转换空气，振作振作精神”，于是接受邀请再次来到北京。

他离别了妻儿，孤身一人来到北京，仍寄住在自己长兄家。他的长兄住在西城巡捕厅胡同28号一座北京常见的四合院中。巡捕厅胡同是老地名，现在还在吗？改叫什么名称？在郁达夫的自叙传式的小说《薄奠》中，记载了“我”的住址：“进平则门往南一拐，就是南顺城街，南顺城街路东的第一条胡同便是巡捕厅胡同。”平则门是元代的名称。明正统元年（1436年）开始加固北京城墙，完善城门楼建制，正统四年（1439年）为重新修建的各城门命名，改元代的平则门为阜成门，但直至民国年间人们仍俗称其为平则门。阜成门已于20世纪50年代中期拆除，位置大约在现在的阜成门立交桥附近。正对着阜成门内有一条东西向大街，旧称阜成门街，在街南边紧挨着城墙有条南北向小街叫南顺城街。现在这条东西向大街叫阜成门内大街，南北向小街叫阜成门南顺城街。两条街都依然还在，但这里已是一片高楼大厦，被统称北京金融街。在这一片高楼大厦间还有小胡同吗？从现在的北京地图上可以查到阜成门南顺城街以东，阜成门内大街往南的第一条胡同叫民康胡同，经查资料证实它恰是由巡捕厅胡同改名而来。我去实地查访，民康胡同确实还在，是一条东西向小胡同，胡同东口通向太平桥大街。现在小胡同南边已拆除，整条胡同在时尚大厦的包围之中。郁达夫曾住过的28号究竟是哪个院落，已无从查找了。

郁达夫上课的地点并不在沙滩红楼北京大学校本部，而是在北河沿北大分部。每周虽然只有两节课，但不是他钟爱的文学，而是他并不喜欢的枯燥乏味的统计学。况且他又是个地位卑微的讲师，名义上是月薪100元，但教育部一向欠薪，每月只发成两成至四成。郁达夫又陷入了贫困和孤寂之中。

好在他住在兄嫂家，还能享受到家庭温暖。长嫂如母，对他像孩子一样照顾。长兄喜爱诗词，又画得一手好水墨山水画。闲暇之余，兄弟俩一起谈诗论画颇有心得。更可亲的是他的小侄女，活泼可爱。休息日他常带侄女到阜成门外玩耍，直到夕阳挂在柳树梢上，晚霞把河水染红的时候，他们才牵着手慢慢地走回家。冬天护城河水结冰了，他就牵着侄女在冰上走，看着岸上的枯树在冷风里摇晃。有时坐冰车，一直在冰上滑行到西直门……每到这时，郁达夫身心都无比放松，他觉得自己也仿佛回到了孩童时代。他的侄女就是后来的著名画家郁风。

另一件让他更振奋的事是他与鲁迅的交往。因为兄弟失和，1923 年夏鲁迅搬出了八道弯，租住在西四南的砖塔胡同 61 号。

郁达夫到砖塔胡同去拜访鲁迅。他将自己新出版的《茑萝集》带给鲁迅。鲁迅关切地询问他在北京的情况。他们无话不谈，从曹锟贿选大总统一直谈到文学界的种种纷争。朱安太太烫好鲁迅爱喝的绍兴黄酒，炒好几样下酒菜，他们边喝边聊，直到夜深。鲁迅并不同意郁达夫的某些文学见解，在当时争论不休的文坛，鲁迅与许多人发生过争论，但却从未批评过郁达夫。郁达夫敬仰鲁迅，鲁迅欣赏郁达夫，他们结下了诚挚的友谊。

郁达夫十分关心和注意发现、提携文学新人。他去银闸胡同公寓中看望、关怀处于困境中的沈从文的故事是人所共知的。其实对于需要帮助的文学新人，郁达夫真诚、坦率，总是尽自己所能给予帮助。在他的周围很快聚集了一批醉心新文学的青年学子。诗人冯至后来回忆说："有时郁达夫和我们不期而遇，便邀我们到任何一个小饭馆里小酌。我难以忘记的是一个晚春的夜里，断断续续地下着迷蒙的小雨，他引导我们到前门外他所熟悉的酒馆之间，走出一家又走进一家，这样出入了三四家。酒，实际并没有喝多少，可是他的兴致很高，他愤世嫉俗，谈古论今，吟诵他的旧作……"

1924 年春　郁达夫将妻儿接到北京　在什刹海北岸的一个小院安了家

1924 年春，郁达夫将妻子孙荃和长子小龙从故乡富阳接到北京，先是一同住在大哥家，但大哥家太窄小，实在很不方便。一个月后，他在什刹海北岸租到了一个小院，全家搬了过去。据考证，当时郁达夫租住的小院是现在的前海北沿11号，一个不大的院落，院中有枣树和葡萄架。几十年来曾做过住宅、托儿所、居委会，现在其前部是酒吧，后面仍是住宅，但葡萄架和枣树早已不存。问起周边的住户，已没有人知道这里居住过作家郁达夫。

前海（赵敏拍摄）

什刹海(赵敏拍摄)

什刹海北岸就是现在的前海北沿。从地安门西大街向北，穿过著名的荷花市场就到了。前海北沿岸边垂柳依依，风景秀丽。郁风曾在《三叔达夫——一个真正的文人》一文中对那座住宅及周边环境有过细致描述：“一九二四年春天，三婶带着龙儿也从南方来到北京，在我家住了一个多月后就搬到什刹海北岸一所小房去住了。院里有两棵枣树，一架葡萄。三叔搬走以后，我只有礼拜天要求父亲带我去三叔家。夏天我们和他们全家常常穿过门前柳荫去什刹海。当年那儿是个游乐场，有多种北京传统的吃食：撒白糖的莲藕、荷叶粥、冰冻的柿子烙、凉粉，还有各种江湖艺人在那里卖艺。晚上常常是在三叔家吃过晚饭，搬出凳子在葡萄架下喝茶，父亲和三叔谈诗论画，我哄着龙儿弟弟捉萤火虫。”

在前海北沿，郁达夫总算有了一个实实在在的属于自己的家，在这里他感受了家庭的天伦之乐。妻子温柔贤淑，龙儿聪明伶俐。“夫妻两个，日日与龙儿伴乐，闲时也常在北海的荷花深处，及门前的杨柳荫中带龙儿去走走。”

荷花市场牌楼
（赵敏拍摄）

龙儿成为他最大的精神慰藉。心情愉悦了，创作的激情也随之迸发，《一封信》《北国的微音》《十一月初三》《小春天气》等相继完成。

但这样稳定的生活并不长。1925年2月，郁达夫应邀赴武汉任武昌师大文科教授，离开了北京。但在武汉他受到了封建顽固势力的攻击，不到一年又离开了。他先后去了上海、广州……

1926年春，到广州不久的郁达夫接到妻子从北京的来信，告诉他龙儿患了重病。当他心急如焚地赶回北京时，看到家门口贴着白条。可爱的龙儿没有等回他的爸爸，永远离开了他。

龙儿的离世对郁达夫的打击实在太大了。几个月后他离开了北京，再也没有回来。在《一个人在旅途上》一文中，郁达夫叹道："现在去北京远了，去龙儿更远了，自家只一个人，只是伶仃的一个人，在这里继续此生中大约是完不了的飘零。"

这或许是谶语，然而不幸言中。这之后，郁达夫确实一直在漂泊之中，一直漂泊到海浪滔滔、丛林莽莽的东南亚诸岛，直到生命的终结。但在漂泊中他始终边坚持写作，边从事着抗日宣传和救亡活动。

1945年8月29日深夜，郁达夫被日本宪兵秘密逮捕，9月17日杀害于苏门答腊，至今未找到尸骨。中华人民共和国成立后，1952年中央人民政府追认郁达夫为烈士。

在中国现代文学史上，将永远铭刻着作家郁达夫的名字。在中国人民反法西斯斗争史上，也将永远铭刻着烈士郁达夫的名字。

悄悄地离开北京 正如他悄悄地来
——徐志摩的北京情怀

徐志摩是我国近代著名的浪漫派诗人，是中国新文学史上一位勇于尝试的骁将。林语堂在《五四以来的中国文学》中说："最好的诗人还是徐志摩，……他是天分极高的人，在我的朋友中，只有他能把白话写成美丽的语言。"徐志摩的作品在中国现、当代文学史上产生的深刻影响是很难磨灭的，一次又一次的徐志摩热就足以说明他的魅力。

徐志摩是"新月社"发起者之一，后来成为它的灵魂人物，由此产生了中国现代文学史乃至文化史上一个极具影响力的社团，史称"新月派"。徐志摩还曾主编《晨报副刊》，成为他文学社会活动中的重要篇章。

但是徐志摩在不满 35 岁时即因飞机失事而早逝，给中国现代文学留下深深的遗憾。

徐志摩，光绪二十二年十二月十三日（1896 年 1 月 15 日）出生于浙江省海宁县硖石镇，名章垿，字槱森，志摩是赴英留学前自己起的名字。他的父亲徐申如是当地的富商，开有发电厂、电话公司、丝厂等多家企业，曾任硖石商会会长。他对儿子期望颇高，3 岁即送入私塾，后转入新式小学开智学堂，成绩总是全班第一，被誉为"神童"。1911 年春，徐志摩考入杭州府中学堂，这是杭州最好的中学，辛亥革命后更名浙江省第一中学校。郁达夫是他的同班同学，顽皮聪明、不用功而成绩好的徐志摩给他留下了深刻的印象。尽管两人同学不到一年，友谊却保持了终生。

徐志摩初到北京

1915 年夏秋之季，徐志摩中学毕业，考入北京大学预科。当年 9 月徐申如送儿子进京。徐志摩在给伯父的信中翔实地记述了一路行程："二十一日自上海动身当晚抵宁，渡江上津浦车。二十二日午刻过泰山，只见其背峰在云间耳。三时到济南，车站宏伟壮丽，盖德人所经营也。十时半抵天津站，津浦路止此，当晚住中国旅馆。自河北以北，气温骤降，凉风甚厉。二十三日乘八点十分早车进京。十一时抵前门，即正阳门车站。搜检颇不认真，站上有百里叔当差照应。现住金台旅馆，明日迁至蒋宅。"文中提到的"百里叔"即著名爱国将领、军事教育家蒋百里。

蒋百里乳名福，他的堂兄是徐志摩的姑父，徐志摩平日称他为福叔。徐志摩考入北大预科，徐申如即让儿子住在蒋百里家给予照顾。

蒋百里当时住在东城锡拉胡同。锡拉胡同是灯市口西街以南第二条贯通东西的大胡同，东起王府井大街，西至东皇城根南街。明代时这条胡同里有制作锡灯、蜡台等作坊因而得名锡蜡胡同。清宣统时讹称为锡拉胡同至今。这条不长的胡同里有多座大宅门，住过许多历史名人。据传慈禧太后幼年曾在胡同内居住，清末爱国学者、金石学家、甲骨文的发现与识别者王懿荣的宅邸在这条胡同。袁世凯任外务部尚书、军机大臣、内阁总理时也住在这条胡同。解放前夕的北平市市长、爱国人士何思源曾住在锡拉胡同 19 号。国民党特务在 1949 年 1 月 19 日制造了轰动一时的 19 号爆炸案，妄图炸死何思源，阻止北平和平解放。

蒋宅是当时胡同内还很少见的一座西式房子，但具体位置已不可考。这里离北大所在的沙滩很近，徐志摩去北大读书是很方便的。

第一次来京，徐志摩住的时间并不长。3 个月后，1915 年 12 月他回乡与张幼仪完婚。婚后就近入上海沪江大学预科。

徐志摩第二次进京却绕了一个圈。1916 年冬，他考入天津北洋大学法科预科，预科毕业后原应升入北洋大学法科。但1917年秋升入本科时，北洋大学法科并入北京大学，于是徐志摩第二次来到北京，入北京大学法科学习。这时蒋百里已回南方。徐志摩住在了蜡库胡同。

蜡库胡同在景山东街的东北方向。皇城的东北角明清时是内务府二十四衙门所在地，专门负责皇宫的后勤服务，也是皇宫御用作坊及仓库集中地。如帘子胡同是存放帷帐帘子的库房，蜡库胡同是供应皇宫内蜡烛照明用具的库房。民国后已成为普通居民居住的小胡同。这里离北京大学更近，往返更方便。

在京期间，他的妻兄张君劢为他办了一件大事。张君劢原是梁启超的弟子。1918年夏，他说服老师收下了他的妹夫做弟子，这对徐志摩的一生都有重大影响。

徐志摩去美英留学

1918年8月，徐志摩离京赴美留学。仅用两年时间先后获克拉克大学历史系一等荣誉学士学位和纽约哥伦比亚大学政治学硕士学位。徐志摩并不满足，1920年9月，他又赴英攻读博士。

到英后，他先入伦敦大学政治经济学院，后转入剑桥大学皇家学院。徐志摩是一个爱热闹的人，到英不久，他就认识了许多中国留学生和来英考察的中国学者，包括在英国游历的林长民与他的女儿林徽因。徐志摩对林长民十分景仰，尽管两人年龄相差甚大，但很谈得来，不久便成为忘年交。他对美貌、纯真而又才情横溢的林徽因更是一见倾心，不顾一切地追求她，不断地与她约会。他们谈文学，谈诗歌，出入于剧场、公园……徐志摩全身心沉浸在爱里。他兴奋、喜悦、精神焕发。但同时他也惶惑、痛苦、六神无主。他不能再容忍与张幼仪无爱的婚姻。他一度离家出走，最终于1922年3月，由几个朋友做证，与张幼仪办理了离婚手续。

但等待他的并不是与林徽因的婚姻，美丽多才的林徽因固然对徐志摩不无情愫，但她毕竟才十几岁，她的感情只是懵懵懂懂的，她并没有完全坠入爱河。就在徐、张离婚之前，她已经随父回国了。

徐志摩在北大和留美期间学的都是政治，他写的文章也多是梁启超式的政论。留英以后，尽管仍然学的政治学，但也许是因为对林徽因炽热浪漫的爱，也许是因为与英国作家狄更生、曼斯斐尔德等的交往而受到影响，更或许是剑桥（徐志摩叫康桥）诗情画意的景致与情调触发了他内心深处原本就存在的诗的灵感，他开始写诗了，并一发不可收拾。10 年后他回忆说："我的诗情真有些像山洪暴发，不分方向地乱冲。那就是我最早写诗那半年，生命受了一种伟大力量的震撼，什么半成熟的未成熟的意念都在指顾间散作缤纷的花雨。"

徐志摩回京后住在石虎胡同七号

1922 年 8 月，徐志摩舍弃了不久将可得到的剑桥大学博士学位，突然决定回国。这其中原因可能很多，但回国继续追求林徽因肯定是重要因素。回国后在上海、南京稍作停留，于 1922 年 12 月初到达北京。

到京后，徐志摩先住在与他同行的瞿秋白本家弟弟瞿菊农家，地址在东板桥妞妞房。但住处狭小，不方便，他又搬到了丞相胡同陈博生处。不久，经梁启超安排，他到松坡图书馆二部任英文干事，搬到该馆所在地石虎胡同七号居住（现小石虎胡同 33 号）。

松坡图书馆是为纪念蔡锷将军而建的（蔡锷字松坡）。馆址有两处，一处在北海快雪堂，收藏中文图书；另一处在石虎胡同七号，专藏西文图书，称松坡图书馆二部。松坡图书馆馆长是梁启超，图书馆部主任是蒋百里，实际负责馆务的是总务部主任蹇季常。

小石虎胡同是西单北大街路东从南数起的第二条胡同，西起西单北大街，东至横二条，全长不足 200 米。传说胡同里原有一座古庙，庙前有座石雕小虎，胡同因而得名石虎胡同。1965 年整顿地名时改称小石虎胡同。在这条短短的胡同里却有相袭数百年的老宅院。众多历史名人与这里结缘，见证了许多历史事件。

小石虎胡同路牌（赵敏拍摄）

右翼宗学（赵敏拍摄）

这座老宅仅有文字记述的历史就可以追溯到明代。明初这里是常州会馆，是京城最早的会馆之一。到了明末这里成为大学士周延儒的宅第。周延儒在崇祯朝曾两度为相，却无所作为，渎职，最终崇祯勒令其自尽。明朝也走到了末日。

清初，这里成了建宁公主府。许多人是在金庸先生的武侠小说中得识建宁公主的。《鹿鼎记》中建宁公主刁蛮任性，颇受康熙皇帝“哥哥”的宠爱，后来成为韦小宝的七位夫人之一，但这不是历史。在真实的历史上，建宁公主是清太宗皇太极的第 14 个女儿，比康熙皇帝大了一辈，是康熙的姑姑。顺治十年（1653 年）下嫁给平西王吴三桂的儿子吴应熊。当时的吴额驸府似不在这里，而是在南长街南口以西的南府花园。在吴三桂反叛，其子吴应熊及其孙吴世琳被诛之后，失去了丈夫与儿子的建宁公主搬到了这里，凄凉地度过了余生。康熙皇帝对这位姑姑还不错，经常下诏给予慰藉，谓其“为叛寇所累”。

清雍正时订立了宗学制度，规定凡王、贝勒、贝子、公、将军及闲散宗室弟子，年 18 岁以下者都可入宗学读书，学习满汉文字、经史文艺等。雍正二年（1724 年）分设了左右两翼宗学，其中右翼宗学就设在原建宁公主府。

在右翼宗学中有一位才华横溢而又狂傲不羁的“邻曲”（教习），他就是后来写作了千古奇书《红楼梦》的曹雪芹。当时曹家已经败落，为生计所迫，曹雪芹到右翼宗学供职。在这里结识了他人生中最重要的两位朋友：同样落魄的宗室子弟敦敏、敦诚兄弟。相似的遭遇使他们一见如故，成为推心置腹的朋友。他们一起高谈阔论，吟诗作画，度过了多少个不眠之夜。院中那棵老枣树见证了他们这段友谊佳话。还有一种说法，曹雪芹并没有在右翼宗学任职。他当时在石虎胡同的敦惠伯府里当西宾，即相当于家庭教师的职务。敦惠伯府与右翼宗学很近，曹雪芹常去宗学里与敦敏、敦诚兄弟相聚。不论哪种说法，在“蒜市口十七间半”被拆之后，小石虎胡同的右翼宗学都是曹雪芹在北京唯一没有争议的生活遗迹，因而被红学家格外看重。

绵德贝子府（赵敏拍摄）

乾隆年间，右翼宗学搬到了绒线胡同新址，名臣裘曰修被赐居在此宅。裘曰修号漫士，江西新建人，曾官至礼、刑、工部尚书、军机处行走等要职。裘曰修性喜交友，待客热情，在朝中人缘极好。他搬来后特在前院修了两间厅房，名曰“好春轩”，专门用以待客。当时不少官员下朝后沿西长安街西行，拐过西单牌楼，都要到裘宅的“好春轩”小座。此处成为官员们的聚会之所。裘曰修之后，学者毕沅又曾在此居住，直至乾隆四十四年此宅改为绵德贝子府。府主是乾隆的长孙绵德，是完全遵循贝子府的规制建造的。民国初年，宅子传到绵德的五世孙毓祥手中，此府又被称为祥公府。后毓祥从府中迁出，蒙藏院在此开办蒙藏专门学校。民国初年，在此建立蒙藏专门学校后不久，贝子府的东院石虎胡同七号被辟为松坡图书馆外文部。1923 年秋，李大钊、邓中夏等来校开展革命活动。乌兰夫、奎壁、吉雅泰等曾在这里读书，在这里加入中国共产党，成为第一批蒙古族党员，并在此组建了蒙古族第一个党支部。石虎胡同留下了他们最初的革命足迹。

一条小胡同、一座老宅院，却隐藏着这么悠久的历史，这么曲折的变迁，而又能够梳理得这么清楚明白，这或许就是古老北京的魅力所在吧。

但是如今人们很难在西单闹市找到这条胡同。它完全湮没在现代商业的繁华之中，成为众多商铺中的一条甬路。这一片商城叫作民族大世界，而原在胡同路北的古宅也成了商城的一部分。古宅已完全失去了古色古香的原貌，无论是厅、堂、游廊还是院落均被商贩占据，堆满琳琅满目的商品。磨砖对缝的墙面上到处是孔洞，屋檐下的彩绘早已剥落，蛛网般的电线随意盘结，院内一棵树龄达600余年、被誉为京都“第一古枣”的老枣树，苍劲的虬枝艰难地从各种临时建筑的夹缝中向外伸展……

尽管古宅被商家搞得早已不见了当年的风采，但所幸基本格局未被破坏。原府分为东西两路，主路为西路，如今仍保存着三进院落格局。府门、正厅、过厅、后厅、东西配房等虽然被违章建筑遮挡着，却都保存较完好。东路院落较小，虽有部分破坏，但并不影响整个格局。最可欣慰的是，府门在违章建筑掩藏下完好无损地保留了下来，而其他大部分贝子府门都已损坏。经古建筑专家鉴定，认为这座贝子府是北京现存最完整的贝子府。

更可喜的是市文物局已下达安全整改责任通知书，要求有关部门无条件撤走古建内的商贩，对古建及时进行修缮，恢复贝子府的原貌。

曹雪芹，中国古典文学的一座高峰；徐志摩，中国近代诗歌的一位开创者，他们竟在同一片屋檐下，同一所庭院中读书、交友、思索，酝酿着新的更光彩的篇章，这是怎样的一种巧合？这种巧合折射了怎样厚重的文化底蕴？

在打理图书馆事务的同时，精力充沛的徐志摩还勤奋写作，四处投稿。他的诗文和译作接连在《努力周报》《晨报副刊》《时事新报·学灯》等报刊上发表。他的诗以清新的气息、细腻的情感、空灵的文笔很快引起文坛的关注，成为诗坛上一颗耀眼的新星。

1923年春，徐志摩应聘为北京大学英文系教授。

在石虎胡同七号成立“新月社”

徐志摩居住时，石虎胡同七号还是保存相当完好的典型北京四合院，幽静娴雅，古色古香。庭院正中一棵百岁古槐与几株海棠树参差站立着，相映成趣，旁伴有藤牵萝绕。徐志摩很喜欢这个院落。他特意写了一首诗《石虎胡同七号》，纪念那段生活。他将庭院的景物拟人化，写“藤娘”“槐翁”“棠姑”，写得极富诗情画意。

徐志摩热情好客，交友广泛，又刚留学归来，便将时尚的西方交际方式带回国内。在石虎胡同7号呼朋唤友，定期聚会，类似国外的文艺沙龙。当时常参加聚会的有胡适、梁实秋、陈西滢、林语堂等学者文人，也有梁启超、林长民、张君劢等社会名流。

在1824年春，徐志摩在他的住室“好春轩”门外正式挂出了“新月社”的牌子。“新月”二字是套用了印度诗人泰戈尔的一部诗集《新月集》的名字。徐志摩很崇拜泰戈尔，对“新月”二字尤感兴趣，因而借用了这两个字。

“新月社”成立初衷是演戏。徐志摩在《致新月社同人信》中说：“我们当初想望的是什么呢？当然只是书呆子的梦想！我们想做戏，我们想集合几个人的力量，自编戏自演，要得的请人来看，要不得的反正自己好玩。”但后来他们期望致力的戏剧事业进展得并不顺利，但却并没有影响“新月社”的发展。以致后来新月社成为中国现代文学史上一个以留学欧美的知识分子为主体的影响深远的文化社团。

1925年1月，银行家黄子美租下了宣武门以东、北新华街东侧东松树胡同7号的一所房子。“新月社”搬了过去，并正式命名为“新月社俱乐部”。不久，徐志摩也由小石虎胡同搬到了这里。这里条件更好，徐志摩曾欣喜地说“房子不错，布置不坏，厨子合适，什么都好……有舒服的沙发躺，有可口的饭菜吃，有相当的书报看”。看来，有实业家的支持与参与，“新月社俱乐部”比当时一些文学团体经济上宽裕多了。他们的活动也更丰富，除聚餐、读书会、读诗会外，还举行过新年舞会、元宵灯会、中秋赏月会、古琴书画会等活动。

泰戈尔访华 徐志摩林徽因陪伴

徐志摩匆匆由英国返华，但不巧的是就在他到京之前，林徽因与梁启超之子梁思成已经确定了恋爱关系，是否行订婚礼两家正在协商中，徐志摩顿时陷入尴尬之中。但他仍不放弃对林徽因的执着追求。北海公园快雪堂是一处幽静古雅的院落，当时作为松坡图书馆一部，星期天不对外开放，正好成为梁思成、林徽因周日约会的好去处。徐志摩知道这个秘密后，也不时去那里找林徽因。起初梁思成也不好说什么，因为徐志摩是父亲的弟子，未来岳父的朋友，又是松坡图书馆的职工。但去的次数多了，自然引起梁的反感。他在院门上贴了一张便条，上书：Lovers want to be left alone（情人不愿受干扰）。徐志摩知道自己成为不受欢迎的人，只好无奈地离开。

徐志摩林徽因陪同泰戈尔

印度大诗人泰戈尔访华给了徐志摩接触林徽因一次极好的机缘。

由梁启超、蔡元培、汪大燮三人共同发起的讲学社预定每年邀请一位国际驰名学者来华进行访问，举行演讲会。杜威、罗素等来华都是讲学社邀请的。1923年讲学社动议邀请泰戈尔访华，并决定由徐志摩担任全程翻译与陪同。

1924年4月12日，泰戈尔一行到达上海。徐志摩提前到达上海，后由徐志摩陪同经南京、济南于4月23日到达北京。先住东长安街北京饭店，后住史家胡同克利饭店，并一度住清华学堂工字厅，徐志摩一直陪同并担任翻译。在北京林徽因也时常陪伴泰戈尔，协助徐志摩做翻译。

4月26日，梁启超、蒋百里、熊希龄等各界名流在北海静心斋设宴欢迎泰戈尔一行。4月28日，泰戈尔在先农坛与北京青年学生见面并发表演讲，徐志摩、林徽因陪伴左右。当他们三人出现在会场时，立即引起轰动，曾有人描述当时的情景："林小姐（徽因）人艳如花，和老诗人挽臂而行，加上长袍白面郊寒岛瘦的徐志摩，犹如松竹梅的三友图。"在北京美丽的初夏，徐、林陪同泰戈尔游览古老的法源寺，欣赏寺中名盛一时的丁香花，他们还陪同泰戈尔在珠市口真光剧院欣赏梅兰芳新编的《洛神》。

法源寺大雄宝殿（赵敏拍摄）

法源寺天王殿（赵敏拍摄）

在北京的活动最使泰戈尔难忘的是为他庆寿。1924 年 5 月 8 日是泰戈尔 64 岁华诞。热情的中国主人为老人举行了隆重的庆寿活动。活动在东单三条协和医院小礼堂举办。胡适代表中国知识界送给寿星十几幅名画和一件古瓷作为寿礼。梁启超将一方鸡血石印章献给老人，上面镌刻着赠给他的中国名字"竺震旦"。祝寿活动的重头戏是献演已排练多日的泰戈尔的戏剧《齐德拉》。这是一出表现王子与公主浪漫爱情故事的戏。由林徽因饰演公主齐德拉，张歆海饰演王子，徐志摩饰演爱神，戏中的布景则由梁思成绘制。演出是高水

协和医学院礼堂（赵敏拍摄）

平的，对白全用英语，泰戈尔看得十分感动。

在接待泰戈尔期间，徐志摩与林徽因再次频繁接触，徐志摩再坠爱河。林徽因对徐志摩往昔的情感也再次萌动。但林徽因与梁思成的婚约已阻挡在他们之间。5月20日，泰戈尔一行离京前往太原，徐志摩陪同前往，林徽因去车站送行。这是他们这一段接触中最后一次见面。不久，林徽因与梁思成一同赴美留学。

徐志摩与陆小曼的热恋风潮

陆小曼，名眉，江苏常州人，1903年11月生于上海，八九岁时来到北京。她的父亲陆定是前清举人，东渡日本留学。回国后入财政部供职，先后任参事、赋税司司长等20余年。陆小曼天生丽质，聪明活泼，从小受到良好的教育，中、英、法文俱佳又能歌善舞，十几岁时就成为北京社交界的名媛。1920年，陆小曼与王赓成婚。王留美多年，毕业于美国西点军校，巴黎和谈期间为中国代表团的上校武官，当时在外交部任职。这样一位青年才俊做自己的乘龙快婿陆定夫妇是极为满意的。但王赓是军人，刻板守礼有余而热情不足，又兼公务繁忙，没有多余时间陪伴爱妻，这不免让生性活泼、正当芳龄的陆小曼常感到寂寞难耐。

徐志摩与陆小曼大约是在泰戈尔访华期间相识的。在5月8日为泰戈尔庆寿献演《齐德拉》那天，陆小曼不是演员，却负责站在协和小礼堂门边发送说明书。社交界的名媛眉目若画、满面春风地站在门旁招待来宾能不引来人人侧目吗？能不引来天性爱美的徐志摩与之相识吗？

郁达夫的夫人王映霞提供了他们相识的另一个版本："1924年，陆小曼在交际场所，一个偶然的机会，遇见了徐志摩。他也是跳舞能手，爵士音乐一响，他们就欣然起舞，跳个不停……他们两个，一个是窈窕淑女，情意绵绵；一个是江南才子，风度翩翩；一个是朵含露玫瑰，一个是首抒情的新诗，干柴碰上烈火，怎样会不迸发出爱情的火花？"

或许他们相识得更早些。徐志摩与王赓都是梁启超的弟子，徐志摩从英国回京不久他们就相识了。在拜访王赓时又认识了他的夫人陆小曼。徐志摩与王赓夫妇还有另几位朋友常在假期里一起到六国饭店跳舞，或同看京戏，或同游西山，越来越熟了。而在非节假日徐志摩来邀王赓夫妇，王赓总是推脱："志摩，我忙，我不去，叫小曼陪你去玩吧。"而若陆小曼想游玩时，王赓先想到的总是徐志摩："小曼，我没空，找志摩陪你去吧！"徐、陆接触的机会越来越多了。他们仿佛相互在对方身上发现了自己渴望已久的东西。徐志摩在陆小曼身上发现了他终生追求的"美"，而陆小曼在徐志摩身上发现了自己渴望的"真"。两颗灼热的心碰在了一起，爱的烈焰立即燃烧起来。他们不顾一切地相爱，在北京的社交场合，他们出双入对，在古都的风景名胜他们相依相偎，北京城里围绕着他们两人的"桃色事件"掀起了一阵轩然大波，新闻界、社交界议论纷纷。最终已调往哈尔滨任职的王赓也察觉了。

他们不能不顾及舆论，陆小曼躲到西山养病，徐志摩于1925年3月离京经莫斯科赴欧洲暂避。

徐志摩陆小曼在兵部洼中街共筑爱巢

同年7月，舆论稍有平息，徐志摩回国了。这时陆家对徐志摩已不再反感，同意了他与小曼的婚事。在著名画家刘海粟的调解下，王赓也同意了与小曼离婚。

回京后，徐志摩在北京中街租下了一处院落，陆小曼搬来与他同住。不少有关徐志摩的传记中都写他回国后在北京中街租了房子。

但北京叫中街的街不止一条，如东直门外的新中街等。究竟是哪一条呢？历史学家顾颉刚在他1925年底写的日记中无意给出了答案。日记附有友人通讯录，其中徐志摩是"兵部洼中街39号"，这恰与徐志摩迁入中街的时间相近。因此多种传记中所写的中街即兵部洼中街，也即现在的兵部洼胡同，就在东松树胡同以东。胡同南北向，北接石碑胡同，南至前门西大街。

兵部洼中街39号是一处不错的院落。院中有一片小花园，徐志摩记述了院中的情景："曼又正迁居到西屋，窗前安着书桌；窗外一株寡妇相的丁香靠近墙边百无聊赖地站着，但它多少有几张青叶子，看着也不无安慰。偏左一株樱桃，几星期前，勉强放了几朵珠子大小的寒伧花朵，随后气也不喘一声，就僵僵地站着死了；也不顾它左右年轻的玫瑰看了灰心。我们打算一半天把它挖了去，也好保全这小园春色的体面不是？”

徐志摩有了新住处，他的家又成了新月社朋友聚会的地方，几乎每个周四都有聚会，很是热闹。当然这一段时间，徐志摩也不禁沉浸在与陆小曼的热恋中。1925 年 10 月，徐志摩接任《晨报副刊》主编，这是他颇有光彩但也充满争议的一段文学活动。

《晨报》是我国现代史上著名的大报，1916 年 8 月由梁启超等创刊于北京。它的副刊《晨报副刊》也被誉为中国报业“四大副刊”之一。从 1920 年开始一直由鲁迅先生的学生孙伏园主编。鲁迅的名作《阿 Q 正传》等都在《晨报副刊》上连载。1925 年，由于报社的人事矛盾，孙伏园辞职，1925 年 10 月，徐志摩接任主编。

徐志摩主编《晨报副刊》的时间不过一年，但却是他文学活动中很重要的一个时期。他以《晨报副刊》为纽带，将“新月社”成员联系起来，经常刊登他们的作品。《晨报副刊》仿佛成了“新月社”的一块阵地。他也在这里提携青年作家，沈从文的多篇作品都是在这里发表的。他还在《晨报副刊》上先后创办了《诗刊》《剧刊》，对新诗、新剧的发展都有重大影响。他也在这里引发了关于“闲话事件”“苏俄是敌是友”等多场激烈争论。

徐志摩陆小曼在北海公园举办婚礼

徐、陆虽已同居多日，对于他们的婚姻陆家和王赓都松了口，但正式结婚还要等徐父徐申如答应。直到 1926 年初，张幼仪取道西伯利亚回国，徐申如征询张幼仪对徐、陆婚姻的意见，亲耳听到了张幼仪“不反对”的答复，徐申如才最后同意了儿子的婚事，并附加了三个条件：一是结婚费用自理；二是梁启超做证婚人；三是婚后南下安分守己地过日子。徐志摩全部答应，才终于迎来了结婚的机会。

1926年8月14日正是农历七月七日乞巧节，徐志摩与陆小曼的订婚典礼在北海董事会举办。参加典礼的梁实秋记述说："北海有两个好去处，一个是濠濮间，曲折自然，有雅淡之趣，只是游人多了就没意思；另一个是北海董事会，方塘里一泓清水，有亭榭，有厅堂，因对外不开放，幽清宜人。那一天，可并不静，衣香钗影，士女如云，好像有百八十人的样子。在我这一辈中，我也许是最年纪小的一个（不，有一个比我还小两岁的，那便是叶公超，当时大家都唤他为'小叶'）。在这一集会中我见到许多人，如杨今甫、丁西林、任叔永、陈蘅哲、陈西滢、唐有壬、邓以蛰，等等。我忝陪末座，却喝了不少酒。"

一个月后的10月3日，农历八月二十七，恰是孔子的诞辰日，结婚典礼仍在北海举行。不过这次地点换在了画舫斋，环境更清幽，也更宽敞。来宾有二百多人，赵元任和陈寅恪专程从城外的清华赶来，金岳霖充当伴郎。胡适虽为介绍人，但因在国外，没有出席。新郎的父母都没有出席。王赓却不失体统地送来了贺礼。

梁启超在胡适的再三恳请下很不情愿地来做这场婚礼的证婚人，发表了一篇可以说前无古人、后也很难再有来者的证婚词。他极为严肃地说："志摩、小曼皆为过来人，希望勿再作过来人。徐志摩！你这个人性情浮躁，所以在学问方面没有成就，你这个人用情不专，以致离婚再娶……陆小曼！你要认真做人，你要尽妇道之职。你今后不可以妨害徐志摩的事业……你们两人都是过来人，离过婚又重新结婚，都是用情不专。以后要痛自悔悟，重新做人！愿你们这是最后一次结婚！"

婚礼后不久，新婚夫妇即南下回到了老家硖石，住在了父亲为儿子新盖的楼房里。但1926年底，北伐军逼近杭州，硖石一带处于战争中心，新婚夫妇仓促之中移居上海。

在京沪之间的奔波

陆小曼一到上海便如鱼得水，很快融入上流社交圈，跳舞、打牌、玩票、捧戏子成了她生活的最大乐趣。而纸醉金迷的生活是需要大量金钱来支撑的，经济拮据成了最大难题。为了应付越来越庞大的家庭开支，徐志摩不得不四处兼职，接各种各样的稿件，四处奔波，疲于奔命。王映霞曾说："志摩只得在光华大学、东吴大学、上海法学院、南京中央大学，以至北平北京大学，到处兼课，拼命挣钱，以博小曼一笑。"

到北京大学教书，已是 1931 年春天的事。临行前徐志摩给胡适写信，希望住在胡适家："我想你家比较宽舒，外加书香得可爱，就给我楼上的那一间吧。" 1931 年 2 月 24 日，徐志摩抵北平。当时胡适住在地安门内大街米粮库胡同 4 号，是一座有暖气、有卫生间的条件相当好的西式楼房，还有一个很大的庭院。胡适夫妇将楼上向阳的一大间收拾好给徐志摩住。胡适对徐志摩很关照，他嘱咐当时同住在他家的罗尔纲多照顾徐。休息时陪他到北海公园散步，晚上清闲时，胡适也常上楼来与徐聊天。

徐志摩多次劝陆小曼移居北平，但过惯了上海奢华生活的陆小曼均拒绝了。徐志摩在北平也看了几处房子，但既然陆小曼不来，他若在北平另开门户，费用更大。他也就不再找房子。胡适在米粮库的家成了徐志摩在北平的最后居所。

陆小曼不北上，徐志摩只好在平沪之间频繁往返，仅 1931 年上半年一个学期，他就在平沪间往返奔波了八次。为了省钱，徐志摩常搭乘别人的顺路飞机或使用朋友送的免费机票。

1931 年 10 月底，陆小曼因经济窘迫急电催徐志摩返沪。徐志摩预定搭乘顾维钧去南京的张学良的专机。但飞机一再延期，这倒给了他时间跟在北平的几乎所有朋友道了别。临行前，他给林徽因留了一张字条，说："定明早六时起飞，此去存亡不卜……"林徽因看后即刻给胡适家打电话，劝他不要坐飞机走。徐志摩却说："你放心，很稳当的，我还要留着生命看更伟大的事迹呢，哪能便死？"

11 月 11 日晨 6 时，飞机终于起飞，12 时平安到南京。他去看望了张歆海、韩湘眉夫妇，夜乘火车抵沪。这次见面，他和陆小曼闹得很不愉快。他劝小曼戒除鸦片，引起小曼大闹。

11月19日晨8时，徐志摩从南京搭乘一架运送邮件的小飞机北上。登机前，他给陆小曼发了一封短信，说：“徐州有大雾，头痛不想走了，准备返沪。”但最终他还是登上了飞机。当日中午12时半，飞机在济南遇大雾，在党家庄附近触山坠落。飞机上徐志摩、驾驶员等三人同时遇难。

12月6日，在北京大学二院召开徐志摩追悼会。12月20日，在上海举行公祭，安葬于硖石东山。

他轻轻地走了，正如他诗中所写：“悄悄的我走了，正如我悄悄的来；我挥一挥衣袖，不带走一片云彩。”

“京味儿”作家老舍的京味生活

老舍是以“京味儿”闻名于世的作家。他生在北京，长在北京，去世也在北京。他的经典作品大都是以北京为地理背景，用经过提炼的准确、精练而又生动的北京话，写北京，写北京人，写北京人的生活。让我们随着老舍的生活轨迹，回味他的京味生活，以纪念这位伟大的人民作家。

老舍的出生地：护国寺小羊圈胡同

出了护国寺大街西口沿着新街口南大街往北走不远，路东有一条极不起眼的小胡同，现在叫小杨家胡同。它极狭窄，又夹在两边的铺面房之间，稍不留意就会错过。这胡同就是著名作家老舍先生的出生地。他出生时这里叫小羊圈胡同。

1899 年 2 月 3 日，清末光绪二十五年阴历腊月二十三过小年的日子。天快亮时，在一片鞭炮声中，老舍出生了。他后来诙谐地写道：“灶王爷上了天，我却落了地。这不能不叫姑母思考思考：这小子的来历不小啊！说不定，灶王爷身边的小童儿因为贪吃糖果，没来得及上天，就留在这里了呢！”但是小年出生并没有给老舍带来好运。他出生的第二年八国联军入侵北京。他的父亲，一位守卫皇城的满族士兵便战死在街头。老舍失去父亲，一家生活也更贫困了。老舍在这条小胡同内，在这个狭窄的小院中度过了他贫穷、孤寂然而也有快乐与向往的童年与少年时代。他曾回忆说：“那里是我的家，我生在那里，长在那里，那里的一草一木都是我的生活标记。”他后来曾在多部作品如《小人物自述》《四世同堂》《正红旗下》中写到过自己的出生地。他曾这样描述小羊圈胡同：“说不定，这个地方在当初或者真是个羊圈。因为它不像一般的北平的胡同那样直直的，或略微有一两个弯儿，而是颇像一个葫芦。通到西大街去的是葫芦嘴和脖子，很细很长，而且很脏。葫芦的嘴是那么窄小，人们若不留心细找，或向邮差打听，便很容易忽略过去。进了葫芦脖子，看见墙根堆着的垃圾，你才敢放胆向里面走，像哥伦布看到海上漂浮着的东西才敢向前进那样。走了几十步，忽然眼一亮，你看见了葫芦的胸：一个东西有四十步、南北有三十步的圆圈，中间有两棵大槐树，四周有六七家人家。再往前走，又是一个小巷——葫芦的腰，穿过‘腰’又是一块空地，比‘胸’大着两倍，这便是葫芦的‘肚’了。‘胸’和‘肚’大概就是羊圈吧！”就在胡同“胸”的东侧有两个门，靠南的一个，原门牌5号，现在是8号，里面是一个狭长的小院，有三间北房、两间耳房。小院的后面，有一个大坑，那里是倒垃圾与污水的地方，是蚊蝇大本营。无论冬夏，总是臭气熏天。这里是穷人的世界。老舍就出生在这个小院北房的东间。起名舒庆春，字舍予，老舍是后来写作时用的笔名。

小杨家胡同（赵敏拍摄）

小杨家胡同变化不大，基本还保留着老舍所描述的模样。老舍14岁离开小杨家胡同。但他一辈子怀着对故土的爱，用心灵写出一部部传世佳作，奉献给他的人民。

老舍虚岁9岁时才在一位慈善家刘寿绵资助下上了一所改良式私塾。私塾在离小羊圈胡同不远的正觉胡同内的正觉寺内。两年后他转入西直门内大街路南，高井胡同对面的京师公立第二两等小学堂，插入初小三年级。辛亥革命后，公立第二两等小学堂改为女校，老舍和所有男生转入南草厂京师第十三高等小学，在这里读到小学毕业。

14 岁之前，老舍一直和母亲住在小羊圈胡同，生活在北京内城的西北角，护国寺至西直门一带。

老舍的中学时代 北京师范学校

小学毕业的老舍面临着人生的一个十字路口，是干活养家糊口，还是继续升学？像老舍这样的贫穷人家，孩子上学到高小毕业已属不易，理该找个工作赚钱养家。母亲和亲戚们都是这样想的，老舍也不忍心母亲再为自己吃苦受累。但好学上进的老舍，不舍得放弃学业，内心一个声音告诉他：不要重复父兄走过的老路，继续求学，寻求新的出路。

1913 年初，老舍报考了位于祖家街的京师公立第三中学。他与他的小学同学，日后成为著名语言学家的罗常培一起被录取。

祖家街东起赵登禹路，西至育幼胡同。明朝时称大桥胡同，清初在胡同东口路北建祖大寿宅邸，因而这条不长的胡同被改称祖家街，1965 后年改为富国街。

祖大寿是明末将领，辽东宁远（今辽宁兴城）人，先祖世代守卫宁远。他姐姐是吴三桂的继母，吴三桂应算是他的外甥。他本人曾是明末爱国军事家袁崇焕手下的一员干将，骁勇善战，屡建奇功。后因袁崇焕被诬陷入狱，他愤而率兵出关，后经几次反复，最终降清。清兵入关后，他在祖家街的宅邸里住了 12 年，直至清顺治十三年（1656 年）在此病故。他死后住宅改为祠堂，称祖大寿祠。

清雍正八年（1730 年）清政府开设八旗官学，正黄旗官学设在了祖大寿祠，乾隆三十四年（1769 年）重修。1912 年，这里被改建为京师公立第三中学，1950 年改为北京市第三中学。

北京有多少宏大的庙宇、华贵的王府被损毁、被拆迁，已经无迹可寻或面目全非，但值得庆幸的是祖大寿祠保存、维护得十分完好。它现在是富国街3号，坐北朝南，中轴线上有府门三间、过厅三间，前院正厅五间，东西耳房各一间。后院后寝五间，东西耳房各两间，东西配房各三间。另有

北京三中（祖大寿祠）（赵敏拍摄）

西跨院和花园，是典型的清朝官僚住宅的格局。在前后院之间有一座规模很大、极为精美的垂花门，在北京的住宅中十分少见。在打通平安大街和扩建赵登禹路时都特意避开了祖大寿祠。北京三中对古建更是爱护有加。他们在学校扩建时，将新教学楼建在西边，没有拆除旧建筑。现在的三中是传统祠堂与崭新的教学楼东西并存，各得其所。1995年，三中在原老舍先生读书的教室里开设了老舍陈列室，老舍夫人胡絜青女士亲自剪彩。

三中虽好，无奈老舍交不起学费，在这里仅读了半年。正当老舍为学费犯愁时，偶然得到了一个消息：北京师范学校招生，那里不交学费，而且食宿全部免费，还发制服。这对老舍不啻是一个天大的喜讯，他立即报名。

当年录取名额为50名，而报名者多达千人，竞争非常激烈。经过体检、初试、复试，老舍被录取了。但学生要先交10元保证金才能入学。这对老舍家无疑是一笔“巨款”。老舍母亲四处借贷，最后卖掉老舍嫂子过门陪嫁的木箱子才凑够这笔钱。入学后，老舍离开小羊圈胡同，搬入学校宿舍住。

北京师范学校原为京师第一师范学堂，1912年6月改组为北京师范学校，属北洋政府教育部管辖。这是一所新型学校，学制五年，一年预科，四年本科，以培养小学师资为办学宗旨。学校设施良好，师资优秀，学风端正。在这里的五年学习生活，老舍进步飞速，为他一生的发展奠定了良好的基础。校长方唯一是江南文坛巨匠，国学造诣深厚。他对老舍很器重，欣赏他的文学才华，常为他改诗，鼓励他写作。在同学中，老舍也很受欢迎。他是足球队的守门员，又是校乐队的鼓手。他擅长讲演，口齿清楚，思维敏捷，幽默

风趣又极富鼓动性。他的演说常引来听众的开怀大笑和阵阵掌声。1918 年夏，老舍以全校第五名的优异成绩完成了学业。

师范学校校址在西城端王府夹道，就在富国街的西北边。北起大觉胡同，南至翠花横街。它的西侧清代曾是果亲王府，因而此夹道称王府夹道。后果亲王府易主为端亲王载漪府邸，夹道改称端王府夹道。1965 年改称育幼胡同。义和团运动中，载漪任总理各国事务衙门大臣，主张利用义和团对付洋人，端王府成为义和团总坛口。八国联军攻占北京时，联军对端王府大加破坏，几乎夷为平地。民国时端亲王府与其西侧的诚亲王府先后被改作艺徒学校、北洋大学北平部工学院、北平大学工学院等。北京师范学校也占用其一隅。1953 年此处辟为官园体育场。“十年内乱”中曾作为中央“文革”的办公地，在这里盖了多座两层至三层的精美楼房。1982 年改为中国儿童少年活动中心，旧有的房屋已无踪迹。

步入社会 老舍的教师生涯

1918 年，刚出校门，年仅 19 岁的老舍被派往京师第十七高等国民小学校任校长。刚毕业就任校长，这在当今是不可想象的，在当时的北京师范学校也是破天荒。1918 年 9 月 15 日的《京师教育报》第 5 卷第 5 号曾刊登了关于老舍的委任令：

委任令　第二一号

七月十八日

兹派舒庆春为京师公立第十七高等小学校兼国民学校校长。此令。

激情难抑的老舍对母亲说：“以后，您可以歇一歇了！”老母亲的回答是一连串的眼泪。意气风发的老舍率五名同时分到此校的同学一起走马上任。老舍年轻热情，办事认真，当时又正值“五四”时期。他上任后以饱满的爱国精神，大胆采用新教材，开设新课程，实施新的学生管理，使学校面貌焕然一新，在当时的北京教育界颇有名气。第二年，京师学务局局长派四名优秀的小学校长赴江苏、上海一带考察，老舍位列其中。1920年初他以高票数当选北京教职员工会的小学部委员。他以自己的努力和成绩开始在北京小学教育界崭露头角。

方家胡同小学（赵敏拍摄）

当时的第十七高等小学校是现在的方家胡同小学。方家胡同在国子监街以南，现学校有东、西两院，当年只有西院，西院东南角的三间房即是校长室，年轻的老舍在这里办公，也住在这里，整整两年。现在为连通东西两院，拆除了东南角的一间东房作为通道。原校长室还保留了两间。方家胡同小学长期以来努力传承老校长“爱国、爱民、爱生活”的民族精神，以“发扬老舍精神，作真、善、美的人”为校训，组织学生开展古诗文诵读，保护文物小分队以及国画、书法、茶艺、曲艺等丰富多彩的活动，使孩子们从小就感受到京味文化、民族文化的魅力。

1920年9月，老舍被提升为郊外北区劝学员，管辖西直门外、德胜门外、安定门外、东直门外的大片区域。劝学事务所设在德胜门外一所寺庙——华严寺内。劝学员是许多人梦寐以求的职务，薪俸很高，而具体事务不多。劝学员的职责是督导教育，而实际上，多督或者少督，甚至不督，都在自己。年轻单纯的老舍雄心勃勃地上任了。他深入辖区内的小学、私塾，调查研究、检查工作。他向上级写报告，要求解散17个毒害学生的私塾，惩办某些“破坏国民教育的绅商”……老舍的这些努力，受到一些同事的白眼，当触犯了某些人的利益时，甚至遭到上级的申斥。他逐渐明白，他和地方上的保守顽固势力处于尖锐对立之中。他的处境变得很困难，要么妥协，同流合污，要么只能离开……老舍陷入极度痛苦迷茫之中。他开始抽烟、喝酒、打牌，他的健康状况日益恶化，终于大病一场。

病初愈，他到西山卧佛寺静养了一段时间。清新的空气、幽静的环境使他清醒、冷静。他认真审视和反思自己，决心离开劝学所，重新和孩子们在一起。此后的几年中，老舍在以下几处工作与生活过。

京师儿童图书馆。这里是京师学务局设立的小型图书馆。在西直门内大街路南，原是刘寿绵的马厩。老舍兼任其管理并借住在图书馆院中的西屋。南屋便是图书馆阅览处。看着天真活泼的孩子，他仿佛受了感染，有了活力。老舍还在刘寿绵办的贫儿学校与地方中学做义务教员。

1922 年夏，老舍正式辞去北郊劝学员职务，应聘至天津南开学校中学部任国文教员。

1923 年春，老舍辞去南开教职，回北京，在北京教育会做文书。当时北京教育会设在北长街昭显庙内。

顺着北长街路西往南走，71 号是昭显庙。此庙建于清雍正十年（1732 年），以祀雷神，因而俗称雷神庙。

明代紫禁城遭受 14 次雷击，许多宫殿因雷击起火而被毁。明代及清初顺治、康熙年间，祭祀云、雨、风、雷四神均在天坛祈年殿。雍正年间雷击频发于内城，皇帝下诏在紫禁城附近择地修建雷神庙，以防不测。工部和礼部认为京城雷电多发自西北方向，而位于宫廷西北的北长街又系京城之龙脉，龙生水而水克火，故启奏皇帝在北长街修建雷神庙，皇帝准奏，很快建成昭显庙。

民国时，北京教育会在庙中办公。当时年轻的老舍就在后罩房中办公并住在庙中。在他后来创作的《徽神》等作品中，不乏昭显庙的影子。1925 年 3 月，曾在庙中召开“国民会议促成会全国代表大会”。

1937 年，在此成立北京市教育会附属小学，后改名北长街小学至今。原庙的后殿及影壁今仍在。影壁长 22 米，高 3.5 米，厚约 2 米，极有气势。

1923 年夏，罗常培任北京一中代理校长，聘请老舍到一中教国文、修身和音乐。

北京一中的历史溯源可达清顺治年间，其前身为八旗官学，建于清顺治元年（1644 年），其校址系光绪年间成立的八旗书院。创始人徐桐是负责八旗官学事务的大学士，他提请在北京开办一所专供八旗子弟求学的书院，是清王朝专为八旗子弟设立的学校。

北京一中（赵敏拍摄）

一中校址坐落于宝钞胡同东侧，郎家胡同西段路北，《天咫偶闻》载：“八旗书院在郎家胡同路北”，原系“延尚书故宅”，“面积广大，栋宇毗连”。光绪十三年（1887年）八旗官学联合集资在安定门内郎家胡同，购入了这座尚书宅，在此营建书院。

1912年，蔡元培主持教育部，决定：“八旗高等学堂仍准设立，唯将八旗取消，五族皆可入。”同年八月改宗室八旗高等学堂为京师公立第一中学。1928年改称“北平特别市立第一中学校”，1930年始称“北平市立第一中学校”。北平沦陷时期，改称“北京特别市立第一中学校”，抗战胜利后，复称“北京市立第一中学校”。著名语言学家罗常培先生、作家老舍都曾任教于一中，巧合的是两位都为满族人。从这所学校里走出了戏剧泰斗翁偶虹、文学大师刘白羽、北京民俗专家金受申和被毛泽东称为“从此旧剧开了新生面”的齐燕铭……

1949年4月1日，北京市人民政府接管，改名为北京市第一中学。

名称虽几经变更，校址却一直没有迁移过，系百年老校。如今精美的砖雕老校门、操场一角的碑亭及两通碑尚存。

老舍与缸瓦市基督教堂

在老舍的代表作《离婚》中有这样的情节：主角老李的同事张大哥为他找的房子是这样描写的：“房子是在砖塔胡同、离电车站近，离市场近，而胡同里又比兵马司和丰盛胡同清净一些，比大院胡同整齐一些，最易于住家。”

缸瓦市教堂（赵敏拍摄）

老舍为什么如此熟悉砖塔胡同这一带？因 1921 年夏，老舍在缸瓦市教堂居住一年有余，离这里很近。

缸瓦市基督教堂位于西四南大街。西四南大街与西安门大街垂直相交，呈“丁”字形，民国时称丁字街。南段称缸瓦市或缸瓦市大街，1965 年统称西四南大街。现公交车仍有缸瓦市一站。

缸瓦市教堂在路西，外观朴素，不是什么哥特式或文艺复兴式，近似于民居。

老舍在儿童图书馆时，离西直门内大街不远的缸瓦市教堂正在办英文夜校。为充实自己的生活，老舍报了名。夜校每周五次，每次两小时。老舍几乎每次必去，勤奋学习，英语水平提高很快。他很快和英语夜校的支持人，刚从英国神学院毕业归国的宝广林成了好朋友。他特别佩服宝广林正在酝酿筹办的一件大事：将教会从外国人手中接过来，由中国人自己办。老舍不仅佩服，而且很快参与其中。宝广林请他帮助翻译文章，还委托他起草改组教会章程。1922 年上半年，老舍在缸瓦市基督教堂领受洗礼，成为教徒。同年 7 月，老舍起草了《北京缸瓦市中华基督教会现行规约》，经过讨论，这个章程被正式采纳，约定两年之内教堂经济上实行完全自给，一切教会财产归中国所有。

老舍在缸瓦市教堂结识了许多新朋友，其中有许地山、白涤洲，他们后来成为著名作家、学者，也都是老舍终生的好友。

经宝广林介绍，老舍还结识了在燕京大学神学院任教的英籍牧师易文斯，常在业余时去燕大跟他学英语。老舍的热情、正直、好学给易文斯留下了深刻印象。当英国伦敦大学东方学院要聘请一位教汉语的教师时，易文斯立即推荐了老舍，促成了老舍的英国之行。

离开北京的日子

老舍虽然生在北京，长在北京，但在他生命的青壮年时期却离开北京25年之久。

1924年至1929年，他赴英国五年。在英国伦敦大学东方学院任教。这期间他读了许多西方文学名著并开始写作，完成了《老张的哲学》《赵子曰》《二马》等三部长篇小说。《老张的哲学》在1926年《小说月报》第七号开始刊登，第一期上署名舒庆春，由第二期改署老舍。从此作家老舍诞生了。

1929年6月，他离开英国在欧洲游历后，从法国马赛乘船到达新加坡。在新加坡华侨中学教书一学期，凑足路费于1930年3月回到上海。

1930年4月，老舍回到阔别近六年的北京，但旋即被聘齐鲁大学文学院教授，赴济南任教。在齐鲁大学任教四年后，又转任青岛山东大学国文系教授，共在山东生活了七年。

这七年是他教学与创作双丰收时期。他创作了长篇小说《猫城记》《离婚》《骆驼祥子》，中篇小说《月牙儿》《我这一辈子》等经典作品。

1937年11月，在日军兵临城下时，老舍只身离开济南，赴汉口、重庆。整个抗战期间，老舍任中国全国文艺界抗敌协会常务理事及总务主任。写了大量的通俗文艺作品、话剧等，为抗战奔走呼号，并发表重要代表作——长篇小说《四世同堂》。1946年，老舍、曹禺应美国国务院之邀赴美讲学，1949年12月回到北京。

尽管离开北京数十年，但老舍一直和北京有着千丝万缕的联系。

他的老母亲一直住在北京，在山东时他常回北京看望母亲。1936 年 9 月，老舍回北京为母亲庆祝 80 大寿。

写作中的老舍

他与北京师范大学毕业的才女胡絜青在北京相识、相恋并于 1931 年夏在北京结婚。他们在西单报子街聚贤堂饭庄举办了中西合璧的婚礼。婚后共赴山东。在老舍只身离开山东后，胡絜青带着 3 个孩子回到了北京，在日寇占领下的北京艰难度日。老舍对亲人的担忧与想念，对故乡北京的思念一日也不曾中断过。直至 1943 年 11 月，胡絜青才经历千难万苦，携子女赴重庆与老舍相见。三年后老舍又只身赴美，全家 1950 年才真正在北京团聚。

老舍生活时间最长的家——丰富胡同中的丹柿小院

1949 年 12 月 12 日，老舍回到阔别 25 年的北京，受到隆重的欢迎。因为家人还未到京，他被安排住在北京饭店。第二天周恩来总理就由阳翰笙陪同到北京饭店看望老舍。1950 年 1 月 4 日，全国文联为欢迎老舍归来，又在北京饭店举行了茶话会。接着，老舍当选为北京市文联主席、全国文联副主席、中国作家协会副主席，老舍以高昂的热情投入了紧张的新生活。

当时，职工都是由单位分配住房，老舍写作时怕吵，一次见周恩来总理时，他向总理述说了在吵闹声中写不出东西的苦衷，请示是否可自己出钱买一个小院。总理回答说：老舍先生需要安静的写作环境，当然可以，你买吧，没有问题。

老舍以自己的稿费托朋友在当时东城丰盛胡同 10 号买下了一座小院。丰盛胡同南北向，北起大草场胡同，南至灯市口西街。

1953年夏，老舍全家在北京丰富胡同院中

丰富胡同19号老舍故居（赵敏拍摄）

老舍故居北房（赵敏拍摄）

老舍故居五彩影壁（赵敏拍摄）

老舍故居卧室（赵敏拍摄）

灯市口西街明代称奶子府，是明、清两代为皇室供养奶妈的地方。明代皇室为给幼小的皇子或皇孙哺乳，在民间选了许多刚生下孩子的妇女居住在奶子府内。《宛署杂记》中记载：“奶子府隶属于锦衣卫，其制每季精选良家妇，年十五以上二十以下四十名养之内。”皇子吃生女孩的乳妇的奶，皇女则吃生男孩乳妇的奶。据说这样可以使皇子女更聪明健康。

被选中的乳妇们长期居住在奶子府，不能与家人见面，更不能哺乳自己的孩子，命运十分凄惨。但也有极少数因哺育皇子而一步登天。

明熹宗朱由校出生时恰巧客氏被选入奶子府，由她为朱由校喂奶，而且日夜照料他。朱由校生母早亡，客氏的丈夫与儿子也相继去世，她就长期留在宫中陪伴朱由校长大，成为他最依赖、最信任的人。朱由校登基后，将客氏封为奉圣夫人，享受太后一般的待遇，并在奶子府旁为她盖了豪华的府邸，府前的胡同也被称为奉圣胡同，后讹称为丰盛胡同。北京西城还有一条更大的丰盛胡同，因而1965年整顿地名时，将这里改称丰富胡同。

1959年9月，华罗庚、老舍、梁思成、梅兰芳（自左至右）在中南海怀仁堂前

老舍的小院在胡同南口路西，现在是19号。大门坐西朝东，进门后是一座灰砖影壁和两间小南房，影壁后面是一个自成体系的小外院，有三处灰顶小房，其中北房两间原来是老舍儿子居住。进北侧门就是院子的主体了。迎面是一座在北京也少见的五彩木影壁，中间是一个红色的“福”字。里院有北房三间，东西耳房各一间，东西厢房各三间。南房的位置上恰是外院的北房。老舍搬入前对小院进行了“现代化”改造，安装了上、下水，锅炉房与装有抽水马桶与澡盆的卫生间，使这个小院既保持了老北京四合院的特色，又能较方便舒适地生活。

老舍爱花，这个小院的另一个特色是种满了花木果树。外院的空地是老舍的花圃，种过多达上百盆菊花与大丽花，每当秋天菊黄蟹肥时，他将东屋腾出来布置成菊花展厅，邀请朋友们来品蟹赏菊。

里院从西山移栽了两棵柿树，春天柿树花开时引来无数蜜蜂，秋天满树橘红的硕果，令人怜爱。老舍夫人胡絜青为小院取名“丹柿小院”。

老舍在北京住过的地方有多处。但除了他的出生地小羊圈胡同外，住的时间最长的就是东城丰富胡同19号。在这个小院中老舍生活了16年，在西耳房那不大的卧室兼书房中创作了24部剧本和两部长篇小说，其中包括让他获得“人民艺术家”称号的话剧《龙须沟》，使他享誉世界的话剧《茶馆》和未完成的巨著《正红旗下》。

正当老舍处于创作高峰时，政治风云突变。1966年8月24日晨，满身伤痕、满心悲愤的老舍离开了他苦心操劳了16年的温馨的家，再也没有回来。

1999年老舍百年诞辰之际，灯市口西街丰富胡同19号被辟为老舍纪念馆，正式对公众开放。热爱老舍的人们从全国各地、世界各地来到这里，瞻仰老舍生平展览，观看按老舍生前原貌恢复的客厅、卧室，体会老舍的喜怒哀乐……

舍身太平湖

在今积水潭北，原来还有一块很大的水域，是与积水潭相连的自然水面，与六海属同一水系。一直到20世纪50年代初，仍是一眼望不到边的芦苇荡，夏季蚊蝇成群，雨季坑满塘溢。附近的居民盼望政府像治理龙须沟一样尽快整治。1958年春，政府组织的整治工程开始了，附近驻军、学校师生、机关干部组成的义务劳动大军开进大苇塘，热火朝天地进行劳动竞赛，只用了三个月的时间，一座集人工规划与野趣为一体的公园建成了。因此地有南太平庄，遂定名太平湖公园。

新中国成立初期，整治龙须沟时，老舍先生曾充满激情地写下了话剧《龙须沟》，面对着整治后的太平湖，他一定也颇有感慨吧！太平湖临近北京电影学院、北影演员剧团和北京师范大学，因而颇有文化色彩，名演员、名教授常在湖边散步，在湖边练声、练琴的人四季不断，林间有棋局、跤场，茶馆里有曲艺表演。电影《小城春秋》《无名岛》等都曾在此地取景拍摄。

太平湖度过了平静而恬美的八个年头。1966年夏，人们的脸色日见凝重，太平湖不再太平。开始，有一些古书、旧画、工艺品被悄悄扔进湖里，后来，又听说有人投湖溺亡，而到了8月下旬，万万没有料到，人民艺术家老舍先生竟在太平湖舍身投湖，拉开了“文革”中一系列悲剧的序幕……

1966年7月下旬，老舍因吐血住院治疗，病情稍稍稳定，他就不顾医生与家人的劝说，8月16日急忙出院“参加运动”。8月23日，他被红卫兵从市文联办公室拉出，与萧军、骆宾基、荀慧生等30多位文学艺术家一起被带到孔庙进行批斗，遭到毒打与侮辱，一直持续到下午，又被带回单位，继续批斗，老舍被打翻在地，满脸血污。直到深夜两点，才被夫人胡絜青接回家中。

第二天，即1966年8月24日晨，老舍忍着剧痛起床后，催妻子按时去上班，他在家里留恋地转了一圈，慈祥地看着3岁的小孙女，对她说“和爷爷说再见……”这是老舍留在世间的最后一句话。说完他又对小院和孙女看了一眼，出门了。他没有按红卫兵的要求去单位继续接受批斗，而是沿着西单往北，走过了他的出生地小杨家胡同，再往北，出了新街口豁口，来到太平湖公园。

他在太平湖公园湖边呆坐了一天。这一天，他都想了些什么？他想起了自己的妈妈吗？他母亲舒马氏去世前就住在南边不远的观音庵胡同。他在回顾自己的一生吗？他在对当前发生的一切作出思考和评价吗？一直到当天深夜，他毅然以投湖的方式结束了自己的一生。老舍先生以自己的方式维护着自己的人格尊严，对反文化的“文化大革命”进行了控诉与批判。

当时的所有新闻媒介都没有披露老舍辞世的消息，只是发起了更为激烈的对老舍作品的批判。但是老舍自尽的噩耗却不胫而走，在人民群众中传播。人们以各种方式纪念着、怀念着老舍。有一位老者竟不顾危险，在老舍辞世处埋了一块石碑，以作永远的纪念。消息传到另一位文学大师，老舍的老友茅盾耳中时，他惊呆了，望了望窗外青天，长叹道：“平日见老舍随和、幽默、开朗，想不到还是一个性格刚烈、自尊极强的人！他是受不了横加在他身上的对人格的极大的侮辱啊！他自杀在太平湖，显然是对这种不公平的无声的抗议。”

老舍先生辞世已半个世纪了，世界发生了巨大的变化，老舍的艺术成就和文化价值被世界越来越多的国家和人民所认识、所尊崇，一个跨国界的老舍研究热潮正方兴未艾。

20 世纪 60 年代末，在修环线地铁时，太平湖被填埋了，在其上盖起了地铁机务段。

当乘着地铁经过积水潭附近时，人们会想起昔日的太平湖吗？会对在太平湖舍身的老舍先生肃然起敬吗？会的。正如巴金先生在《怀念老舍同志》一文中所写：“我们都爱你，没有人会忘记你，你要在中国人民中间永远地活下去。”

“文坛祖母”冰心在北京的文学印痕

1999年2月28日21时，我国20世纪杰出的文学大师、忠诚的爱国主义者、著名社会活动家、中国作家协会名誉主席冰心女士在北京逝世，享年99岁。

在她漫长的百年人生中，有70年以上生活在北京，在北京留下了多彩的生活印记。

冰心，原名谢婉莹，福建长乐人，1900年10月5日出生在福州一个具有爱国、维新思想的海军军官家庭。她在海浪、军舰上度过了童年时光。1913年，父亲谢葆璋升任国民政府海军部军学司司长，到北京任职。当年秋初，冰心随母亲和三个弟弟由舅舅护送到京与父亲相聚。

中剪子巷 冰心灵魂深处永久的家

冰心在北京的第一个住所是中剪子巷14号。中剪子巷是一条南北向小胡同，南口在张自忠路中段，北口在府学胡同。过了府学胡同就叫北剪子巷了，而在张自忠路以南还有南剪子巷。

中剪子巷14号，冰心在这里住了10年，度过了她最美好的青春年华。当时的14号院有一个不大的院门，左边门框上挂着一块写有“齐宅”两字的黑底金字牌子。齐家是这所宅子的房东，户主齐老太太年轻时当过和敬公

中剪子巷33号（赵敏拍摄）

主府的奶妈。公主府的前门开在铁狮子胡同，而后门紧挨14号院门，齐老太太去公主府是很方便的。谢家来京后租住了齐家的一个院落，两家合住。但从房子的布局看又自成格局，互不干扰。

进14号院门往右，在一座两扇门内是齐家的住处。而进院往左拐，经过一个小小的长方形外院再进一座朝南的四扇门就是谢家。

这是一个不大的三合院，北房三间，房前有廊子，两边各有一间耳房。这五间房是谢葆璋夫妇及冰心和三个弟弟的卧室。

东西厢房各三间，都是两明一暗。东厢房是谢葆璋的书房兼客厅。西厢房是冰心舅舅的卧室，兼做弟弟们的书房。

北房东头有个很小的院子，是厨房和厨师的住房。北房西边靠后墙有一个极小的供财神爷和狐仙的小阁楼形的建筑。

冰心的父亲在她家外头长方形的院子里种了许多花，还搭起一个葡萄架，把从烟台寄来的葡萄秧子栽上。后来花园渐渐扩大到大门以外，在门口种了一些野茉莉、蜀葵之类容易生长的花朵，还立起了个秋千架。周围的孩子就常来看花，打秋千，把这块地方统称谢家大院。谢家大院是周围的孩子们集会的地方，放风筝的、抖空竹的、跳绳踢毽子的、练自行车的……热闹得很，给冰心留下了很深的印象。

初来北京，一切都是新鲜的，早慧的冰心对自己在北京的第一个印象极深。在这里她第一次看到了穿着鲜艳的旗袍和坎肩，梳着“两把头”，髻后有着很长的“燕尾儿”，脚蹬高底鞋的旗人贵妇。看到她们见面后不住地请安问好，彼此寒暄。住在这里，她逛过隆福寺市场，到吉祥戏院听过杨小楼与梅兰芳的戏。

在冰心的一生中，她去过的地方无数，住过的地方很多，但一直到晚年，她念念不忘的仍是中剪子巷这个家。她在梦中见到的仍常是中剪子巷这个家。在她90岁高龄所写的散文《我的家在哪里》中深情地写道：“只有住着我父母和弟弟们的中剪子巷才是我灵魂深处永久的家。”她为什么对中剪子巷这么魂牵梦萦？因为她最美好的青春年华是在这里度过的，她壮丽的文学征程是从这里扬帆起航的。文学界慈祥的老祖母最初是从这里将她博大深沉的爱洒向四面八方，温暖着一代代读者的心。

据冰心回忆，中剪子巷14号离胡同南口不远，路西。但百多年来门牌号码几经变动，现在的14号肯定不是当年的14号。许多人倾向于冰心故居是现在的中剪子巷33号。

贝满女中与协和女子大学

1914年秋，冰心考进北京贝满女中。

在20世纪初的北京，提起最好的中学有“男育英、女贝满”的说法。这是指育英男中与贝满女中，两所由美国基督教会公理会创建的在北京较早引进西方教育的学校。但这两所学校普通平民家庭的子女是很难进入的，学生大多是当时社会名流、显贵、富豪的子弟，是当时的“贵族学校”。

贝满女中的创始人是来自美国的传教士艾莉莎·贝满夫人。她于同治三年（1864年）在灯市口大街北面的大鹣鸽胡同成立贝满女子小学，逐渐发展，1895年成立四年制的女子中学，定名为贝满女子中学。1902年，校舍向南扩建，大门开在了灯市口大街路北。1905年，在中学课程的基础上又增设了大学课程，名为协和女子大学。

冰心入学不久，恰逢贝满女中建校50周年纪念。学校举行了丰富多彩的纪念活动，冰心参加了体操表演。后来冰心回忆说，14岁的年纪，正是感情最丰富、思想最活泼、好奇心最强、模仿力和可塑性也最强的时候。我以一个山边海角独学无友的野孩子，一下子投入到大城市集体学习的生活中来，就如同穿上一件既好看又紧仄的新衣一样，觉得高兴也感到束缚。我用好学而谨慎的目光盯着陌生环境中的一切：高大的校舍，新鲜的课程，如音乐、体操和不同的男女教师……

1915 年 5 月 9 日，密谋称帝的袁世凯为取得日本帝国主义的支持，公然接受了日本提出的灭亡中国的“二十一条”，遭到了全国人民的强烈反对。贝满女中的学生参加了抗议示威，冰心和同学们一起在学生会主席李德全的带领下，游行到中央公园（现中山公园）。冰心清楚地记得，在万人如海的讲台上，李德全慷慨陈词，冰心也满怀悲愤，交了爱国捐，发誓不买日货。

同福夹道 166 中（赵敏拍摄）

1916 年，协和女子大学和贝满高中部搬到了同福夹道原佟府旧址。佟府是清初安北将军佟国纲、内务大臣佟国维的府邸，他们的妹妹佟佳氏是顺治皇帝的妃子，后来生了玄烨，成为孝康章皇后，佟氏兄弟皆为国舅，被封为一等承恩公，当时佟家有“佟半朝”之称。玄烨登基后即著名的康熙大帝。他又娶了亲舅舅佟国维的女儿，被封为孝懿仁皇后。一家出了两位皇后，佟家可谓权倾朝野。其府第的豪华富丽就可想而知了。当时的佟府地域广阔，府旁的胡同称佟府夹道，民国时才按谐音改称同福夹道，占据从同福夹道西侧至灯市口大街以北的大半条街。

协和女子大学和贝满高中部搬入时佟府虽已荒废多年，但宏大富丽的格局遗韵犹存。府中有多重院落和跨院，还有“训怀堂”“紫萝轩”“翠竹馆”等殿堂馆舍。当时贝满的校歌唱道：“你永远记得我们佟府吗？它便是我们第二安乐家。静静的曲巷门前少人喧，深深的庭院丛树碧无瑕。朝阳里琅琅诵破万卷书，笑语间尽是手足情欢洽……”从歌词中可以感到学校清幽的环境，勤奋的学风，融洽的师生关系。

新中国成立后，贝满女中先后易名为五一女子中学、北京十二女中等，1972 年改称北京 166 中，校址在同福夹道 3 号，仍是一所名校。但校园完全是现代化的教学楼，已难见佟府的遗迹。校园里矗立着一尊冰心的半身塑像，以纪念这位名扬中外的著名校友。

1918 年夏，冰心以最高分毕业。按照学校的传统，她编写了辞别师友的歌词，在毕业会上作了演讲，后直接升入协和女子大学理预科。

大学的大门上是由书法家吴之瑛女士书写的“协和女子大学校”的金字蓝底花边的匾额。走进二门，是由王府三间大厅改成的大礼堂，大礼堂的长廊下，开满了长长的一大片猩红的玫瑰花。从此，冰心一辈子爱上了这艳冠群芳又有风骨的花朵。这些玫瑰花似乎揭开了她生命中最绚烂的一页。

在大学的第二年，五四运动爆发了。协和女子大学是所教会学校，一向与政治运动相去甚远。但是到了五四运动的时候，教会学校的院墙似乎再也无法抵挡得住汹涌澎湃的时代潮流。五四运动的浪潮，新文化运动的浪潮也将冰心冲出了狭小的家庭和学校的门槛。冰心后来回忆说：“‘五四’运动的前后，新思潮空前高涨，新出的报纸杂志，像雨后春笋一样，目不暇接。我们都贪婪地争着买，争着借，彼此传阅。其中我最喜欢的是《新青年》里鲁迅先生写的小说，像《狂人日记》等篇，尖锐地抨击吃人的礼教，揭露着旧社会的黑暗与悲惨，读了使人同情和震动。”

冰心当时是学生自治会的文书，后又被选入女学界联合会的宣传股，积极参加了运动中的各项宣传鼓动，同时开始向报刊投稿。她表兄刘放园当时正在北京《晨报》做编辑，他经常把新出版的《新潮》《新青年》《改造》等杂志拿给冰心，让她多多阅读这些新杂志，并鼓励她投稿。1919 年 8 月 25 日，北京《晨报》发表了她的《二十一日听审的感想》，这是她公开发表的第一篇文章。9 月，北京《晨报》连载了她的第一篇小说《两个家庭》，并第一次用了“冰心”的笔名，从此步入文坛。此后她连续发表了《斯人独憔悴》《秋风秋雨愁煞人》《去国》等“问题”小说，不久又出版了诗集《繁星》与《春水》。

在冰心漫长的人生中，她努力实践着“为人生”的艺术宗旨，成为中国文坛上的常青树。柔和细腻的笔调、委婉含蓄的手法和清新明丽的语言构成了她艺术风格的基本特色，而母爱、童心和大自然是冰心写作的基本母题。她高尚的人格、她的善良与真诚、她的《繁星》《寄小读者》《小橘灯》等经典作品为她赢得了崇高的声誉。

1920年，协和女子大学与通州协和大学、北京汇文大学合并成燕京大学，协和女子大学改称燕大女校。1921年暑假冰心自理预科毕业后接受了一些人士的劝告，改行转入文本科并跳了一级，直接进入二年级，成为燕大第一批女生。后来她回忆说："写作占用了我的大部分时间，我的理科的功课就落后了一大截。因为白天出去作宣传，实验室的实验功课又欠了不少，那是无法补上的。在我左顾右盼之顷，在我周围的人们劝说之下，1921年，在理预科毕业之后，我就改入了文本科，还跳了一级。"进入文本科之后，冰心放弃了她想当医生的理想，而彻底地转入了她所热爱的文学领域。

在燕大读书期间，冰心是校园里的活跃人物。她加入了燕大季刊社，先任编辑，后被选为编辑副主任，又加入了茅盾、郑振铎等人发起的文学研究会，并出版了自己的诗集和小说集。

1923年夏，冰心以优异成绩毕业，获得文学学士学位，同时获"金钥匙"荣誉奖。同年8月取得美国威尔斯利女子大学的奖学金赴美留学。中国近代的两位第一夫人宋庆龄与宋美龄也毕业于此校。

临湖轩的婚礼与大觉寺的新婚之夜

1923年夏冰心离开北京赴上海，8月17日登上了开往美国的"约克逊号"邮轮驰往美国。也正是在"约克逊号"邮轮上，年轻的冰心邂逅一位青年学者，他是从清华留美预备学校毕业，被选送至美国哥伦比亚大学研究生院深造的吴文藻。将近半个月的旅途生活使他们之间有了初步了解并互生好感。

留美期间，冰心陆续寄回国内29篇通讯《寄小读者》。她以优美流畅的笔调叙述了她在异国他乡的经历与感触，在国内引起轰动，感动了几代人，成为我国儿童文学的经典。

1926年7月，冰心自美国威尔斯利女子大学毕业，获得文学硕士学位。她被母校燕京大学聘为国文系助教，回国执教。在美期间，她还收获了自己的爱情，找到了终身伴侣吴文藻。

这时燕大刚搬入西郊的新校址，是司徒雷登初任燕京大学校长，在北京

1929 年 6 月 15 日，冰心和吴文藻在燕大临湖轩举行婚礼

北大未名湖（赵敏拍摄）

西郊明代勺园（明代画家米万钟故居）和清代淑春园（乾隆赐予和珅的皇家园林之一）旧址基础上，建成的一座中西合璧的园林式校园——燕园。女教师都住在四座被称为“院”的女生宿舍里。宿舍是两室一厅的单元，还可以吃女生餐厅的小灶，条件很好。但冰心来得较晚，只好住进了燕南园 53 号英美籍女教师居住的小楼。

1929 年 2 月，吴文藻学成归国。同年 6 月 15 日，他和冰心举行了婚礼。婚礼在临湖轩举行。临湖轩是未名湖畔一座幽雅的中国式三合庭院，依山傍水，茂林修竹，当时是校长司徒雷登的住宅兼办公室，也是燕京大学的中心活动场所。婚礼于下午 2 时举行，司徒雷登换上了牧师的黑色长袍，为吴文藻和冰心主持婚礼。新郎、新娘为来宾切了蛋糕，分了喜糖，婚礼热闹而简朴，待客的蛋糕和茶点总共只用了 34 元。

临湖轩在相当长的时间里没有名字，直至 1931 年在此纪念燕大建校 10 周年，冰心为其命名临湖轩，匾额由胡适题写。

由于学校为他们建的小楼还未完工，冰心又不愿意到酒店租房，婚礼之后，他们换上便装，带上简单的行李，司徒雷登派了黑色小轿车，将他们送至西山大觉寺的一间空房度过了新婚之夜。花木茂盛而清幽的大觉寺的夏夜，给冰心夫妇留下了永不褪色的绿色记忆。

冰心留学期间及回国后，父母和弟弟仍住在中剪子巷。后来她的大弟要结婚，经朋友介绍，租了圆恩寺的一所房子，他们才搬出了中剪子巷。

燕南园 60 号　冰心和吴文藻的新房

燕南园因位于燕园的南部而得名，是燕园建成初期燕大专门为教师打造的住宅区，占地 48 亩。与教学区和办公区那飞檐斗拱的中国传统建筑风格不同，燕南园取的是美国城郊庭院别墅的模式，除泥石砖瓦取自当地，其他建材多由国外运来。门扇窗框用的是上好的红松，精美的门把手全由黄铜制成，房间里铺设打蜡地板，屋角有典雅的壁炉，卫生间里冷热水分路供应，每座住宅还有独立的锅炉房以供冬季取暖，家家门前屋后有一个宽敞的庭院，花草繁茂。

这座园子里曾经并仍然居住着燕大直至北大最优秀的学者、一批批大师级的人物，可谓“国宝”云集：冰心、吴文藻、雷洁琼、翦伯赞、江泽涵、周培源、马寅初、冯友兰、汤用彤、王力、朱光潜、陈岱孙、侯仁之……一个个光耀整个中华现代文明史的名字，让这朴素的院落熠熠生辉。因此，提起北大的象征，外人会说是未名湖、博雅塔，而每一个北大人，都会用庄严而淡然的语气告诉你：北大的象征，是燕南园。

婚后不久，燕南园 60 号楼竣工，冰心夫妇搬了进去。从燕南园西北部的上坡进入园中，首先映入眼帘的是60号楼，这座小楼位于燕南一隅，格外幽静。楼旁矗立着两座“花匠碑”，是乾隆年间圆明园几位总管所立，圆明园被焚后移至此处，似乎守卫着居住在这里的代代“园丁”。现在的楼号是66号。小楼两层，吴文藻在楼下他的大书房里请木匠师傅做了一个顶天立地的大书架，买了几张半新的书橱、卡片柜和书桌，其他的一切都交给冰心打理。冰心以中西合璧的风格装饰了新居：欧式壁炉上面挂着西洋风景照片，而清式茶几和靠背椅后面的墙上则挂着四幅条屏。她还为不同的房间精心选择了玫瑰色、豆青色、粉红色各不相同的窗帘。在楼外的庭院里有冰心手植的丁香、紫藤、红月季、白玫瑰……

燕南园66号（赵敏拍摄）

在这幢小楼里，吴文藻进行着“社会学中国化”的实践，从副教授到教授，到法学院院长，成为有国际影响的大学者。冰心边教书边写作。1932年由北新书局出版发行《冰心全集》，这是中国现代出版史上的第一部个人全集。其间他们的儿子吴平和大女儿吴冰相继出生，她又担起家庭生活的重担。当时美国记者爱德加·斯诺和妻子海伦在北京大学任教，他们常到冰心家做客。几十年后，斯诺夫人回忆说：“那时，冰心被认为是中国女性最优秀的作家，有着独特的文学抒情风格。她很美丽，很有魅力，她们夫妇堪称中国青年婚姻的楷模。”

“七七事变”打破了冰心一家平静的生活。他们本决心立即到大后方去，但冰心发现自己怀孕，无法动身，当年11月小女儿吴青出生。第二年夏末，他们带着刚满八个月的小女儿，全家离开北京。抗战期间，他们从昆明到重庆，颠沛流离，历尽艰辛。珍珠港事件爆发后，日军闯进了燕京大学，大肆劫掠，冰心的住宅被日本宪兵占领。他们的书籍资料全部丢失。吴文藻的书房竟然成了拷问教授们的审讯室。

重返北京

抗战胜利后，1946年冬，吴文藻作为战后赴日的中国代表团成员，到日本进行社会考察。冰心把孩子们分别寄养在舅舅家里，陪同丈夫一起东渡。后冰心被东京大学聘为第一任外籍教授，教中国新文学课程。新中国成立后，他们通过各种办法与国内联系，1951年在周恩来总理的关怀下，冒着生命危险回到新生的中华人民共和国。

回国后，冰心一家受到了热情而亲切的接待，周恩来总理也在百忙之中亲自接待了他们。北京有关部门特地在崇文门内洋溢胡同购买了一座四合院安排他们居住。

1953年10月，吴文藻被分配到中央民族学院（现中央民族大学）做教授，致力于国内少数民族的研究。冰心加入作家协会，成为专业作家。当时中央民族学院是新建院校，各方面设施都较简陋。1955年他们被分配住在中央民族学院教职工宿舍和平楼的一个单元里，房子不大，约60平方米。夫妇各居一室，便于做学问和写作。他们退掉了洋溢胡同的住宅。

1954年后冰心被选为历届全国人大代表，她在全国各地参观，出访过许多国家，出席了许多国际会议，成为著名的社会活动家。同时她笔耕不辍，发表了《樱花赞》《拾穗小札》《再寄小读者》等名篇。但是新中国成立后的各项政治运动不时地冲击着他们，反右斗争中吴文藻被错划为“右派”。“文革”初期冰心也被作为黑作家揪了出来，反复批斗。后来由于得到了周恩来的保护，情况才有所好转。1970年被下放到湖北的干校参加劳动，1971年8月才又回到了北京。

生命从80岁开始

许多人可能都想象不到，驰名中外的老作家冰心从20世纪50年代中期搬进民族学院宿舍的一个小单元后，20多年再也没有分配过住房，没有搬过家。1981年冰心病后，小女儿吴青一家搬过来照顾母亲，冰心把最大的一间卧室让给女儿，自己和丈夫住进了一间只有9平方米的小屋，居住条件更困难了。

冰心的居住情况被当时的国务院副总理杨静仁了解后，批示拨专款给冰心一家建一独立的平房。冰心很感动，但更多的是不安，她坚决地婉谢了。1983年底，民族学院在校园内盖了高知楼，冰心一家才搬进了较宽敞的新居，度过了最后一段美好的时光。冰心深情地写道：“1983年我们搬进民族学院新建的高知楼新居，朝南的房子多，我们的卧室兼书房，窗户宽大，阳光灿烂，书桌相对，真是窗明几净……我们是终日隔桌相望，他写他的，我写我的，熟人和朋友来了，也就坐在我们中间，说说笑笑，享尽了人间‘偕老’的乐趣。”

晚年的冰心再一次出现创作高峰，她说：“生命从80岁开始。”80岁以后她的创作更为炉火纯青，自然天成。她以强烈的社会责任感，大无畏的精神，触及社会矛盾，否定“文革”，批判腐败，被誉为中国知识分子良知的代表。

1985年9月，和冰心共同生活了半个多世纪的丈夫吴文藻病逝。

1999年2月28日，广受世人爱戴的“文坛祖母”冰心在北京医院安详辞世，享年99岁。

2002年10月21日，冰心与吴文藻的骨灰安葬在八达岭长城脚下的北京长城华人怀思堂内的驼峰之上。墓碑是整块高达2米有余的汉白玉，周边呈毛石的自然状。上方是冰心和吴文藻的艺术雕像。中间磨平的石面上，是赵朴初题写的碑文。

在冰心与吴文藻墓地附近，还有叶圣陶、茅盾、夏衍、田汉、曹禺、徐悲鸿六位中华文化名人的雕像，共同组成了“中华文化名人雕塑纪念园”。

梁思成为保护北京古城奔走呼号

梁思成是我国现代建筑教育的奠基者，中国建筑史研究的先行者，中国近代城市规划事业的推动者，中国历史文物保护的开创者，他以毕生的精力为中国近代建筑学术的发展建立了不朽功勋。让我们追寻他在北京工作和生活的足迹，特别是他为保护古都北京而拼搏的身影，缅怀他艰辛而辉煌的人生。

清华苦读八年

多才多艺的清华学子

梁思成1901年4月20日诞生于日本东京。他的父亲是维新变法的主将，我国近代著名学者和思想家梁启超。梁思成在东京和横滨度过了童年时代。1912年他随家人回到国内，先住天津，后到北京。1912年至1915年梁思成在北京汇文学校和崇德学校读高小。1915年梁思成和弟弟梁思永一同考入清华学校。

清华学校原名清华学堂，是1908年利用美国退还给中国的庚子赔款而创办的一所西式学校，辛亥革命后更名清华学校。学制八年，分为预科六年和本科两年，而且还为赴美留学的学生提供奖学金。

梁思成在这里学习和生活了 8 年，不但学习优秀，而且爱好广泛，多才多艺。他有很高的音乐修养，会多种乐器，是校合唱团的成员和管弦乐队的队长。尽管他身材瘦小，却是运动场上的佼佼者，他精于单双杠，喜爱足球，在校运动会上获得过跳高冠军。当然，表现最突出的是他的绘画才能。他有很高的素描和水彩画功底，曾担任清华校刊《清华人》的美术编辑，创作了大量封面、栏头画和插图，构思新颖，技巧不俗。

梁思成还是一个政治上的活跃分子，同学们称他是“有政治头脑的艺术家”。1919 年五四运动中，梁思成是学校的学生领袖之一。他是当时进步学生社团“爱国十人团”和“义勇军”的中坚分子。一次梁思成和同学进城宣传，被军警拘禁于北大法科大院内，他们坚持斗争，声明“政府不派人来谢罪，誓不出法科大院一步”。后来迫使军阀政府派参议员当众道歉，在军乐队的护送下凯旋回校。

南长街口的意外车祸

1923 年初夏，梁思成即将从清华毕业，并在做赴美留学的准备。5 月 7 日，他和弟弟思永驾一辆摩托车去天安门参加北京学生举行的“国耻日”集会。不料，刚出南长街口，就被一辆迎面飞驰而来的小汽车撞翻。汽车是北洋政府陆军次长金永炎的，而撞伤的是梁启超的两位公子，于是各报刊纷纷报道，成为轰动一时的新闻。

梁思成与林徽因

两人受伤后被送往协和医院治疗。梁思永虽满脸是血，但仅是皮外伤，无大碍。梁思成却脊椎受伤，左腿骨折，做了三次手术。左腿仍留下残疾，给他后来的野外考察带来极大的不便。

车祸使梁思成受伤且推迟一年赴美，古语说“祸兮福所倚”。在伤后疗养的一年里，在父亲的督导下，梁思成潜心研习国学并大有长进，这对他以后在研究中国古建筑方面取得巨大成就大有裨益。

更可喜的是伤后梁思成与林徽因的感情日益增进。在梁启超与林徽因父亲林长民的有意安排下，梁思成与林徽因 1919 年就已相识，后来林徽因随父亲去欧洲留学，1921 年秋回国。梁思成住院期间，林徽因常去探望，两人无所不谈，是从林徽因口中梁思成第一次知道了欧美有建筑系的课程，并坚定了学习建筑的决心。1924 年他们结伴赴美留学，梁思成就读宾夕法尼亚大学建筑系。因建筑系不招女生，林徽因就读宾大美术系。

完成学业后，他们于 1928 年春在加拿大温哥华结婚，然后赴欧洲考察建筑。

在中国营造学社

屡迁社址的中国营造学社

1928 年秋，梁思成与林徽因回国，在沈阳创办东北大学建筑系。1931 年受朱启钤的邀请回到北京，加入中国营造学社。

朱启钤是清末民初集官僚、实业家与学者于一身的人物。辛亥革命后任交通总长、内务总长并一度代理国务总理。朱启钤的最大贡献是对我国古代建筑的研究。1919 年他在江南图书馆发现手抄本（宋）《营造法式》一书，引起极大兴趣，便于1925年办营造学会，1930年2月正式成立中国营造学社。开创之初，成员大都是学者、名流，对中国传统文化虽有研究，却不懂建筑，朱启钤认识到靠他们是不可能研究中国建筑的。他决定聘请既有国学修养又懂古建筑的人才加入。于是先后聘梁思成任法式部主任，曾留学日本学习建筑的刘敦桢任文献部主任，正在养病的林徽因也成为义务社员兼校对。

中国营造学社作为民间的学术机构，初期没有经费，全靠朱启钤个人出资和四处“化缘”，也没有固定的社址，最初在北总布胡同西侧的宝珠子胡同1号朱启钤的家中办公，后一度迁往天安门内西朝房。朱启钤购得赵堂子胡同3号大宅，将宅院整修一新，中国营造学社又迁进此宅前半部。后来得到“庚子赔款”的少量赞助，社址迁入中山公园入口处的一排老房中。尽管中国营造学社条件极为简陋，它却是中国第一个建筑学术团体，是用现代科学方式研究我国古代建筑的开拓者。

进行野外考察 实地测绘古建筑

梁思成认为研究中国古建筑，除研读古代文献外，最重要的是“非作遗物之实地调查测绘不可”。从1932年开始，他们先后对蓟县独乐寺、宝坻广济寺、正定隆兴寺、大同华严寺、善化寺、云冈石窟及河南、山东、浙江、陕西等地的古建筑进行了实地考察，细致测绘，写出调查报告。当时的调查研究是极为艰苦的，落后的交通、肮脏的食宿不用说了，还有官僚的干涉、土匪的侵扰、疾病的肆虐。在这样的艰难中，梁思成夫妇与营造学社的同事们一起，在1932年至1937年短短的几年中，调查了137个县市，1823座古建，详细测绘了其中206组，完成测绘图稿1898张，这是中国古典建筑研究的一座丰碑！

对北京古建筑卧佛寺、法海寺、天宁寺等的调查

北京城内外古建筑极多，有显赫的名胜，也有荒芜的遗迹，它们都引起梁思成夫妇的极大兴趣，对其进行了广泛深入的研究。梁思成1932年发表《平郊建筑杂录》，记录了研究成果。

卧佛寺在香山寿安山南麓，始建于7世纪前半叶，初名兜率寺，后屡废屡建，名称也多次更改。早在建寺之初，寺内就供有檀木卧佛，1321年又铸造一尊巨型释迦牟尼铜卧佛供于寺中，因此，人们一直称其卧佛寺。梁思成对卧佛寺极感兴趣，他写道：“在北方——尤其是北平——上学的人，大半都到过卧佛寺。一到夏天，各地学生们，男的，女的，谁不愿意来消消夏，爬山，游水，骑驴，多么优哉游哉！”但梁思成对它感兴趣，更在于其建筑布局。北京的大多数寺庙都是多进四合院式，但卧佛寺却不是，它没有院落之间的隔墙，而是以一条长方形长廊将多重大殿围在中间，呈一开敞的大型院落。这种平面布局在唐、宋时多见，敦煌壁画中的伽蓝都是此种布局。但在北京，却只有卧佛寺一处是唐式布局。

法海寺位于香山之南，在香山通八大处的路边，寺在半山上，山门在山坡底下。梁思成发现此山门极有特点，下面是有拱门的城楼模样，上面却是一座喇嘛塔。

天宁寺塔在广安门外，寺早已不存，只剩下这座高达 57.8 米、八角形、十三层的雄伟而精美的密檐塔了。有关天宁寺塔的修建年代没有留下精确的记载，却有种种不同的说法。有说此塔即隋代的宏业寺藏舍利塔，有说建于北魏孝文帝时。梁思成不拘泥于文人的推断，不拜倒在史学家的笔下，他以丰富的中国古建筑知识，根据塔的形状及其柱额、拱门、栏杆、雕饰的特点与形制，与中国历代的塔作比较，得出天宁寺塔为明以前、辽代末所建造，绝不会是隋唐的建筑。1991 年对天宁寺塔进行大修，在塔刹中发现了建塔碑，碑上明确写着塔建于辽代天庆年间，证实了梁思成 60 年前的推断。

梁思成、林徽因及同事们还对天坛、恭王府、北海静心斋等进行了考察测绘，留下了宝贵的资料。

北总布胡同 3 号　梁思成在北京的家

1928 年秋，梁思成与林徽因回京后在米粮库胡同 2 号短暂地居住了一段时间后，租下了北总布胡同 3 号一座宽敞的四合院，一直住到 1937 年离京。

北总布胡同 3 号院是一座较规范的三进四合院。大门开在东南角，进大门后是影壁，影壁前向东拐是一个小跨院，南房中住男仆和厨师。影壁后向西拐进前院，院中有四间倒座房，住着女仆、孩子和亲戚。往北穿过过厅就进了里院，东厢房是餐厅和林徽因兄弟林恒的卧室。林恒是飞行员，在抗日战争中阵亡。西厢房是林徽因母亲的卧室。北房三间，东边一间是主人的卧室，西边两间是客厅，东、西耳房分别是林徽因与梁思成的工作室。后院当时由他们的挚友，哲学家金岳霖居住。关于这所住宅，林徽因曾绘有一幅细致的平面图，她的美国友人费慰梅也有过详细描写。

搬到北总布胡同以后，他们的生活相对稳定了，林徽因又热情好客，家里常常是名人会聚、高朋满座，成为许多文人学者的聚会中心，胡适、金岳霖、陈岱孙、朱光潜、徐志摩、沈从文、萧乾等都是这里的常客。而聚会的中心是这里的女主人林徽因。大家把这个文化沙龙称为“太太的客厅”。

1933年，冰心发表了一篇小说《我们太太的客厅》，里面有这样的描绘：

“时间是一个最理想的北京的春天下午，温煦而光明。地点是我们太太的客厅。

“正对着客厅的门，是一个半圆式的窗，上半截满嵌着玻璃，挂着淡黄色的软纱帘子。窗外正开着深紫色的一树丁香，窗内挂着一只钢丝笼子，关着一只玲珑跳唱的金丝雀。

“北墙中间是壁炉，左右两边上段是短窗，窗下是一溜儿矮书架子，上面整齐地排着精装的小本外国诗文集。有一套黄皮金字的，远看以为定是莎翁全集，近看却是汤姆司·哈代。我们的太太哧的一声笑了，说：‘莎士比亚，这个旧人，谁耐烦看那些个！’问的人脸红了。

“南边是法国式长窗，上下紧绷着淡黄纱帘。——纱外隐约看见小院中一棵新吐绿芽的垂杨柳，柳丝垂满院中。树下围着几块山石，石缝里长着些小花，正在含苞。”

1937年7月，正当梁思成夫妇在山西五台山发现了唐代建筑佛光寺，沉浸在无比欢乐中时，日本发动了侵华战争，北平随即沦陷。梁思成夫妇带着全家，只拿了随身几件衣服，离开北平，离开了北总布胡同3号。

梁思成、林徽因故居，现在是北总布胡同24号与26号。故居的大部分已经拆除。梁林故居遭劫难早在20世纪80年代就开始了。当年在院中盖了一座三层居民楼，破坏了院子的整体格局。2009年7月北总布胡同部分房屋包括梁林故居开始拆迁，被誉为“梁思成的守灵人”的新华社高级记者王军连发了三篇文章，呼吁留下故居，引起了全社会的关注。故居的拆迁总算暂时停了下来，院子用挡板围着，里面是一堆堆拆毁的建筑废料。但是，这并不是小院被拆毁的终止。2012 年 1 月，已被列为全国第三次文物普查项目并确定为不可移动文物的梁林故居又一次遭劫，几乎夷为平地。此次拆除有关开发商并未报文物部门批准，纯属违规违法行为。

北总布胡同 24 号、26 号

北总布胡同 26 号南房

毕生为保护古建筑而战的梁思成、林徽因，他们的故居却屡遭劫难，如果他们地下有灵，将怎样面对不肖的子孙！而更值得我们深思的是，我们如何才能阻止这类文化悲剧不再发生。

重返清华园

在清华大学创建建筑系

1945 年 3 月，在抗战即将胜利之时考虑到战后重建需要大批建筑人才，梁思成致信清华大学校长梅贻琦，建议清华大学尽快增设建筑学院。梅贻琦接受了这个建议，决定先在工学院开办建筑系，聘请梁思成任建筑系主任。

1946 年夏，梁思成一家回到北京，他立即投入到建筑系的筹建工作中。

因校舍紧张，系址设在水利系的二楼。一间小教室专供讲课，一间大素描教室放了许多石膏像与画架。图书室里陈列着各种建筑杂志与图书资料，其中许多是梁思成的私人收藏。系主任的办公室也在二楼。梁思成聘请了一批富有才华的年轻人来系任教，如吴良镛、汪国瑜、程应铨、郑孝燮等，原营造社的罗哲文、莫宗江等也加入建筑系。

1946 年 10 月，梁思成赴美考察战后美国现代建筑教育，并应邀去耶鲁大学和普林斯顿大学讲学及参加学术活动。1947 年 2 月，出任联合国大厦设计顾问委员会委员。梁思成走后建筑系筹建的许多具体工作落在了代理系主任吴柳生、林徽因和青年教师吴良镛等身上。

1947 年 9 月，梁思成从美国载誉而归，又全力以赴投入建筑系的创建。他总结了在美考察的收获，博采众长，对课程进行了大胆改革，决心走出一条有特色的新的办学道路。在此后的 20 几年间，不管政治环境如何变化，不管身处顺境还是逆境，他都痴心于建筑教育。清华建筑系成为中国建筑师的摇篮，数千名学子从这里毕业，成为我国建筑战线上的骨干力量。

新林院 8 号，梁思成在清华的家

约在 1934 年间，在清华大学南院住宅以南，又建了一片高标准的教授住宅区，是 30 所独栋的平层西式花园洋房。初建时称新南院，抗战胜利后命名为新林院。梁思成一家从四川回到清华后，住进了新林院 8 号。

林洙曾细致地描写过 1948 年她去探望林徽因时，看到的新林院 8 号：“……开门的刘妈把我引到一间古色古香的起居室,这是一个长方形的房间，北半部作为餐厅，南半部为起居室。靠窗放着一个大沙发，在屋中间放一组小沙发。靠西墙有一个矮书柜，上面摆放着几件大小不同的金石佛像，还有一个白色的小陶猪及马头。家具都是旧的，但窗帘和沙发面料却很特别，是用织地毯的本色坯布做的，看起来很厚，质感很强。在窗帘的一角缀有咖啡色的图案，沙发的扶手及靠背上都铺着绣有黑线挑花的白土布，但也是旧的，我一眼就看出这些刺绣出自云南苗族姑娘的手。在昆明、上海我都曾到过某些达官贵人的宅第，见过豪华精美的陈设。但是像这个客厅这样朴素而高雅的布置，我却从来没有见过。”

像在北总布胡同时一样，这里很快又成为文化沙龙。许多老朋友如张奚若、金岳霖、周培源等常来梁家聚会。他们谈哲学、文学、艺术，也谈政治、经济形势。以后来客中又增加了建筑系的教师和学生，他们常在这里研究教学和设计方案，这里变成了建筑系的会议室、办公室和绘图室。郑孝燮后来回忆说：“那间面积不大的客厅里，留下了无数历史性贡献的记忆。”

1948 年 12 月下旬的一个晚上，张奚若带着两名解放军军官来到新林院 8 号拜访梁思成夫妇。他们摊开一幅大比例的北平军用地图，请梁思成用红笔将北平城内的重要古建筑位置标出来，说万一解放军被迫攻城，要尽一切可能避开这些古建筑。梁思成夫妇被感动得热泪盈眶，标出了重要文物的位置。后来梁思成又组织建筑系教师夜以继日地编出《全国重要文物建筑简目》和《古建保护须知》送到解放军手中，以备全国解放战争的需要。这就是 1961 年国务院公布的《第一批全国重要文物保护单位名单》和《文物保护管理暂行条例》两个重要文件的最初蓝本。

保护北京古城和古建筑的先驱

设计国徽和人民英雄纪念碑

北平解放后，梁思成受到党和人民政府的信任与器重，他被聘请为党中央建筑方面的技术顾问，任中央直属修建处的副主任委员，负责怀仁堂改建工程和中南海新建宿舍的设计与施工。他被聘为中国人民政治协商会议的特约代表，1949 年 10 月 1 日，他又被邀请登上天安门参加开国大典。

梁思成担任了全国政协第一届大会筹委会“国旗、国徽图案评选委员会”的顾问，“人民英雄纪念碑兴建委员会”副主任和建筑设计组组长。他满腔热情地投入到新中国成立初期这几项标志性工程中去，为此贡献自己的智慧、学识和心血。以梁思成为主提出的方案都得到了肯定和采纳。当看到悬挂在天安门正中的国徽与矗立在天安门广场的巍峨的人民英雄纪念碑时，可曾想到它的主要设计者梁思成？

夭折的“梁陈方案”

新中国成立之后，北平恢复了北京的名称，成为中华人民共和国的首都。大规模的建设即将开始，急需新的城市规划。1949 年 5 月，梁思成被任命为北平都市计划委员会副主任，中央领导委托他组织对北京城的规划进行研究。

梁思成早就对欧美的城市发展进行过研究，并看出其无序发展的弊端。他语重心长地说：“今日欧美无数市镇因在工业化过程中任其自流发展，所形成的紊乱与丑恶的形体，正是我们的前车之鉴。”

梁思成认为“在地球表面上人类最伟大的个体工程，可能就是北京城了”，明清北京城的规划，达到了中国古典城市在建筑史上的最高典范，是举世公认的城市规划杰作。梁思成希望在新的规划中要把“北京建设成像华盛顿那样禁止办工厂的行政中心，并像罗马、雅典那样的‘古迹城’”。为了从整体上保护古老的北京城，满足政府行政中心本身的功能要求和有利于将来的发展，梁思成与从英国留学归来的陈占祥共同起草了《关于中央人民政府中心区位置的建议》，即著名的“梁陈方案”。方案提出政府行政中心区的最佳位置应在北京西郊月坛以西、公主坟以东的地区，并将钓鱼台、八一湖、莲花池等水域组织到新规划中。方案有利于北京的平衡发展，既有利于保存旧城内的各种名胜文物，又有利于建设新时代新风格的新首都。

但这个方案没有得到最高领导的赏识，也受到了苏联专家的反对。苏联专家认为北京要发展成一个大工业城市，政府行政中心应设在天安门广场及东西长安街上。不久“梁陈方案”被指责为与苏联专家“分庭抗礼”，与毛主席“一边倒”的政策“背道而驰”。梁思成仍据理力争，他多次向北京市的领导人说：“我们将来认识越来越高，就知道古代文物的宝贵”“五十年后，有人会后悔的。”

1953 年，北京市委成立了一个规划小组，地点设在动物园畅观楼。

1955年，北京都市规划委员会成立，原都市计划委员会的工作结束。梁思成虽在规划委员会挂个名，但被排除在北京市的具体规划工作之外了。后来，国务院及各部委分散建在全市各处，至今没有形成行政办公中心。

为北京城墙、城楼的保护而呼号

解放初期，有些人认为北京的城墙是封建时代作战的防御物，现在效能已失，成为妨碍北京建设、束缚生产力发展的障碍，主张拆除。他们说："留之无用，且有弊害，拆之不但不可惜，且有薄利可图。"

梁思成听到这种意见后非常着急。他连续发表《关于北京城墙存废的讨论》《北京——都市计划的无比杰作》等文章，全面阐述保存城墙的意义。他写道："环绕北京的城墙，是一件气魄雄伟、精神壮丽的杰作。它不只是为防御而叠积的砖堆，它磊拓嵯峨，是一圈对于北京形体的壮丽有莫大关系的古代工程。无论是它壮硕的品质，或它轩昂的外相，或是那样年年历尽风雨甘辛，同北京人民共甘苦的象征意味，总都要引起后人复杂的情感。"他还提出了如何进一步开发利用城墙的建议："从城市规划角度看，可利用它为城市分区的隔离物，城墙上可以绿化，供市民游息。壮丽宽广的城门楼，可改造成文化馆或小型图书馆、博物馆。护城河可引进永定河水，夏天放舟，冬天溜冰。这样一带环城的文娱圈，立体公园，是全世界独一无二的。"但梁思成的这个"环城公园"的设想被嗤之以鼻，被称为"异想天开"。后来拆除城墙、城楼成为中央及北京市领导的既定方针，北京市一位领导人在一次会议上说："谁要是再反对拆城墙，是党员就开除他的党籍。"北京城墙上的箭楼、瓮城、城楼逐渐被拆除，到修环城地铁时，城墙与城楼几乎被拆除干净了，被梁思成赞美为"光彩耀目的中华人民的璎珞"的雄伟城墙不复存在了。

为保护牌楼、双塔、团城而奔走

梁思成在无法整体保护北京古城之后，只能"化整为零"，逐一地保卫遍布北京城的文物古迹。

北京的街道上有许多精美的牌楼，如在西四、东四、西单、东单、历代帝王庙前、大高玄殿前都有牌楼。在城墙、城楼决定要拆之后，牌楼成为拆除的主要对象。

大高玄殿牌楼

牌楼又称牌坊，是中国独特的传统建筑形式，多建于陵墓、庙宇、祠堂、园林及路口。它的本意是为封建统治阶级歌功颂德并宣扬其道德标准，但客观上却衬托得建筑更有气势及韵律。特别是街道上的牌楼成为城市的标记和装饰物，使街道景观丰富而有序，成为我国源远流长的建筑艺术中的一道亮丽景观。

北海团城

牌楼等拟拆除引起了古建专家、文物专家们的激烈反对，梁思成认为：城门和牌楼构成了北京城古老街道的独特景观。城门是主要街道的对景，重重牌楼把单调笔直的街道变成了有序的、丰富的空间。这与西方都市街道中雕塑、凯旋门和方尖碑等有着同样的效果，是街市中美丽的点缀与标志物，可以用建筑、交通环道等方式合理规划，加以保留。

北京大庆寿寺双塔

梁思成拍摄的历代帝王庙前西牌楼

但当时的“拆除派”却说：你们是老保守，将来北京城到处建起高楼大厦，你们这些牌坊、城门在高楼包围下岂不都成了鸡笼、鸟舍，有什么文物鉴赏价值可言！

争论以“拆除派”的胜利告终，各牌楼和城门陆续拆除。1954 年，历代帝王庙前的牌楼和西四牌楼均被拆除。梁思成先生痛哭了好几天。后来，毛泽东曾为上述争论下了结论：“北京拆牌坊，城门打洞也哭鼻子，这是政治问题。”

在西长安街现电报大楼附近，曾有一座寺院称为大庆寿寺，创建于金代。元世祖忽必烈建大都时，庆寿寺正在大都南城墙线上。元世祖诏令避让，城墙南移，把寺庙圈入城内，一时传为佳话。

元统治者对庆寿寺极为重视。庆寿寺住持海云法师受到朝廷礼遇，擢居天下禅林之首。海云去世后，他的大弟子可菴继续住持大庆寿寺。后来寺内为两人修建灵塔，即著名的双塔。两塔都是八角密檐砖塔，但并不是一对，而是一座九层，一座七层，如师徒比肩而立。因寺中的双塔，俗称双塔寺。

1955 年在拓宽长安街时，双塔正当街心。当时梁思成建议仅拆除双塔周边的民房，保留双塔并辟一块街心绿地。既保护了双塔又可丰富街道景观，两全其美。但此建议终未被采纳，双塔被拆除。

双塔造型精整，端庄挺秀，又与佛教史上的两位名人有关，是元、明盛极一时的大庆寿寺的唯一遗物。双塔在北京的建城史上具有重大价值，然而一项决定使它化为乌有。

梁思成与林洙

在北京城古建筑保卫战中，梁思成也获得过唯一的一次胜利，即成功地保住了团城，这是因为取得了周恩来总理的支持。在拆除牌楼、城楼的风潮中，又有人提出要拆团城，理由仍是妨碍交通。对此，梁思成忧心忡忡,在各种会议上陈述不能拆的理由。他认为团城在北海的布局上起着重要作用，登上团城，三海景色尽收眼底，它是封建帝王的望景“台”。他提出了改善交通的各种方案，都被否决了。他又请苏联专家两上团城说服专家。在一次会上，面对“拆除派”，一贯温文尔雅的梁思成勃然大怒，站起说：“照你们这样说，干脆推倒团城，填平三海，修一条笔直的马路过去好了，还讨论什么？”情急之下，他不得不找周恩来总理。周总理两次上团城实地勘察，决定中南海围墙南移，马路也稍向南拐，最终将团城保存下来。

在国徽和人民英雄纪念碑的设计上，林徽因付出了艰辛的努力。在保卫北京古迹文物上，她也和梁思成一起奔走呼号，本已体弱多病的她终于耗尽了最后一点精力，于 1955 年春病逝。这给梁思成带来了巨大的痛苦。他一直孤身生活，直至七年后，他与相识多年的林洙才再结连理。

“文革”期间，梁思成在劫难逃。他被打成“反动学术权威”，被批斗、抄家，被勒令三次搬家。1967 年 2 月搬到清华北院一间无人居住的破房子中……是林洙陪伴着他走完最后的岁月。

1972 年 1 月 9 日，梁思成在屈辱与困惑中与世长辞。

历史不会忘记梁思成，随着时间的推移，人们日益认识到他对中国建筑研究，对城市规划，对文物保护所做出的巨大贡献。他的远见卓识将永远给后人以警示。

沈从文 边城游子的京华情怀

沈从文是我国现代文学史上最重要的作家之一，他以充满诗意追求和人性关怀的浪漫手法所写的乡土小说为他赢得了世界声誉。但多年来他在国内却受到极不公正的待遇，许多文学史上没有他的名字，仿佛他不曾存在过。直到新时期来临，沈从文才得到重新评价。他的文学著作也像出土文物一样被人重新认识和挖掘，形成一浪高过一浪的沈从文热。

沈从文1902年12月28日出生在湖南镇筸（又名凤凰厅）的一个军人世家，名岳焕，字崇文，后自己改名从文。他5岁上私塾，但调皮异常，经常逃学，13岁转入新式小学。1918年，16岁的沈从文小学毕业，未再升学，加入了一支湘西的土著部队，度过了五年颠沛流离的军旅生活。

1923年夏 21岁的沈从文来到北京 入住酉西会馆 开始了艰苦的自学与写作生活

虽然身在部队，但沈从文一直想读书，出去见见世面。在新文化思潮的影响下，1923年8月21岁的沈从文离开湘西，经过19天的艰难旅程到达北京。（也有资料称沈从文是1924年到达北京的）

到达当天，他住在了西河沿一家小客栈，几天后经远亲介绍，搬到了不收租金的酉酉会馆。

酉酉会馆是清末由湘西人捐资修建的，规模不大，有20多间房子，在前门外杨梅竹斜街61号。进入前门外大栅栏，沿街往西南走，到了大栅栏西街，往北穿过青竹巷就到了杨梅竹斜街。它与大栅栏西街平行，是从东北向西南的走向。大栅栏热闹而繁华，这里却显得冷清而破旧。酉酉会馆在街中段路北，现在已是民居，院内狭小而杂乱。

沈从文到北京原打算是来读大学的，但到后才知道读大学要经过考试。他仅小学毕业，几次考试都名落孙山。报考中法大学虽被录取，又因交不起28元食宿费而未能入学。他只好暂时放弃了读大学的奢望，开始自学和写作。

当时京师通俗图书馆设在宣武门内大街路西头发胡同内，原翰林院讲习馆旧址。沈从文每天一早就穿过东、西琉璃厂赶往图书馆，带几个馒头和咸菜就是他的午餐，下午直到闭馆才出来。图书馆是一个宽敞的大四合院，南房为阅报室，北房为阅书室，后面是书库，藏书很丰富。沈从文如饥似渴地阅读着，丰富和提高着自己。东、西琉璃厂的旧书店和古玩店也是他流连忘返的地方。他在那里学到了许多文物鉴赏、收藏等知识。他后来说：“是在社会大学文物历史系预备班毕了业。”为他下半生从事文物研究打下了基础。

1924年初　沈从文搬到了沙滩附近的公寓里　成为北京大学的旁听生　在最困难时他得到了郁达夫的帮助

沈从文在酉酉会馆住了半年多，1924年春，在表弟黄竹生的帮助下搬到了银闸胡同一个公寓住下。银闸胡同在北池子大街以东，北起五四大街，南端东折至北河沿大街。现在的五四大街原名沙滩，街北就是著名的北大红楼。当时在北大红楼附近有许多公寓，供来自全国各地的北大学生和旁听生居住，如清华公寓、银闸公寓、汉园公寓等，当时都住了许多北大学生。有不少后来成为文化名人，如何其芳、卞之琳、李广田三人同住在汉园公寓，三人的合集《汉园集》，使汉园公寓名扬中国诗歌史册。

沈从文居住的是一间储煤间改造而成的，没有窗户的阴暗潮湿的小房子。

银闸胡同街牌（赵敏拍摄）

房间内只能放下一张小床和一张小木桌，沈从文戏称“窄而霉小斋”。在这里他白天去北京大学旁听或继续去图书馆阅读，傍晚去街头卖报，夜里在斗室里伏案写作。他写了许多文章投给各种报刊，却都如石沉大海。贫困的生活和恶劣的条件使他内心异常痛苦与孤独。在几近绝望时，他给著名作家郁达夫写了一封信，倾诉自己对文学的信仰和艰苦的追求。11 月中旬，郁达夫冒着风雪去看望沈从文。推开小屋的门，屋里没有炉火，沈从文身上只有两件夹衣，用旧棉被裹住双腿，双手冻得通红伏在桌上写作。郁达夫详细询问了沈从文的情况，被他对文学的执着追求和艰辛生活深深打动。他叮咛沈从文：“我看过你的文章，好好写下去……”他知道沈从文还没吃午饭，便请他共进午餐。临别时他将结账时找回的 3 元 2 角钱给了沈从文，又将自己的一条灰色羊毛围巾围在了沈从文的脖子上。几天后，郁达夫写的一篇《给一个文学青年的公开状》在《晨报》副刊发表，引起人们对沈从文的关注。他又将沈从文介绍给《晨报》副刊新任主编刘勉己和瞿世英。不久，沈从文的文章不断出现在《晨报》副刊和其他报刊上。在徐志摩接编《晨报》副刊后，将沈从文与胡适、闻一多、郁达夫等一起列为约稿作者。沈从文在《晨报》副刊上发表作品 100 余篇，他和徐志摩成为好友。

在这期间，沈从文还认识了丁玲与胡也频。丁玲也是湘西人，他们一见如故，曾一起商量办一个文学刊物。

1925 年　夏沈从文到香山慈幼院任图书馆管理员

1925 年 8 月，经朋友推荐沈从文到熊希龄创办的香山慈幼院任图书馆管理员。熊希龄也是湘西人，与沈从文还是远亲。沈从文被安排住在一座旧庙里，正与熊希龄所住的双清别墅为邻。两人傍晚常坐在山道旁的古松下聊天，有时直到深夜。当时丁玲和胡也频恰好住在香山碧云寺附近。他们常见面，或爬山，或划船，一起谈论着写作和办杂志。余暇时，沈从文仍刻苦写作，不断有新作发表。11 月，熊希龄送沈从文到北京大学图书馆进修，师从袁同礼学习图书编目等业务知识，至 1926 年 2 月。

在香山慈幼院图书馆的工作使沈从文有了基本生活保障，但他看不惯慈幼院某些上层人员的作风，觉得与熊希龄之间也仿佛总有一道很难逾越的鸿沟，再者他对图书管理兴趣也不大。考虑再三，一年后他辞去了慈幼院的职务，重新搬回了北大附近的公寓，完全靠写作谋生。这一次他和丁玲与胡也频一起住在汉园公寓，沈从文的房间与当时年仅十三四岁的公寓小主人黄伯飞的房间相邻。55 年后黄伯飞回忆当年的情况："这三个人我常看见的是沈从文。他每次从外面回来差不多总是夹着一些书籍和纸张，脚步迅捷地走到我的房门前边就向左一转走到他的房间去。胡也频总是一早就出去，很晚才回来。有时几天都看不见他。丁玲则多半的时间躲在她的房间里。"

随着北伐战争的节节胜利，南方出现革命高潮，北京的军阀统治却越来越紧，作家们纷纷南下。1928 年初，沈从文移居上海，一面继续写作，一边与丁玲、胡也频等共同编辑《中央日报》副刊《红与黑》《红黑》月刊等。后又相继在上海中国公学、暨南大学、青岛大学任教。在中国公学他认识了此后相爱一生的伴侣张兆和。

1933 年夏　沈从文重回北平　在西城府右街达子营与张兆和结婚

1933 年暑假，沈从文辞去青岛大学任职，应先于他辞职的青岛大学校长杨振声之邀回北平参加中小学教科书编纂工作。8 月初回到北京，先借住在西城西斜街杨振声家，后租赁西城府右街达子营 28 号。

9 月 9 日，沈从文与张兆和在中央公园，即现在的中山公园水榭举行婚礼。从南方赶来参加他们婚礼的四妹张充和 47 年后回忆当时的情景，尚历历在目："1933 年 9 月 9 日，沈二哥、三姐在北平中央公园的水榭结婚，没有仪式，

沈从文、张兆和夫妇

没有主婚人、证婚人。三姐穿件浅豆沙色普通绸旗袍，沈二哥穿件蓝毛葛的夹袍，是大姐在上海为他们缝制的。客人大都是北方几个大学和文艺界朋友。……新居在西城达子营。小院落，有一枣一槐。正屋三间，有一厢，厢房便是沈二哥的书房兼客厅。……新房中并无什么陈设，四壁空空，不像后来到处塞满书籍与瓷器漆器。也无一般新婚气象。只是两张床上各罩一锦缎百子图的罩单有点办喜事气氛，是梁思成、林徽因送的。”但据季羡林回忆，婚礼有证婚人，证婚人就是当初劝张兆和接受沈从文的胡适。

沈从文对新居很满意，对婚后的生活更满意。他给大哥写信说：“兆和人极好，待人接物使朋友得良好印象，又能读书，又知俭朴，故而我觉得非常幸福。”又说，“近来也真稀奇，只想做事，成天做事也从不厌倦，每天饮食极多，人极精神，无事不作，同时也无一事缺少兴味，真所谓人逢喜事精神爽耶？”他除了去西斜街上班编教科书外，同时蜜月中的沈从文还在院中的树荫下，交叉着写《边城》和《记丁玲女士》两部作品。后者当时正在《国闻周报》连载，它那独特的风格与诚挚的热情深深吸引读者。而《边城》更成为沈从文的代表作，享誉海内外。

婚后，沈从文请巴金来做客。巴金到京后就住在沈家。沈从文热情招待，让他住在自己的书房中。每日三餐都让客人坐在主位。餐后自由活动，从不打扰，两人从此结下了终生的友谊。

9月下旬，《大公报》文艺副刊创刊。这个副刊是沈从文与杨振声应《大公报》之邀在北京编的，沈从文主持了大部分编务工作。朱自清、冰心、俞平伯、周作人、朱光潜、巴金等都经常为副刊撰稿。沈从文还为扶持文学新人做了许多工作。他常在家里接待来访的青年作者，还定期在中央公园来今雨轩或北海公园漪澜堂与青年作者聚会，一边喝茶，一边谈文学写作。对初学写作者的稿件做耐心修改，尽可能给予发表，这时他或许想到了自己初学写作、投稿时的艰辛吧。他对萧乾给予了极大的关注。萧乾的第一部小说集《篱下集》中的各篇作品，第一个读者大都是沈从文。后来他又把萧乾引荐给《大公报》社长胡霖，萧乾得以进入《大公报》。沈从文以《大公报》文艺副刊为阵地团结了北方许多不同风格的新老作家，发掘了大批文学新人，博得“京派文人”的称呼。沈从文自己的作品在这一时期也日益走向成熟，他的代表作《边城》《湘行散记》等都在这一时期相继发表。

1937 年 7 月卢沟桥事变爆发，北平局势极为紧张。

7 月中旬，沈从文将家迁至钟鼓楼东北的国祥胡同 12 号。那里曾是外蒙古亲王在北京仅有的一座王府，最后一代亲王叫那彦图，王府俗称那王府。当时那王府已典当，沈从文搬进的是王府后院的一部分。沈从文在那里没住多久，7 月 28 日北平沦陷。8 月 12 日，沈从文与一批北大、清华教授乔装改扮后，结伴逃出北平。

抗日战争中，沈从文先后在长沙临时大学、昆明西南联大任教。

1946 年 沈从文回到北平 在北京大学任教 入住中老胡同 32 号院

中老胡同（赵敏拍摄）

抗战胜利后，1946 年 7 月西南联大完成历史使命正式结束。8 月下旬沈从文回到北平，就任北京大学教授，搬入沙滩中老胡同 32 号北京大学宿舍居住。

中老胡同 32 号可不是一个普通的院落。它曾是光绪帝的爱妃珍妃、瑾妃的娘家。光绪十四年（1888 年）珍妃入宫后，其父兄便物色到紧邻紫禁城东北的中老胡同这个院落，以便离自己的爱女近些。据说当时站在院内的假山上，可以看到宫中的殿堂。珍妃的家人一直住在这里，直至北平沦陷后院落被日本人霸占才被迫迁出。中老胡同 32 号原本是一个多重院落的大型四合院。房屋之间都有走廊连接，还有一个很大的花园，不仅花木茂盛，还有假山、凉亭。日本人掠夺后将房屋前的走廊都并入房屋，连接院落的走廊都被截断，几处四合院的南房改成了北房。经过日本人的改造，四合院的格局被破坏，形成了三排或四排房屋的格局。但院子仍很开阔，有房屋 100 余间，遍布古树花木，环境还是很好的。

1946 年，北大在北平复校，通过各种途径争取来多处房屋作为教职员工宿舍。中老胡同这个院落是北大代理校长傅斯年亲自立了借据，向中央信托局北平分局借来的。这个院落是离北大校本部最近，也是条件最好的。

在这里先后住过 30 多户，包括北大训导长、教务长、文、理、法、工各学院院长、系主任等。美学家朱光潜、诗人冯至、哲学家贺麟、法学家周柄琳、数学家江泽涵、闻一多胞弟翻译家闻家驷、费孝通之兄法学家费青等声名卓著的人物都曾是这个院落的住户。他们在这个院中的生活可以说是当时中国高级知识分子状况的一个缩影。他们在这里参加了许多反对内战、反对独裁的民主进步活动；他们拒绝了南京政府送来的机票，留下来迎接解放；他们真诚地参加了思想改造运动和其他运动；他们在这里迎来了院系调整……沈从文一家是这个院中的一户，他也经受了解放前后的一系列变故。沈从文及夫人张兆和带着两个儿子沈龙朱、沈虎雏住在院子的西北角。他西邻是胡适的儿子胡思杜。在胡适仓促登上南去的飞机时，他的小儿子胡思杜没跟着走，留在了北京，搬进了中老胡同 32 号。在沈从文家南边的一排房子里住着著名数学家，时任数学系主任的江泽涵一家。

1948 年 3 月，香港《大众文艺》丛刊刊出郭沫若的《斥反动文艺》等三篇文章，对沈从文等自由主义作家进行猛烈批判，说他们“为艺术而艺术”“是大地主大资产阶级的帮凶和帮凶文艺”等。看到这些，沈从文极为紧张，感到“神经已发展到一个能适应的最高点上，我不毁也会疯去”。但即便如此，到了 1948 年 11 月下旬，北平已处于解放军的包围之中。北京大学的国民党负责人劝说沈从文一家南逃，并答应提供机票。在进步学生劝说下，沈从文仍决定留在北平迎接解放，用行动证明自己是“既不跟国民党反动派走，又不到美国去，而是逐渐向共产党和广大人民靠拢”的爱国者。

1949年1月，北平和平解放。随即北京大学校园中出现了转抄的郭沫若等人批判沈从文的文章。教学楼上挂着“打倒新月派、现代评论派、第三条路线的沈从文”的大幅标语。极为敏感而神经脆弱的沈从文承受不起，于3月底因精神崩溃而割腕自杀。幸亏发现和抢救及时，才未出意外。他被送往精神病院疗养，在医护人员和妻子张兆和的精心护理下逐渐好转。巴金、靳以、萧乾等老友多次探望。6月8日，丁玲只身抵达北平，10日就去看望沈从文。半个月后丁玲丈夫陈明到北平后，夫妻两人约了何其芳一起去探望沈从文。

8月，沈从文病况稳定后，由郑振铎介绍到新成立的历史博物馆工作。

1952年，院系调整后，北大从沙滩搬至燕园，中老胡同32号成为北京政法学院宿舍，院中的老住户也陆续搬走。20世纪50年代“大跃进”时，大院成为由许多私营小企业组成的公私合营科伟医疗器械厂，70年代后改为北京医疗电子仪器厂，院内的一些旧房被拆除盖起了厂房。2010年后，使用此处的单位是“北京首都投资控股（集团）有限公司”。

前两年我去中老胡同寻找32号院。中老胡同很好找，就在沙滩红楼西边，是沙滩北街路西从南数的第一条东西向胡同。进入胡同向西走，我在不长的胡同里走了两个来回，却没有找到32号。后又仔细找，发现在胡同路南28

国家博物馆（赵敏拍摄）

中老胡同 32 号（赵敏拍摄）

中老胡同 32 号（赵敏拍摄）

中老胡同 36 号（赵敏拍摄）

号与36号之间有条南北小夹道，32号就藏在其中。找到32号，让我大失所望，这个院落曾经是谨妃、珍妃娘家，又曾是北京大学宿舍，我原想一定是个气派的大宅院，大门至少是广亮大门。现在看到的是个小随墙门，门紧闭，看不到院中情况。我想只能是两种可能，一是胡同中的院落曾重新编号，现在的 32 号已不是原来的 32 号；另一种可能是 32 号将原大门封闭，改作他用，重新开了个小偏门。

在交道口北头条 11 号的短暂居住　步入文物研究领域

1952 年初，因编制已不在北大，沈从文一家搬出了北大宿舍，租用了位于交道口北头条 11 号的民房居住。交道口北头条是交道口大街北边的第一条胡同。当时沈从文在故宫午门上班，每天上下班要穿过大半个内城。他曾回忆到，每天上班“天不亮即出门，在北新桥买个烤白薯暖手，坐电车到天安门时，门还不开，即坐下来看天空星月，开了门再进去。晚上回家时，有时大雨，即披个破麻袋遮雨”。

沈从文被分配在历史博物馆陈列组，主要工作是在库房清点登记馆藏文物。他曾数过上万的钱币、无数的陶瓷器，同时抄写陈列卡片，编写文物说明，编写展览解说词，充任解说员。他的儿子虎雏曾回忆他父亲的工作情景：“寒假，爸爸带我去午门上班。我的任务是擦去一些不重要的东西上的积垢。库房不准生火取暖，黑抹布冻成硬疙瘩，水要从城楼下边端。爸爸跟同事小声讨论着，间或写下几行字。他有时拿大手绢折成三角形，把眼睛以上扎起来挡灰……中午我们在端门、阙左门、阙右门进进出出，让太阳暖暖身子。他有时讲些我兴趣不大的历史文物知识。”后来沈从文又转入文物收购组，为丰富馆藏由他经手收购了许多珍贵文物。沈从文不辞辛苦，从这些看似最简单、烦琐的小事做起，坚韧地向着另一条寂寞之路跋涉，踏实地开始了他的文物研究之路。

曾是中国历史博物馆的故宫午门（赵敏拍摄）

故宫午门（赵敏拍摄）

多年后沈从文回忆这段工作经历时动情地说：“一般人总认为，一个人进了历史博物馆，那就算完了。可是一深入工作，就会明白历史博物馆是一座中华民族悠久历史和灿烂文化的宝库。馆内各种文物却引起了我的浓厚兴趣。按规定，当时历史博物馆不许生火，冬天，零下 28 摄氏度，我就穿件大棉袄在灰尘扑扑的文物仓库里登记、抄录、鉴定、研究，常常到了下班时间也不觉得，被工作人员反锁在仓库里也不知道。仅 20 世纪 50 年代初期，由我经手过目的瓷器、铜器、玉器、漆器、绘画、家具、钱币、绸缎、地毯等文物，就不下一百万件。我一面学习，一面就担任讲解员，我先后接待、交谈过的一般或特殊观众，总计下来，可能达二三十万人次。这真可说是给了我向社会学习的一种很好机会。”

沈从文在东堂子胡同 51 号住了 27 年

在交道口北头条住了一年多，1953 年 3 月沈从文一家搬入了东堂子胡同 51 号历史博物馆宿舍。

东堂子胡同东起朝阳门南小街，西至东单北大街，明代称堂子胡同。堂子是江南方言中妓院之意，胡同以北是演乐胡同、本司胡同、勾栏胡同，为明代教坊司所在地，周边艺伎甚多，胡同得名与此有关。清代时因与金鱼胡同北边的堂子胡同重名，分别被命名为西堂子胡同与东堂子胡同，一直沿用至今。

胡同中段路北 49 号院是一座几经变故，颇有历史渊源的院落。晚清这里曾是大学士赛尚阿的宅第。赛尚阿字鹤汀，正蓝旗蒙古人，是当代国学大师启功的外高祖父。他嘉庆年间中举人，曾任内阁学士、理藩院尚书、步军统领。咸丰元年（1851 年）因在与太平军作战中连连失利，于次年押至京治罪，其宅第被没收。由于太平天国占据南方半壁江山，云南的滇钱运不到北京，清政府只好以铁当铜，改铸铁钱。赛尚阿宅被改为铁钱局，又称铁钱公所。

长期以来，清政府把外国视为“蛮夷之邦”“藩属之国”，以“天朝上国”自居，认为与外国关系仅是“理藩而已，无所谓外交”。但在 1860 年《北京条约》签订后，各国在华开设使馆，派驻使节，各项外交事务纷至沓来，清廷不得不于咸丰十一年（1861 年）设立总理各国事务衙门，简称总理衙门，成为清政府办理洋务及外交事务的中央机构。总理衙门设在了铁钱公所。

总理各国事务衙门建筑遗存牌（赵敏拍摄）

光绪二十七年（1901 年）清政府实施宪政改革，

总理衙门改称外务部，“班列六部之前”，成为晚清政府最重要的决策机构之一。它记录了19世纪末日薄西山的中央帝国与欧美列强进行外交周旋，中国逐步半殖民化的全过程。民国后，此处改为外交部。

1912年，外交部迁至石大人胡同后，此处曾一度成为外交总长、外交次长官邸。现原建筑仅存东西各一四合院。2003年公布为北京市文物保护单位。院墙上挂着一块“原总理各国事务衙门建筑遗存”的铭牌。

东堂子胡同51号在清总理衙门西侧，沈从文一家住在里院靠东头的三间北房中，一直到1980年迁出，在这里住了27年。

他虽有过痛苦，却并没有消沉，而很快完成了从文学家到文物研究专家的转型。他从很少人注意的历代服饰入手，敲开了古代文物与文化的大门。他对照古代服饰，翻阅了成百上千种文献资料，记了几十抽屉的卡片，对历代服饰的材料、式样、文饰等详加研究，并且触类旁通，广泛涉及玉器、青铜器、漆器、陶器、绘画等，成为文博大家。他后来曾回忆：“许多在日本、美国的朋友，为我不写小说而觉得惋惜，事实上不值得惋惜……对我来说，这正是个机会，可以具体地把六千年的中华文物，有条理有系统地看一个遍。”

他的侄子、画家黄永玉回忆他那一段生活，他为文物研究着迷，“从文表叔满屋满床的画册书本，并以大字报的形式把参考用的纸条和画页都粘在墙上”，夜以继日地研究。许多老朋友常来看他，给他带来莫大的欣慰。“在从文表叔家，常常碰到一些老人：金岳霖先生、巴金先生、李健吾先生、朱光潜先生、曹禺先生和卞之琳先生，他们相互间的关系温存得很，亲切地谈着话，吃着客人带来的糖食……看这位文学上早已敛羽的老朋友。”

可是这一切随着“文革”的到来而结束了。“文革”中沈从文的家被抄了八次，多年珍藏的书籍被洗劫一空，他先是在单位劳改，后被下放干校劳动，一场心脏病险些夺去了他的性命。1972年他因病才允许回到北京。三间住房已被强占去两间，他在原保姆住的小间里重新开始了《中国古代服饰研究》的写作。

有人曾描述过他在这间小屋的写作情况。小屋的墙壁和窗棂上挂满了描绘的从殷商至明清，上下数千年的中国各朝各代的文物图样和大小不一的说明纸条。桌上、地上甚至床上都堆摞摊摆着各种书刊图册，他趴在床上或伏在桌前，查看着、抄录着，以惊人的毅力默默地做着自己认为对中国文化有意义的事情。

1972 年，沈从文的夫人张兆和从干校回京，因东堂子胡同 51 号的住室已被挤占得只剩一小间，作家协会在小羊宜宾胡同 3 号为她分得小小的东厢房，这里便成为沈从文的一处“飞地”。夫妻两人分居两处，年过古稀的沈从文便以“东家食而西家宿”的方式两头奔走。他住在东堂子胡同，仍夜以继日地进行着中国古代服饰研究，就餐时到小羊宜宾胡同。为节省时间，他每日来吃一餐再带走两餐，就这样坚持了七年多。

遗憾的是东堂子胡同 51 号和小羊宜宾胡同 3 号都已被拆除。

1980 年后 沈从文两次搬家

1979 年 3 月，在胡乔木的关注下，沈从文调入中国社会科学院历史研究所，为他成立了专门的研究室，配备了助手。在西郊友谊宾馆租用了两个大套间作为工作室，支持他完成《中国古代服饰研究》的重新校订与增补工作。1980 年 5 月，沈从文家搬到前门东大街 3 号，新侨饭店后面的社会科学院宿舍。新住房是套小三居，面积虽然不大，但条件比东堂子胡同大大改善，结束了他们夫妻分居，“东家食而西家宿”的生活。

1980 年 9 月，鸿篇巨制《中国古代服饰研究》经过多年的风雨之后，终于由香港商务印书馆出版，印刷精美，装潢考究。此书一出版立即受到国内外学术界的高度重视，欧洲出版商纷纷洽商英、法、德等外文版的翻译出版事宜，被誉为中国社会科学界百年来最杰出的学术成果之一。

1986 年，沈从文已 84 岁。年初社会科学院按正部级待遇给他在崇文门东大街 22 号楼分配了有五个居室的住房。里面有客厅、卧室、宽大的书房与工作室，还为沈从文配备了汽车与司机。

沈从文的各种旧作不断重新出版，各种沈从文研究会相继举办，又从海外传来沈从文将当选诺贝尔文学奖候选人的消息……但这一切似乎来得太晚了，沈从文已心力交瘁、力不从心，……1988 年 5 月 10 日，沈从文心脏病猝发，抢救无效，于当晚与世长辞，享年 86 岁。四年后，1992 年 5 月 10 日，骨灰由夫人及其他亲属护送回凤凰。一部分骨灰撒入沱江清流之中，一部分安葬于听涛山下。

沈从文从一个偏僻闭塞的小城，来到了历史悠久、名扬中外的大城，他幻想用自己手中的笔写出一片天地，他奇迹般地做到了。他写出了语言清丽隽永，风格自然淡远，在我国现代文学史上独树一帜，堪称经典的文学作品。他又完成了文物史上前无古人的皇皇巨著，他本身就是一个传奇。

现在，他又回到了他的小城——凤凰古城。他的墓碑上镌刻着“不折不从，星斗其文；亦慈亦让，赤子其人”。

京剧名家程砚秋 京腔京韵自多情

京剧表演艺术家程砚秋是京剧四大名旦之一，程派艺术的创始人。他创立的程派唱腔如泣如诉，婉转幽怨中又蕴含着刚劲自强，表演细腻真切，近百年广为流传，深受欢迎。至今仍在舞台上广受好评，传承不息。

程砚秋可以说是戏曲界道德楷模。他一生自律甚严，洁身自好，有强烈的民族意识和正义感，在旧社会的戏班中实属难能可贵。

程砚秋，原名承麟，字菊依，号玉霜。1904 年 1 月 1 日出生在北京后海南沿小翔凤胡同。他是满族正黄旗人，祖先于清顺治元年（1644 年）随多尔衮入京。五世祖英和曾任道光初年相国。其父荣寿在他不满三岁时就去世了，家境日益困难，5 岁时搬出了祖宅，迁入海淀清华园附近的西小营。之后又数次搬家，最后到了南城天桥东大市西湾尺胡同。这地方俗称“穷汉市”，是名副其实的贫民窟。

程砚秋在魏染胡同 艰辛的学艺之路

此时程家已是家徒四壁，靠母亲给人“缝穷”维持一家人的生活。眼看着生活无以为继，程砚秋央求母亲让自己去学戏。母亲出身名门，怎能让孩子去做“下九流”的事？起初坚决不允。但无奈生活无着，在经过一番痛苦

青年程砚秋

挣扎后，在程砚秋 6 岁时托人与武旦荣蝶仙先生签了为期九年的卖身契。荣蝶仙当时住在魏染胡同。

魏染胡同在骡马市大街以北，南北向，北起南柳巷，南至骡马市大街中段。有关魏染胡同名称的来源，日本人多田贞一在《北京地名志》一书中写道："魏染胡同，骡马市大街路北。据传，名宦官魏忠贤曾在此巷居住。魏被诛后，此巷叫魏阉胡同，今为避恶名改为魏染胡同(《琐闻录》)。忠贤肃宁人，万历年间入宫……庄烈帝即位后，其奸事被发，遂缢死(《人名辞典》)。"许多人以多田贞一的叙述为依据，论述魏染胡同名称的来源，几成定论。事实上，早在明嘉靖三十九年(1560 年)张爵编辑的《京师五城坊巷衚衕集》里，南城宣北坊就有魏染胡同。既早于魏忠贤入宫的万历年间，更早于他被杀的崇祯年间，根本不存在《琐闻录》所谓"今为避恶名改为魏染胡同"的事情。胡同中砖雕铭牌没有采用这一错误的说法。另一种说法可能更可信，即胡同中曾有魏姓染坊，因而得名。

程砚秋搬到了魏染胡同的荣宅学戏，在这个院落里度过了七年多度日如年的学艺生涯。

旧时学戏非常艰辛，只能用"极其悲惨"来形容。几十年后，程砚秋在《我的学艺经过》一文中回顾了他最初练撕腿、虎跳、小翻、抢背、跷功的经历，仍让人感到字字血泪。他回忆说："一天搞得腰酸腿痛，特别是几种功课连着练习；冬天在冰冷的土地上摔过来、翻过去，一冻就是两三个钟头，虽然练得身上发了汗，可是一停下来，简直是冷得难受极了。"练跷功"要整天绑着跷给先生家里做事，像扫地、扫院子、打水等体力劳动，并不能因为绑了跷就减少了这些活，……荣先生的脾气很厉害，你干活稍微慢一些，就会挨他的打"。程砚秋两条大腿内侧因练功时挨毒打瘀血不散，落下成串的血疙瘩，阴天下雨疼得走不动。

凭着坚强的毅力和吃苦的精神，程砚秋刻苦练功。先学武生，又学过几年花旦，再转为青衣。学青衣后又加强了练嗓，每天天不亮就到陶然亭喊嗓。

经过几年的学习，程砚秋技艺大有长进。11 岁时应约与余叔岩首演于东晓市大街浙慈会馆新成立的“春阳友会”票房。该票房文牍主任徐醒缘将程原艺名“菊侬”改为“艳秋”。此后正式参加营业戏演出。13 岁时芙蓉草在东安市场丹桂茶园演出，程砚秋为其唱开场戏，因嗓音脆亮，很受观众欢迎。后来又应刘鸿升、孙菊仙邀请为他们傍演《朱砂痣》《辕门斩子》《桑园寄子》等戏，积累了不少舞台经验。

魏染胡同标牌

正当程砚秋在舞台上崭露头角时，遇到了“倒仓”变声期。“倒仓”期应当好好休息，保护嗓子。可是这时荣蝶仙与上海的戏院签了合同，收了人家 600 块现大洋的戏

程砚秋故居

四大名旦合影，坐者为程砚秋

份，要程去上海唱。“倒仓”期如果嗓子唱坏了，可能就再也无法恢复，就别想再吃唱戏这碗饭了，怎么办？就在这个关键时刻，一个人出现了，他叫罗瘿公，他为程砚秋解决了这个难题。

罗瘿公为程砚秋提前赎身　搬进北芦草园胡同居所

罗瘿公是晚清名士，康有为的弟子，善诗词，精书法。民国后曾任国务院参事，总统府秘书。后因不满袁世凯的复辟阴谋而弃官从文，成为当时北京文化界的名人。他酷爱京剧，被称为“戏痴”，和戏曲界的许多名角都很熟识。他早就注意到了程砚秋，认为程是“继梅郎之后难得之才”，绝不能毁于一旦。他虽然是学者名士，但并非大富之人。他向中国银行总裁张嘉璈筹措了600块大洋，给了荣蝶仙，提前替程砚秋赎身出师，离开了荣家。

他又替程砚秋一家在北芦草园租了所小院，把程的母亲和三哥一起从天桥接过来同住。

北芦草园胡同在珠市口东大街以北，从南北向的北桥湾胡同往北即可进入。胡同东西向，东口略向南倾斜。在北芦草园北面是一片在北京少有的南北向胡同群，即草场诸条胡同。20世纪初，这一带是戏曲艺人聚集居住地，住过许多戏曲名家，如李洪春、赵桐珊、姚玉芙、郝寿臣等。梅兰芳曾在北芦草园西口以北的青云胡同住过六年。

罗瘿公为程家租住的是北芦草园胡同9号（现75号），坐北朝南。院中北房三间，带前廊，程砚秋母子居住。另有东西厢房各两间，南房三间。

罗瘿公安排好程砚秋一家的居住后，立即请名医为程检查身体，治疗嗓子。他亲自教导他学习，背诵古典诗词，练习书法绘画，提高文化水平。还陪程看电影，让他从其他艺术形式中汲取营养。嗓子稍有好转，又请王瑶卿、乔惠兰等名师为他教戏。1919年经罗瘿公介绍，15岁的程砚秋拜25岁的梅兰芳为师，成为梅门的开山弟子。次年程砚秋的嗓子恢复后，罗瘿公又到处为他联系演出。程砚秋在与许多名角的合作中逐渐成长，成为颇受欢迎的旦角新秀。

1922年程砚秋自组“和声社”，挑梁演出。请王瑶卿做艺术指导和唱腔设计，罗瘿公亲任编剧。罗瘿公先后为程编写了《龙马姻缘》《梨花记》《清霜剑》等十多部新剧，都取得了不俗的效果。第一次受邀赴上海、杭州等地演出也获得巨大成功。

一颗戏剧新星正在冉冉升起。但罗瘿公很清醒，他提醒程砚秋绝不可盲目自满，止步不前。他和程砚秋一起研究，根据程的独特嗓音和自身条件摸索一条新的路径，发挥自己的艺术特长。他们一起设计唱腔，研究表演，在不断的探索中，一个新的独特的艺术流派——程派初步形成了。

1923 年 4 月，梅兰芳、王明华夫妇为媒，程砚秋与果素英女士喜结连理。婚后，搬至前门西河沿排子胡同 23 号（现 36 号）新居。程砚秋感情专一，夫妇一生恩爱。

罗瘿公为京剧艺术发展，为程砚秋的成长竭尽全力，呕心沥血。在带病为程砚秋编写的最后两部剧《青霜剑》《金锁记》完成之后，于 1924 年 9 月病逝。程砚秋感慨万千，说："程有今日，罗居首功。"

不断迁徙中 艺术精益求精 戏校面目一新

程砚秋收入日益增多后，他相继给三个兄长购买了住房，而自己仍租房居住，多次搬家。排子胡同以后又先后住过前门内草帽胡同 6 号、高碑胡同 5 号、府右街枣林大院兴平巷 6 号、崇文门内苏州胡同七贤里、西单牌楼东大街西观音寺 34 号、东四牌楼东大街什锦花园 6 号等。关于程砚秋居住、搬家情况，各种资料说法不一。本文采用的是程砚秋三子程永江著《我的父亲程砚秋》中的说法，地名均为旧称。

程砚秋剧照

尽管不断搬家，居无定所，但他对艺术上的追求没有停步，不断排演新戏，不断研究新腔，使程派艺术日益成熟。

1932 年，他收荀慧生长子荀令香为徒后，更名“砚秋”。不久赴欧洲考察戏剧音乐长达一年零三个月。回国后，至中华戏曲专科学校执教，1935 年任该校董事长。出资在北河沿大街以西、嵩祝院北巷以北购买了一所带戏楼、罩棚和八进院子的大宅院做新校址。继承原校长焦菊隐的办学理念和他自己在欧洲考察中学到的新观念，决心把旧科办制度来一番大改革，创办一所按现代学校管理方式办学的新式艺术学校。学校采取招生制，废除了封建师徒卖身契制度，不许任意责罚学生。学生除按各行当因材施教外，还要学习语文、历史、外语、戏曲常识等文化课，戏校废除了梨园行的一些陈规旧俗，如在后台不供祖师爷、不磕头；在台上不“饮场”；在社会上不唱堂会；在演出中不乱加噱头等。这在当时都是新鲜事，使人耳目一新。当时戏曲界都称此校为“不供祖师爷，只供孙中山”的戏校。

报子胡同 18 号　程砚秋最后的居所

直至 1938 年，程砚秋终于给自己购置了一份房产，是西四北报子胡同的一座普通四合院。稍事修整后，即搬了进去。此后除短暂离开外，再没有搬家，这里成为程家四代人居住的“程氏祖居”。

南起阜成门内大街，北至平安里西大街，西起赵登禹路，东至西四北大街，在这块不大的街区里有八条平行整齐排列的东西向胡同，被称为西四北头条至北八条。这一地区是第一批确立的北京老城 25 片历史文化保护区之一，被誉为“老城历史精华地段的核心保护区”。

西四北头条至北八条，是随着元大都的兴建而诞生的，至今已有 700 多年的历史。元大都兴建时全城有统一、严格的规划。西四北头条至北八条正是按严格规划建设起来的，而且一直延续至今，是反映元大都建城规划的难得的历史遗存。同时，700 多年间，朝代更迭，世事沧桑，这些变化也无不反映在这些胡同中，因而它也是北京城演进的历史见证。

四合院是北京地区主要的传统居住形式，也是中国北方传统住宅建筑的典型代表。四合院中所包含的丰富文化内涵，构成了具有北京地域特点的“四合院文化”。这个地区作为历史街区，是各个朝代城市人口聚居的地区，也是北京四合院存在时间最长、数量最大、质量最高、式样最丰富的地区之一，至今保存较好，具有历史文化价值的四合院达 40 多处，这在北京其他街区是极少见的。

西四北头条至北八条在元、明时属鸣玉坊，清代为正红旗地界。原来八条胡同是各有名称的，1965 年整顿地名时，老名称被认为“陈腐落后，不合时宜”，遂按自南至北的顺序改名为西四北头条至北八条。

西四北三条，明时称箔子胡同。箔子是用苇子秆或秫秸编成的帘子，又叫苇箔，是建筑材料，涂上金属粉末或裱上金属薄片的纸也称为箔，用以做纸钱。当时，这条胡同里因有这类作坊和商铺而得名。清代时又按谐音改称雹子胡同、报子胡同。

胡同路北 3 号曾是明代的外汉经厂。明代在皇城地安门内设有汉经厂，是专为皇家刻印佛经、儒家经典和皇家文件的机构。后来又在这条胡同里设有同样机构，相对于皇城内的汉经厂，这里叫外汉经厂。宫里负责书写抄录的太监年老后，往往被派来看守外汉经厂。

明万历四十五年（1617 年）外汉经厂奉敕改建为皇家庙宇隆长寺。清乾隆二十一年（1756 年）曾重修。寺内有一尊近 5 米高的铜佛，造型为毗卢佛身，下有千瓣莲座，每瓣上都刻有一小佛，称为千佛绕毗卢。此佛雕刻精湛，造型优美，是不可多得的佛像珍品，现移至法源寺内。

明朝万历隆长寺

现隆长寺山门和其后的几重殿堂仍在，石门额上书“敕建护国圣祚隆长寺”，字迹仍依稀可辨。

程砚秋买下的报子胡同 18 号，即现在西四北三条 39 号。

程永江在《我的父亲

程砚秋》一书中是这样描述这个院落的："这是一个总面积约一亩八分坐北朝南的中型四合院。大门开在东南坎位，门道独占倒座房一整间，出门道迎面是砖雕影壁，左行即是前院了，可见倒座南房四间，曾充作门房和堆放戏箱杂物之用，西厢房三间，是跟包师傅和厨司的住所。正北房四间，前廊推出令室内面积愈显扩展，建有四扇屏式折叠门避风阁。中厅后部亦装有折叠式四扇门，平时关闭，只走客厅东角门，出中院东廊进入里院。遇有婚丧大事，可将中厅前后折叠门洞开，经中院垂花门直通内院，此即是命名为'御霜簃'的先父的书房和会客厅。前院正中有松树墙子围绕的草坪，其西北角种有一棵罗汉松，影壁后面是鸽子笼屋。父亲饲养了五六十只各种鸽子，每日晨昏均要放飞，鸽群围绕宅院上空，一再盘旋，历一二小时始落在前院北房屋顶。20世纪40年代后期，父亲把草坪和松树移赠公园，亲手在御霜簃前栽种了一棵小柿子树。现在已成长为年产160斤柿子的大树了。

"前后两大院落由西侧月亮门交道与中院垂花门相连，交道西墙边曾种有三棵梨树，每年秋日均是硕果累累，可惜后因憋风导致病虫害而枯死，中院紧西头开凿了一口手压水井，水质甘甜，其侧是一角竹丛，沿书房后身是玉簪花坛，中院北花墙前也是一溜花坛，植有一棵太平花，叶茂花繁长势非常喜人。这里乃是我童年经常嬉戏的地方。

"后院北房六间（堂屋三间，东侧是带有洗手间的耳房两间）是父母亲生前的卧室，西耳房里间一间原是我祖母的卧室，另一间是供奉有祖师爷的佛堂。

"还有东西厢房各三间，西厢房是我和二哥永源的'儿童屋'，东厢房则是放置戏箱切末盔头圆笼的储物间。院中央是个大天井，周围有抄手廊相连，各房前均辟有花坛，由母亲亲手移植培育的多株芍药和草茉莉。此外，还有东西两个小跨院，分别设有祖师爷的佛堂和女保姆的住所，其中还有数间是放米面的地方和厨房，由此通向大饭厅。此场地为父亲调嗓排戏和请客吃饭的场所，它由一个尽头是洗手间的长长交道，与通向走廊与御霜簃东角后门的廊子相连通。

"最后一道小院原有数棵白紫色花的丁香树，后来成了堆积硬煤和烧暖气锅炉的场地。”

刚搬进新居，程母在家中宴请曾帮助、提携过儿子的亲友。她在大餐桌的旁边摆了一张小桌子，上面只放了窝头、咸菜和小米粥。客人来齐后，她让程砚秋坐在小桌旁，说：“你现在已是角儿了，但你今天就吃窝头、咸菜和小米粥。我想让你永远记住帮助过你的恩人，让你永远记住吃过的苦，永不忘本！”程砚秋连连点头答应，客人们听后无不感动。

程砚秋搬入报子胡同时，日寇已经占领了北平。他的本意是立即停演。但当时百业凋零，剧社同人的生活极为困窘，为了维持大家的生活，不得不继续演出，但绝不为日本人演戏。一次日伪当局令梨园公会邀程砚秋演捐献飞机的义演。程砚秋对来人明确表示：“演戏买飞机来轰炸中国人的事我绝对不干，日本人不满意叫他们来找我程某人，不要难为你们下边办事的人！”程砚秋的拒绝激怒了日本当局，各种挑衅和迫害接踵而至。

一次程砚秋带剧团从上海、山东演戏归来。伪警察在火车站勒令检查，不问青红皂白，便拿刺刀乱戳乱捅，把铁皮戏箱和大堂鼓戳破，洒上镪水，烧坏了许多戏装。

1942 年秋，程砚秋从青岛演戏归来，他让戏团同人先走，自己独自一人后回北平。在前门火车站，他被四五个日本宪兵和伪警察围住，欲把他带走。程砚秋怒火中烧，他的武功底子很好，立即施展拳脚，将那几个人打得鼻青脸肿，狼狈四散。程砚秋趁乱跑出了车站。他在火车站单人斗群丑的义举，很快在北平戏曲界流传，人人拍手称快。

在青龙桥镇 程砚秋两次隐居务农

“车站事件”使程砚秋与日伪敌特的矛盾公开化、尖锐化了。程砚秋知道敌伪是不会善罢甘休的，自己也不可能“以卵击石”。他决定息演，隐居务农，不与日本人合作，以保全自己的民族气节。

他先于 1940 年秋忍痛割爱，将筹办多年的中华戏曲专科学校停办、解散，以防止敌伪接管，落入日本人之手。接着他放出风，声称自己身体发胖，有病，不再适合登台。又托人在北平德国医院开了一个诊断书："程砚秋经本院内科检查，体胖行动不便，不宜登台献艺，应休息。"

程砚秋在青龙桥镇务农

在选择隐居地点时颇费了一番心思。这地方不能太近，也不能太远。太近了就在日本人眼皮底下，毫无自由；太远了，难以照顾家庭。几经考察选中了青龙桥镇。

青龙桥镇在颐和园以北，距城 30 余里。明代《长安客话》中已有记载："瓮山以北五里为青龙桥，元时白浮堰之上游也。其西通金山。其北斜界百望山。"看来是一个近可方便进城，远可逃遁的好地方。于是在镇中穿堂门胡同买了一个普通农家院落，院前还有临河的一大片荒地。又在黑山扈山根下买了 60 多亩农田，过起真正的农家生活。他下地除草耪地，施肥浇灌，播种收割，干各种农活，闲暇时读书、练字，提高自己的文化修养。他曾写了一副表明自己心志的对联贴在大门上："荷锄事耕农，杜门谢来往；殷勤语行人，早做退步想。"

但是日伪警特并没有放过他。他们不时派人来暗暗监视，盯梢，但看到他过的是地道的农民生活，也无计可施。

1944 年 3 月 19 日深夜，日本宪兵、伪警察十余人突然闯入报子胡同程宅，翻箱倒柜，突击检查，一直闹到第二天上午。既没有查到程砚秋本人，也没有查到什么反日通敌证据，只好悻悻而撤。

1945 年日寇投降后，程砚秋异常兴奋，他返回城里，重组秋声社再度出山。除在北平演出外，他还在上海义演，所演之处皆引起轰动。但程砚秋很快就失望了，看到国民党上层的腐败，接收大员的贪婪，还有物价飞涨，民不聊生。他彷徨不解，看不到希望。1947 年底，他又回到了青龙桥镇。他不仅隐居在这里，他还想为这里的农民办些事。看到许多孩子失学，他决定创办一所农村中学。

地处青龙桥与玉泉山之间有一座废弃已久的古寺功德寺。程砚秋租用这座寺庙，经过修缮作为校址，又购买了各种办学用具，命名为功德中学。许多孩子离学校很远，他又在不太远的董四墓村买了一所叫作“金家花园”的大院落。这里原是晚清肃亲王善耆后人的产业。院中有三个既独立又相连的大四合院，还有精致的园林。把这里作为学生宿舍，村里人把这里改称程家花园。

学校终于开学了。但程砚秋万万没有想到，国民党当局对这所学校不断收取各种苛捐杂税，再加上三青团的捣乱，程砚秋无奈，只得将学校交给当局管理。所幸这所学校最终还是保留了下来，即现在的玉泉山中学。

北平刚刚和平解放，1949 年 3 月 27 日，周恩来亲临报子胡同程宅拜访，恰逢程砚秋外出未遇。程得知后，感慨万分说：“周先生竟然来拜访我这个唱戏的，真是礼贤下士啊，了不起，了不起！”他感到社会要变了，他遇到了新时代。

新中国成立后，程砚秋仿佛焕发了新的青春。他不仅精益求精排演新戏，孜孜不倦培养新人，还积极踊跃地参加各项政治活动，政治上努力要求进步，由周恩来、贺龙做介绍人，加入了中国共产党。

程砚秋还多次参加外事活动。1949 年，程砚秋赴捷克斯洛伐克首都布拉格，出席世界保卫和平大会。1956 年，随彭真率领的全国人大代表团访问苏联。1957 年，赴莫斯科参加第六届世界青年与学生和平友谊联欢节……在繁忙的工作与奔波中，他的健康状况已亮起了红灯，但没有引起重视，他仍忙碌着。

1958 年春，原定由程砚秋率中国艺术团赴欧洲多国访问演出。正在行前紧张的排练中，他突发心肌梗死住进北京医院。经抢救无效，于 3 月 9 日病故，年仅 54 岁。3 月 14 日于嘉兴寺殡仪馆公祭，郭沫若主持并致悼词，安葬于八宝山革命公墓。

丁玲五次进京记

丁玲是我国现代文学史上具有国际声誉的重要作家，也是受错误路线迫害时间最长、最深的作家之一。在她 82 年的坎坷人生道路上，曾五次来到北京，虽然加起来时间并不长，但每一次都是她生命中的重要节点。让我们循着她的生命轨迹，看看她在北京的生活。

丁玲，原名蒋伟，字冰之，1904 年 10 月 12 日出生于湖南省临澧县一个没落的封建世家。关于蒋家在乡里有一个富于传奇色彩的传说。蒋家祖上姓李，是陕北米脂李自成的后裔。李自成兵败撤离北京后隐居湖南湘西石门县的夹山寺。他将儿子托付给一蒋姓人家，并给予大量金银财物，此后蒋家便成为临澧首富。然而这毕竟只是传说，没有什么宗族谱牒的记录。

丁玲 4 岁时父亲病逝，家道败落。她与母亲相依为命，靠母亲微薄的教师薪金生活。1922 年，她与挚友王剑虹同赴上海，先后就读于平民女子学校、上海大学文学系。1924 年夏，与瞿秋白结婚不到一年的王剑虹病逝。极端悲痛的丁玲告别上海，独闯北京。瞿秋白曾评价丁玲：“冰之是飞蛾扑火，非死不止。”这句话，既概括了丁玲的过去，也预示了丁玲的一生。

1924 年　丁玲初到北京　结识胡也频与沈从文

1924 年夏，丁玲坐轮船离开上海，经青岛来到北京。经友人王佩琼、曹孟君介绍住进了辟才胡同一所小公寓。

丁玲来到北京，本想上大学，学习文学。但大学一时进不了，她便进了一所私立的美术补习班，准备学习一段后报考美术院校。美术补习班离她所住公寓不远，每天到班上学习素描，画石膏像。班上人不多，常到的只有七八人。丁玲学画很用功，提高颇快。她小屋的四壁上不久就贴满了各种人头像。她的好友曹孟君的恋人左恭是丁玲美术班的同学，而左恭恰与胡也频在不远的另一公寓中同居一室。在一次聚会中，丁玲与胡也频相见。

知道了丁玲是湘西人，胡也频想到了他的另一个朋友，同是湘西人的沈从文。不久，他带丁玲去银闸胡同一个小公寓看望沈从文。三个年龄相仿，同怀文学梦的年轻人，在中国最动荡的时代，在中国新文学最具活力的时候，在古都北京相识了。

胡也频对丁玲一见钟情，立即展开爱情攻势。但当时丁玲正在迷茫、苦闷中。她悄然离京，回到湖南老家。胡也频紧追不舍，追到湖南常德，这使丁玲极为感动。在老家停留不久，他们同回北京。

1925年　丁玲再次来京　丁、胡、沈成为密友　先后走上文坛

1925年秋，丁玲、胡也频同回北京，同居后住在香山脚下。此前不久，沈从文经北京大学林宰平教授和梁启超的介绍来到香山，在香山慈幼院图书馆当办事员。

三个年轻的朋友又相聚了，他们的关系更为密切，见心斋、昭庙、碧云寺都是他们常去的地方。香山的条条山道、座座高山都留下了他们的足迹。月光下的倾谈，风雨中的奔跑，他们在尽情享受着友谊、爱情与青春。

胡也频与沈从文已不时有作品在报纸上发表。他们还计划着筹办一个刊物，丁玲埋头阅读着小仲马、莫泊桑、屠格涅夫……

入冬他们回到城里，三人同住在汉园公寓。公寓主人之子黄伯飞多年后回忆他幼年时亲眼所见三人的生活情况：“这几位住在汉园公寓的青年，我只是个十三四岁的孩子，不知怎的却知道他们都搞创作。我和沈从文所住的房间只是一墙之隔。沈从文的房间是楼房后座二楼左角的一间。我的房间正对着围绕着天井的左边的走廊。沿着左边走廊的两个房间，一间是胡也频的，一间是丁玲的。这两个房间里边彼此相通，他们两个只用靠近楼梯的一个门口出入。这三个人我常看见的是沈从文。他每次从外面回来，差不多总是夹着一些书籍和纸张，脚步迅捷地走到我的房间前面就向左一转走到他的房间去。胡也频总是一早就出去，很晚才回来。有时几天都看不见他。丁玲则多半的时间躲在她的房间里。”（《确是有缘》）

同住在汉园公寓的有朱湘、戴望舒等青年诗人。常同他们来往的还有焦菊隐、王鲁彦、蹇先艾，女作家凌叔华等。

在这样的文学氛围中，丁玲也开始了文学创作。1927 年秋，她写了第一篇小说《梦柯》寄往《小说月报》，得到编者叶圣陶的赏识，发表在《小说月报》18 卷第 12 号卷首，署名丁玲。同年冬天她又创作了《莎菲女士的日记》。她以小说《梦珂》和《莎菲女士的日记》刚一登上文坛，即引起轰动，报刊上惊呼“好似在这死寂的文坛上，抛下一颗炸弹一样，大家都不免为她的天才所震惊了”。

《莎菲女士的日记》深刻地表现了五四运动后觉醒的知识青年的痛苦与追求。发表后引起强烈的社会反响，它细腻的心理刻画和大胆的描写也受到了文坛的注目与赞赏，成为丁玲的成名作与早期代表作，也使她在文坛崭露头角。

1928 年，沈从文、丁玲与胡也频相继离开北京到达上海。最初他们在一起，一边各自忙着创作，一边办刊物《红黑》《人间》。他们的创作都取得了相当的成功，但刊物却停刊了。

1930 年 5 月，胡也频、丁玲参加中国左翼作家联盟。1931 年 2 月 7 日，胡也频被杀害于上海龙华。1932 年 3 月，在严酷的“白色恐怖”下，丁玲加入中国共产党。1933 年 5 月，丁玲被国民党特务绑架，拘禁于南京。在社会知名人士宋庆龄、蔡元培、鲁迅等及党组织的营救下，丁玲于 1936 年 9 月逃离南京，经西安到达当时中共中央所在地陕北保安县，受到中央领导的欢迎。毛泽东作词《临江仙》赠予丁玲。词中赞丁玲为“昨日文小姐，今日武将军”。

1949 年 丁玲第三次来京 她的人生从高峰跌入谷底

1949 年 6 月，离开北京近 21 年后，丁玲再次来北京。这次她不仅是从解放区来的著名作家，而且是党在文艺战线上的重要领导人。她是来北京参加第一届全国文代会的。文代会后，丁玲相继担任全国文联常委、党组副书记；作协副主席、党组书记；中共中央宣传部文艺处处长；中央文学研究所所长，《文艺报》主编、全国妇联常委、第一届全国人大代表等多项职务。她多次赴苏联、东欧国家参加国际文化交流活动、世界进步妇女活动等。她的创作也取得了新的收获，1948 年她写成长篇小说《太阳照在桑干河上》，1951 年获得苏联斯大林文艺奖金，成为新中国文学的重要成果。丁玲将所获奖金 5 万卢布全部捐赠给全国妇联儿童福利委员会。

初到北京，丁玲住在东单东总布胡同西段路北 53 号（旧门牌 22 号）。这是一座大宅门，内有多进的大四合院，由回廊相通，还有跨院。20 世纪 30 年代，时任北平铁路局局长的陈觉生购买了这个院落，并用贪污铁路上的材料大加建设。北平陷落后，陈觉生被日本人毒死，该院被伪警察署的一名日本顾问所占。抗战胜利后，归国民党警察部门。

中华人民共和国成立后，这个院落成为中国作家协会最早的会址。不少作家如丁玲、周立波、张天翼、邵荃麟等曾在这里居住过。每个周末晚，在这里举行作家联谊活动。没有什么限定的题目，大家来这里随意地聊天、闲谈，谈自己的构想、新作，谈协会的工作、打算，还即兴地表演小节目。在新中国刚刚成立后宽松的政治气氛中，作家们心情愉快，畅所欲言，郭沫若、茅盾、老舍、丁玲等大师级作家都是这里的常客。梅兰芳、程砚秋、王昆、侯宝林等艺术界人士也常来参加聚会，并演出节目。这里当时真正是新中国作家温馨的“家”。

22 号最里面的一进是楼房，丁玲一家住楼上的两间，沙可夫、萧三是她的邻居。

后来，来京的作家越来越多，1953 年作家协会又买下了斜对门的 46 号

（老门牌60号）作为作家协会的宿舍。这里原来曾是一个大酱园子，有三进院落，临街是铺面房，后门直达顶银胡同。作家们携家属子女陆续搬来，二进院住着秦兆阳、艾芜、刘白羽，三进院住着赵树理、萧乾、陈白尘，还有严文井、张天翼、张光年……一连串在中国代文学史上闪光的名字汇聚在这两个院落中，引领着新中国文学的潮流。

丁玲办中央文学研究所 被毛主席赞为“翰林院”

1951年7月，丁玲在颐和园云松巢短期疗养和写作。一个周日中午，恰好写完稿子，准备返城，一位警卫战士跑上山问：“丁玲同志住在这儿吗？有位首长要来看望她。”不久，看到毛泽东在罗瑞卿陪同下，沿着山路拾级而上，进入云松巢。丁玲、陈明夫妇十分激动，请毛泽东坐在廊檐下休息，吃西瓜。主席关切地问到了丁玲的工作和写作，又谈到文艺界的一些情况。主席还特别关注文学研究所，说：“听说你们办的那个文学研究所反映不错，想不到，你这个丁玲用不长的时间就办起了个翰林院啦！”丁玲回答：“主席，您别取笑我们了，哪里是什么翰林院啊，只是想把一批有培养前途、有创作潜力的年轻人集中起来进一步打好知识底子。他们中间将会有一批有影响的作家脱颖而出。”毛主席予以肯定地说：“我们不仅要培养更多新一代的劳动者，也要造就一批优秀的作家、文艺家。前年我问你进城以后是想做官还是搞创作，你说你愿意为培养文学青年尽点力量，看来路子是对了。”

在多项社会工作中，丁玲关注最多的是中央文学研究所的工作。战争年代，她就关注着青年作家的成长。她看到一些文学青年热爱写作，也有一定生活积累，但文化水平低，缺乏写作技巧和创作经验，影响了作品的水平。她很希望能帮助青年尽快提高。到北京后，她就提出建议办一所专门培养青年作家的培训学校，招收一些有一定创作基础的青年作家短时期培训提高。建议得到了中宣部、文化部、文联等各部门的支持。1951年1月，中央文学研究所正式成立，丁玲被任命为文学研究所所长。

文学研究所地址在鼓楼东大街103号，教学和办公都在这里，还有部分宿舍，另有部分学员宿舍在后海北官房27号。这里的师资力量非常强，郭沫若、郑振铎、周扬、冯雪峰、老舍、艾青、田间等许多大师级的人物都在这里讲过课。丁玲除为学员讲小说创作外，她常看望学员，到他们的宿舍辅导创作，参加他们的活动。一些学员也到她家看望她，大家无拘无束地聊天。

前几期学员中有不少人成为著名作家，如马烽、西戎、唐达成、陈登科、徐光耀、马拉沁夫、邓友梅、张志民、李学鳌、梁斌、胡万春、流沙河，等等。

丁玲总是鼓励他们深入生活，多读书，独立思考，要尽快拿出好的作品。但后来这些都成为她“拉拢学员”“培植个人势力”“不要党的领导”“鼓吹一本书主义”的罪证。

1953年，丁玲辞去文学研究所所长的职务。1957年文学所停办。直至1980年重新恢复建制，改称“中国作家协会讲习所”，1985年改为“鲁迅文学院”。

丁玲搬到多福巷16号

1949年冬，丁玲将与她分别多年的母亲接到北京。她母亲已年过七旬，体弱多病，住在楼上不方便，1951年春组织上给丁玲在多福巷16号分配了一个小四合院居住。

多福巷在王府井大街北段路西，进巷后曲折西行，至南北向的大豆腐巷，清时称其为小豆腐巷，民国时称为多福巷。多福巷南边一条大胡同是报房胡同。报房胡同路北，直至多福巷路南曾有一座建于明代的古老寺院法华寺。清代法华寺仍香火不断，寺内的海棠院成为文人聚会的场所，不少文人在寺内租寓居住，写作《天咫偶闻》的震钧就是寺内的常客。民国后法华寺沦为民居，现已无迹可寻，证明这里曾是法华寺的只有几块残碑。要找到这几块残碑，还要到报房胡同北面曲折的多福巷中去找。小巷大半已拆除，在残留的44号院中东折西拐，终于找到了法华寺碑。碑上的盘龙栩栩如生，碑身的字迹依稀可辨。只有它默默地见证法华寺500余年的兴衰。

1957年夏，丁玲与胡也频的儿子，在苏联留学的蒋祖林回国度假，丁玲将多福巷的房子粉刷一新。蒋祖林曾详细描写过他走进这所房子的感受和房子的情况:“我走进家门,只见小院呈现着一幅崭新的景象。房屋粉刷一新,红色的柱子,房檐;绿色的窗棂,门框。北屋前边的两畦花散发着诱人的芬芳,南屋前边东面的一棵梨树枝繁叶茂,西面的葡萄架上爬满了枝藤,结着一串串还没有成熟的绿色的葡萄。小院清新,宁静,充满着温馨的气氛。多福巷 16 号是一所典型的方方正正的住家四合院,是公家的房子。妈妈 1951 年春天从东总布胡同 22 号全国文联宿舍搬来这里。北屋西边的一间是妈妈的书房,另两间打通成一大间是客厅。西厢是卧室。东厢的三间中,有两间打通为一大间是餐厅,房内放了一套沙发,也可以作会客用,另一小间空着。南屋的几间中,夏更起(勤务员)与王姐(女工)各住一间。北屋西边的耳房用作厨房和暖气锅炉房,东边的耳房我住,我出国前就住在这里,这次回来仍住在这里。这间房有门通客厅。”丁玲在这里接待过苏联作家爱伦堡、智利诗人聂鲁达。

丁玲夫妇买下了大翔凤胡同 3 号院

后来丁玲丈夫陈明的父母与大姐也来到北京,先后住在西单电影局宿舍。当时作家马烽在什刹海大翔凤胡同买了一个小院。他要回山西工作,这所院子要出售。1955 年丁玲、陈明夫妇将这所房子买了下来,安排陈明的父母居住。

大翔凤胡同在恭王府花园的北墙外,先是沿北墙东西走向,到胡同东口折向北,胡同北口在后海南沿。胡同原名大墙缝,即指王府北部的一道墙缝。后按谐音改称大翔凤胡同。

在胡同折向后海北沿的短短一段中,有两个院落引人注目。一个是胡同东侧的 6 号院,被文物部门作为曹雪芹的故居保护。但曹雪芹是否曾在此居住,何时居住过,一直在红学家中颇有争议。

另一个是胡同西侧的 3 号院,就是丁玲 1955 年从马烽手中买下的院落。这是一个不大的院落,门朝东,南北两侧各有四间平房。西侧是座二层小楼,上下各有四间房。

20世纪50年代初，丁玲虽然表面上风光无限，家庭也宁静、温馨，但实际上当时她已处在政治风暴中。1955年夏，中国作家协会党组织揭露所谓的“丁玲、陈企霞反党集团”。1957年在整风运动中又被错误地定为“丁玲、冯雪峰右派反党集团”主要成员，随后被开除党籍，撤销职务，查禁所有作品。同时陈明也被划为“右派”，开除党籍撤销工作。面对厄运，他们夫妇相互约定“不流眼泪，不唉声叹气，振作精神，面对未来”。他们去理了发，在多福巷寓所里拍了一张临别合影。他们的脸上没有欢愉也没有悲伤，在凝视的目光里，那神情是面对厄运的一种淡定。

1958年3月，陈明被下放到“北大荒”农场劳动。同年6月丁玲也离开北京去“北大荒”劳动改造。

1970年　丁玲第四次来京　在秦城监狱度过5年监狱生活

丁玲1958年6月到“北大荒”农垦农场监督劳动。1970年4月初的一个深夜，丁玲从睡梦中被唤醒，被铐上手铐。在几个女战士的押解下，上了一辆吉普车驰往鹤岗火车站，换乘火车直驰哈尔滨，在哈尔滨又换乘火车继续前行。

一天深夜，火车终于停了，丁玲被押下车。从四周的景色看，她感到这里是北京火车站。她又被押上了一辆黑色轿车。急驰几小时后，停在了一个戒备森严的高墙内。丁玲不知道这里是什么地方，她随即被关进了一个小窗户上安有铁栅栏的小房内。她被关进了监狱。

牢狱生活倒比较平静，除不多的几次审讯外，她总是被关在自己的单间内，没有红卫兵的鞭打，没有“造反派”的训斥，只是听不到什么声音，也没有人可以交流。丁玲怕失去语言功能，她每天对着墙壁背诵唐诗宋词，后来允许看马列著作和毛选，她边看边轻声朗读，认真诵读了数遍马克思主义的经典著作。

陈明是与她同时到达北京，同时被关入监狱的。但他们从没有见过面，也不知彼此的消息。后来从管理人员挂钥匙的牌子上，丁玲看到了“秦城监狱”的字样，她才知道自己身在何处。

秦城监狱对大多数中国人来说，是一个很神秘的地方，被称为“中国第一监狱”。它位于北京市西北郊昌平区的东部，南接小汤山，东邻陶峪口水库。汉代时已在此筑土城，因野芹丛生而称芹城，后演变为秦城。元代时曾在此附近建有四个象房，驯养大象。现在其东北仍有象房村。

20 世纪 50 年代，苏联帮助新中国进行经济建设，援建了 157 个项目，对外公开的项目只有 156 个，那个被隐蔽的项目就是秦城监狱。1958 年建成后，归公安部直接管辖，主要关押国民党重要战犯和日伪战犯。“文革”中，“四人帮”扩建了秦城监狱，这里一度成为他们迫害、关押中华人民共和国元勋和革命老干部的场所。“文革”结束后，林彪、江青两个反革命集团的重要成员都被关押在这里。90 年代以来，秦城监狱关押的主要对象是省部级贪腐官员。秦城监狱的历史曲折折射了中华人民共和国的历史。

在秦城监狱度过漫长的五年牢狱生活，1975 年 5 月丁玲以“没有发现新问题，在狱中态度好”被释放。因为岁数大了，身体有病，决定不再分配工作，每月 80 元生活费，国家养起来。陈明也同时被释放。两人一起被安排到山西长治嶂头村落户。

1979 年　丁玲第五次进京　走完坎坷一生

1976 年 10 月，粉碎“四人帮”，中国历史进入新时期，丁玲的命运也发生根本转变。

1978 年 7 月，中共中央 11 号文件决定给丁玲摘掉“右派”帽子。丁玲给中央写信请求党“清理复查我这一生，特别是与我的政治生命有关的几个关键问题，并且做出相应的结论”。当年底，中央组织部同意丁玲回北京治病，要文化部具体安排。

1979 年 1 月 12 日晨，丁玲夫妇回到北京，住在位于和平里的文化部招待所。她的儿子蒋祖林、女儿蒋祖慧一家都来看望，全家人第一次在北京团

晚年丁玲

聚，一起照了全家福的照片，一起度春节。春节后丁玲住进友谊医院进行全面身体检查。出院后，被安排住在北京友谊宾馆。后来她又被安排住进木樨地22楼，这是国务院机关事务管理局新盖的一栋楼，许多在“文革”中受到冲击的部委领导、文化名人被安排住在这里，俗称部长楼。丁玲被安排的新居五室两厅。可他们除了从山西带来的两张单人铁床、两把旧藤椅、一张小饭桌、几把木凳子以外，几乎家徒四壁。因为尽管丁玲回到了北京，安排了住处，但政策并未彻底落实，她每月还只有80元生活费。

1979年11月，在全国第四次文代会上，丁玲当选为中国文联委员、中国作协副主席。1983年出席第六届全国政协会议，当选为全国政协常委兼文化组组长。在复出文坛后，她不顾年高体弱，多次出访，参加国际文化交流活动。她的新作《晚香》《牛棚小品》等发表后引起强烈反响。她关心文学事业的发展，四处奔波，创办并主编大型文学期刊《中国》。

但是她的彻底平反却受到阻力，一波三折。直至1984年8月1日，组织部经中央批准，颁发了《关于为丁玲同志恢复名誉的通知》，彻底推翻强加给她的一切不实之词，肯定她半个多世纪的革命生涯，重申她是一个对党对革命事业忠诚的、有贡献的共产党员。丁玲看到文件，热泪盈眶，她激动地说：“现在我死而无憾了！”

1985年后丁玲的身体每况愈下，入秋后住进协和医院，虽经精心治疗，但由于长期糖尿病引起的肾衰竭、心力衰竭于1986年3月4日走完了她82年大喜大悲、大起大落的坎坷人生。3月15日下午丁玲遗体告别仪式在八宝山革命公墓礼堂隆重举行。灵堂内外摆放着当时国家领导人胡耀邦、陈云、彭真、邓颖超、习仲勋等及社会各界人士敬献的花圈。

正如著名作家孙犁所说：“一颗明亮的，曾经子夜高悬，几度隐现云端，多灾多难，与祖国的命运相伴随，而终于不失其光辉的星，陨落了。”

焦菊隐在北京的导演生涯

著名导演艺术家、戏剧理论家焦菊隐先生1905年12月11日出生于天津，但成年后主要生活在北京，北京成就了他导演生涯的顶峰。为缅怀这位为我国话剧艺术赢得国际声誉的戏剧大师，我寻访了他在北京生活的踪迹，特别是与他的戏剧人生相关的地点。

焦菊隐的家族是官宦之家。他的曾祖父焦佑瀛是极受咸丰帝信任的近臣。咸丰临终前任命了“顾命八大臣”，辅佐年幼的同治皇帝。焦佑瀛是其中唯一的汉族官员。咸丰死后，慈禧发动“祺祥政变”，将载垣、端华、肃顺三人处死，其余人革职查办。焦佑瀛被革职后，回到天津，过起了隐居生活。到焦菊隐诞生时，家庭已十分衰败贫困。父亲给他起名焦承志，也许是希望他继承祖辈的志向，重振门庭吧。但是他却走了一条完全不同的人生道路。

陶然碧波映照石评梅与焦菊隐的姐弟情缘

焦菊隐是在天津读的小学与中学。他很早就显示出了文学与戏剧的才能，中学时他热衷于散文诗的写作，组织了“绿波社”等文学社团，常向一些文学刊物投稿。就是在文学社团的活动中，他结识了当时已小有名气的诗人石评梅，他们常通信联系。1924 年秋，焦菊隐被保送入燕京大学，来到了北京。通信之余，他们也常约会见面。石评梅是典型的时代新女性，热情、干练，思想进步。她把焦菊隐当作自己的弟弟，在信中称他“菊弟”，而自称“评姐”。她常在信中关心他、鼓励他，两人不仅谈文学，谈时政，也常推心置腹地谈各自的生活与苦恼。焦菊隐敬慕石评梅的文采，钦佩她的人品。他曾对好友说：“我崇拜梅姐简直到了爱她的地步。”但是焦菊隐从未对石评梅提过感情，因为他觉得石评梅比他成熟、比他有成就，更因为他知道评梅姐已有了心仪的恋人高君宇。

高君宇、石评梅塑像（赵敏拍摄）

高君宇、石评梅墓（赵敏拍摄）

高君宇是中国共产党的第一批党员。他参与建立北京社会主义青年团，任第一任书记。1921 年夏，李大钊租赁了陶然亭畔慈悲庵的两间南房，作为进行革命活动的据点，邓中夏、恽代英、高君宇等常来活动和开会。长期操劳过度，严重损伤了高君宇的健康。1925 年 3 月，高君宇抱病参加国民会议促成会，突发急病，医治无效，与世长辞，年仅 29 岁。逝世后人们根据他生前愿望，葬于他生前常来参加革命活动的陶然亭畔。

高君宇的离去给了石评梅沉重的打击。在高君宇墓前，人们经常看到泪流满面的石评梅文弱的身影。高君宇逝世周年前，焦菊隐和几个朋友瞒着石评梅，去陶然亭给高君宇的墓地植树，不料恰碰到了石评梅。回来后，石评梅给焦菊隐一连写了几封信，向他倾诉无法向他人宣泄的伤痛。

因极度的悲伤和疾病，1928 年 9 月年仅 27 岁的石评梅也泪尽而去。根据她的遗愿，人们把她葬在爱人的墓旁。

在他们的墓前常看到焦菊隐的身影。21 年后，1949 年焦菊隐在上海第二次结婚后回到了北京。次日他带着新婚的妻子去了陶然亭公园。他径直走到高、石墓前，伫立了很久，对妻子说了一句："评梅就葬在这里，一晃 20 年过去了。"

早在辽金时代，东城外的近郊区，溪流纵横宛如江南水乡，苇塘中有岛屿，岛的西南部土丘高耸。元代在这里建慈悲庵，距今已有 700 多年历史。经过明、清两代的修缮、扩建成一定规模。清康熙二年（1663 年）曾重修慈悲庵，康熙三十四年（1695 年）工部郎中江藻奉命监理黑窑厂时，常到慈悲庵游玩。看到这里三面临湖，景色不错，就在慈悲庵西院建一座小亭，后又将小亭改为三间敞轩，取白居易诗中的"更待菊花家酿熟，与君一醉一陶然"中的"陶然"二字，命名为"陶然亭"。由于该亭为江藻所建，又称江藻亭或江亭。亭建成后，江藻常邀请一些文人墨客、同窗好友到陶然亭内饮宴、赋诗，这里成了文人雅聚的地方，留下了许多诗文。诗文的渲染使陶然亭很快名遍全国，名声远大于原来的慈悲庵。

盛名之下，其实难副。当时的陶然亭地区并没有什么过人的风景。城内的皇家园林读书人无法进入，城南的这一片池塘环绕、高台古庙，既可登高远眺，又可聚会赋诗，自然成为文人的乐园。自晚清以来，这里逐渐荒芜，人烟稀少，却恰成为革命者聚会活动的好场所，留下了许多革命者的足迹。

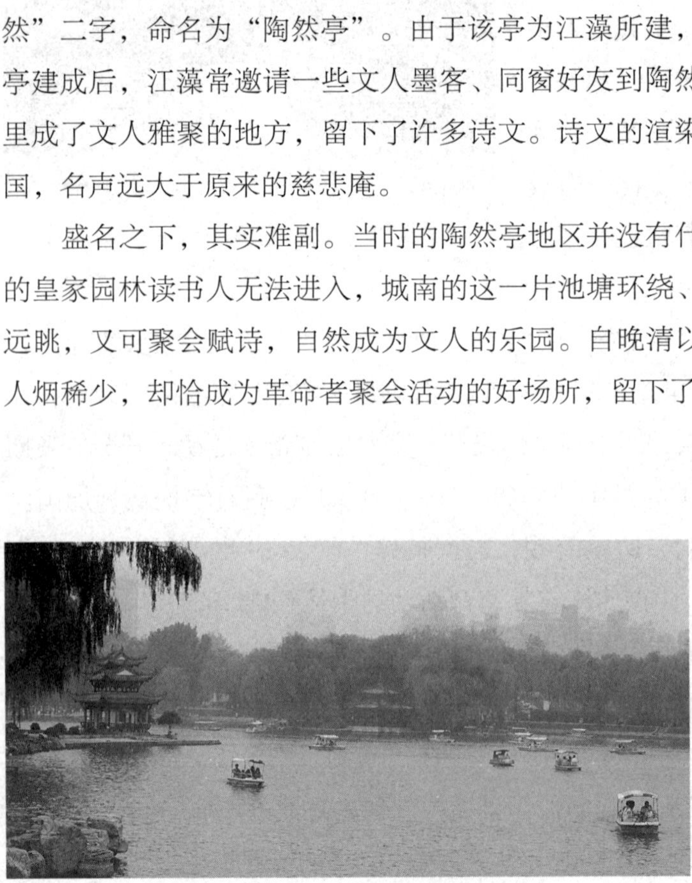

陶然亭公园（赵敏拍摄）

高、石墓现在陶然亭公园中央岛北端锦秋墩北坡，是1984年重新修的，庄严肃穆，常有游人来此凭吊。

焦菊隐在北京二中短暂任职

1928年，焦菊隐从燕京大学毕业即面临着失业。后在他家的世交、国民党元老李石曾的推荐下，被任命为市立第二中学校长。

史家胡同20号（赵敏拍摄）

第二中学是北京历史悠久的老校。它的前身是清廷宗学，为皇族贵胄学校。宗学的设立可上溯至清顺治十年（1653年）。雍正二年（1724年）为京师八旗左、右翼各设一所宗学。辛亥革命后八旗左翼宗学改为京师公立第二中学，八旗右翼宗学改为京师公立第三中学。第二中学原在史家胡同，国民政府南迁后，第二中学迁往内务部街的原内务部内办学。

北京二中大门（赵敏拍摄）

我去寻找北京二中，从东四南大街内务部街西口进入。街内很宁静，走了很长一段，看到街北有一座中西合璧的大门楼，明显是民国初期的建筑风格。但是，再往里看，是一片现代化的教学楼。这个孤立的门楼是旧时留下的唯一痕迹。

在二中任职时，焦菊隐并不愉快。他的梅姐刚刚离去，心中充满痛苦与孤寂。后来他又突发在青年中罕见的脑溢血，在协和医院住了很长一段时间才恢复健康。

焦菊隐在李莲英旧居创办中华戏曲专科学校

1930年，李石曾想办一所戏曲学校。筹划时，他首先想到了焦菊隐。焦菊隐出众的戏曲艺术才华是他深知的，他认为焦菊隐是创办戏校的最佳人选。很快，焦菊隐成为中华戏曲专科学校的第一任校长。

在选择校址时颇费了些周折，选了几处都不合适。后来在东兴隆街东段路南，找到了一处宅院，是很大的多进四合院，该院建于清末光绪年间。后来才知道，这是清末大太监李莲英的私邸之一。民国后成为民居。戏校在此开办后，这所沉寂多年的老宅又恢复了生机。

焦菊隐是一位学识渊博而又富于创新的学者。他担任校长期间，采取了不同一般的办学方式。

当时的戏曲学校和科班，主要是教授戏曲的基本功。而中华戏曲专科学校却不同，焦菊隐一方面吸取科班教学的经验，聘请名艺人传习业务；另一方面对戏校的体制、教学方法和学习内容进行革新。中华戏校重视文化教育，所开科目齐全，除学习京剧专业外，还上文化课，以提高学生素质，达到培养有艺术创造力的“适合时代之戏剧人才”。

为使学生开阔艺术眼界，学校还常组织学生观摩话剧，排练演出自娱。戏校的老师也皆是当时戏曲界、文化界的名人，如王荣山、包丹亭、丁永利、高庆奎、冯蕙琳、王瑶卿等。文化课教师有著名学者华粹深、吴晓玲，剧作家翁偶虹等。

中华戏曲专科学校不同于以前旧科班的另一个特点就是首创了男女生合校，可谓开了先河。当时还属于十分保守的年代，大多数学校男女分校。京剧演员上台演出也是规定男女不能同台，因此许多旦角演员皆为男性。当时的一些旧科班，学生都要与科班签订卖身契约，即在科班学成以后，赚了钱基本都归科班。中华戏曲专科学校，不与学生订立卖身文书契约。报考录取者试读两月，经考查合格，家长只与校方订立保证书就可正式入学。

由于焦菊隐校长先进的教学理念，戏校的学生也不同于其他的科班。据学生回忆，当年与戏校并存的“富连成”科班学生都穿长袍、戴帽头，显得老气横秋。而戏校则不同，男学生冬天一律是黑色中山装，披斗篷。夏天穿白色中山服，铜扣子，戴大檐帽，不准留头发。女生一律是月白色上衣，黑裙子，留短发，完全是民国女学生的打扮。校内宿舍也很讲卫生，不像科班学生都睡在一个大炕上，极易传染疾病。戏校是每人一床，被褥一律套上白单子，干净整齐。对这所新型戏校，社会各界都很称道，常有人前来参观，其中有不少外国人。

中华戏曲专科学校先后办过五科，招收学生200余名。学生以德、和、金、玉、永五字排名。著名演员傅德威、宋德珠、李和曾、王和霖、周和桐、王金璐、李金鸿、沈金波、李玉茹、侯玉兰、白玉薇、高玉倩等皆是戏校的学生。

焦菊隐的多项革新也遭到社会上一些守旧人士的指责。后来他的办学理念与李石曾也发生了重大分歧。1935年他辞去了中华戏校校长一职，赴法留学。

中华戏校的旧址很好找。在崇文门外大街北段西侧，穿过新世界商厦一期与二期之间的过街通道，就是东兴隆街。进口走不远，在高楼大厦包围中的一片四合院群即是。这里是崇文区重点文物保护单位，现在属同仁堂集团所有。集团打算修复原建筑中的垂花门与木质绣楼，恢复四合院原貌，并在此建成同仁堂博物馆。

焦菊隐在北师大的日子

焦菊隐在巴黎大学攻读文学，毕业时写出博士论文《近日之中国戏剧》。他谢绝了在法国和瑞士任教的邀请，于1938年毅然回国，投入抗日救国洪流，参加救亡戏剧活动。他先后在桂林、江安、重庆等地任教，培养了许多戏剧人才。

1946年抗战胜利后，焦菊隐回到北平，被北平师范大学聘为英语系教授，后兼任英语系主任。北平师范大学的前身是创立于1902年的京师大学堂师范馆，1908年改称京师优级师范学堂，独立办学，在南新华街15号建新校舍。1912 年改名为北京高等师范学校。1923 年更名为北京师范大学，成为中国历史上第一所师范大学。1928 年民国政府迁到南京后北京更名北平，学校也更名为北平师范大学。1931 年与北平女子师范大学合并。抗战期间学校迁往西北，与北平大学、北洋工学院等组成国立西北联合大学，在极为困难的条件下坚持办学。抗战胜利后，于 1946 年春又陆续迁回北平。北新华街校址称为北师大一院，原女师大在石驸马大街的校址被称为二院。北师大文学院各系都在二院。二院的西跨院是中文、历史、外语三系的办公室。黎锦熙、黄药眠、焦菊隐等名师都在这个西跨院中办公。西跨院中还有建于 1931 年为悼念在“三・一八惨案”中牺牲的刘和珍、杨德群烈士纪念碑。

焦菊隐不仅是知识渊博，讲课生动，深受学生欢迎的教授，他还是坚持民主、支持学运的爱国者。1948 年，北师大发生特务打砸外语系的“四九血案”。焦菊隐不顾个人安危，走在游行队伍前列抗议当局逮捕学生，表现了大无畏的精神。

我特地去寻找北师大的校址。石驸马大街在复兴门内大街以南，宣武门西大街以北，是与这两条街平行的一条东西向古老大街。因明宣宗二女顺德公主下嫁石璟，石驸马府就在这条街上，因而得名。因此街与我国新文化运动的主将鲁迅先生的早期活动紧密相关，1969 年改称新文化街。

从宣武门内大街中段路西进入新文化街东口，走不远就可看到路北有一座带有明显折中主义倾向的中西合璧式大门。门内是砖石结构的两层灰色楼房，沉稳而庄重，这就是当时的北师大二院。再往前追溯是建于 1909 年的京师女子师范学院，后经过曲折发展成为北京女子师范大学。1923 年至 1926 年间，鲁迅在该院执教，并积极支持和指导女师大的爱国学生运动。中华人民共和国成立后，这里曾是北京第八女子中学、北京 158 中学。为纪念鲁迅 1969 年改为鲁迅中学。

建国东堂演出焦菊隐导演的《夜店》

焦菊隐在忙于教学的同时，没有忘记戏剧实践活动。1947 年，他应中共地下党北平演剧二队的邀请，执导了话剧《夜店》。这是根据高尔基的名著《底层》翻译改编而成的。焦菊隐运用斯坦尼斯拉夫斯基的戏剧理论，真实地表现了底层人民的苦难生活。该剧在建国东堂连演30多场，引起轰动。后来，焦菊隐又排演了夏衍的话剧《上海屋檐下》、欧阳予倩的京剧《桃花扇》，将莎士比亚的名剧《罗密欧与朱丽叶》改编为京剧《铸情记》，在戏剧的多个领域进行探索。

建国东堂是一个什么样的剧场？在什么地方？我从来没有听说过，为此查了不少资料，建国东堂的来龙去脉才逐渐清晰。1923年在灯市口大街东口路北建成瀛寰大戏院，是仿欧式风格建筑，有座位700多个。1936年改建为飞仙电影院，后又改为飞天剧场，影戏兼演。抗战胜利后，由国民党军事委员会第十一战区政治部接管，改称建国东堂。在这里演出过不少进步戏剧，除《夜店》外，还有曹禺的《北京人》、郭沫若的《孔雀胆》等。解放后建国东堂由北京市军管会接管，改称解放影剧院，在这里进行过全市文工团会演。后因建筑陈旧，于1950年春停业。

我去灯市口大街一带，试图找到建国东堂的遗迹，但大街上都是全新的大厦，建国东堂已踪迹全无。

北京剧场上演焦菊隐导演的老舍名剧《龙须沟》

史家胡同东段路南20号是一座坐南朝北的带有跨院的三进大四合院。这座大院的原主人是谁，现已无据可查。1949年，北平解放时这是一处空院。当年华北人民文工团入城就进驻了这个院。1950年，文工团编制扩大，改建为包括歌剧、话剧、管弦乐等综合性的文艺团体，定名为北京人民艺术剧院，即人们惯称的“老人艺”。

刚从美国讲学归来的老舍应邀写了反映新旧社会变迁的话剧《龙须沟》，特邀当时已任北师大文学院院长的焦菊隐执导。在排演时，焦菊隐特别强调演员要有真实的内心感受，他带头组织演员下基层体验生活。后来体验生活成为人艺的一项传统。1951年2月，《龙须沟》在北京剧场演出获得巨大成功。

这台戏浓郁的地方特色与民族风格，为北京人艺奠定了现实主义表演艺术风格的基石。

中国儿童剧场（赵敏拍摄）

东安门大街中段路南有座在20世纪二三十年代北京式样最新、设备最先进的剧场叫真光剧场。真光剧场建于民国十年（1921年），建成后轰动一时，当时的北京《晨报》载文，称其工程宏伟，“诸国之剧院，亦不多观”。

真光剧场的外观华贵端庄，装饰繁多，属晚期古典式或称自由古典式，运用古典建筑的语汇如柱式、山墙、花饰等，追求的却是自由、活泼的构图。入口以上的大型圆拱窗极为突出，成为视觉中心，两旁塔楼顶部开小圆窗与其呼应。塔楼外侧的墙面呈圆弧形，也与整座建筑的圆润线条相协调。剧场内部的设施也是当时绝无仅有的，内设包厢、大客厅、酒吧、茶室、衣帽间及女宾化妆室等，让人大开眼界。更可贵的是场内没有回声，音响效果极佳。真光剧场由我国建筑师沈理源设计。他早年留学意大利，1915年回国，是我国最早赴欧洲学习建筑工程的建筑家之一。

真光剧场1951年改称北京剧场，《龙须沟》在这里上演。1961年定名为中国儿童剧场，由宋庆龄亲题院名。1987年至1990年剧场曾扩建，但外立面仍保持原貌，被列入北京优秀近现代建筑名录。

焦菊隐执导的一台台大戏在首都剧场上演

1951年末，“老人艺”话剧团与原中央戏剧学院附属话剧团合并，建立了一个隶属于北京市的专业话剧院，仍沿用北京人民艺术剧院的原名。

1952年6月12日晚，新建的北京人民艺术剧院隆重而简朴的成立大会在史家胡同20号院召开，会场就设在庭院中。北京市副市长吴晗代表北京市政府宣布剧院成立，并宣布曹禺任院长，焦菊隐、欧阳山尊为副院长。

蔡文姬剧照

焦菊隐的女儿焦世宏描述史家胡同 20 号院："是一座有 30 多间平房的院落，大门坐南朝北，一进大门就能看见一棵粗壮高大的核桃树。在院子两侧长了两棵芙蓉树，绿叶婆娑，花开满枝，微风吹拂时，散发出恬淡的清香。院长办公室在东跨院北屋里，三间高大明亮的房屋……"

茶馆剧照

在北京人艺，焦菊隐先后排练了郭沫若的《虎符》《蔡文姬》《武则天》，老舍的《茶馆》，田汉的《关汉卿》《名优之死》等。他有意识地将中国的戏曲艺术元素有机地融入话剧中。他一台剧一种风格，不抄袭别人，也不重复自己，扎扎实实地开创了中国话剧民族化的道路。

关汉卿剧照

焦菊隐排演的一台台大戏都是在首都剧场上演的。首都剧场坐落在繁华的王府井大街北段，报房胡同西口南。首都剧场始建于 1954 年，1956 年正式作为北京人民艺术剧院所属的专用演出场所，集演出、排练和剧院办公为一体。

首都剧场由我国著名建筑师林乐义负责主持设计，工程在 20 世纪

首都剧场（赵敏拍摄）

50年代即获中国建筑学会优秀建筑创作奖，并编入英国权威的世界建筑通史。除了剧场功能外，首都剧场又具有建筑学的价值和意义，是全国规模最大、设备最好的话剧演出剧场之一。剧场建筑以其古朴、凝重、宏伟的建筑风格载入世界建筑史册。剧场观众厅及休息厅古典华贵，气势恢宏，并以造型多变的灯饰装点着舒雅的环境。此外，剧场大厅内还设有曹禺纪念馆、戏剧书店、艺术家画廊及戏剧咖啡厅，显示了厚重的文化内涵和艺术氛围。

首都剧场是中国话剧界大导演、名演员云集的地方，也是喜爱话剧的观众们心中的圣地。它一直与中国话剧艺术的兴衰一同起伏脉动。

焦菊隐在北京的故居

不计焦菊隐青年时代在北京读书和办学，仅从他 1946 年回到北京直至 1975 年逝世，他在北京生活了近 30 年，搬过多次家。

1946 年，焦菊隐回到阔别多年的北京，他住在复兴门内大街北侧，大沙果胡同的一处院落，这是他家的祖宅。他与失明的母亲、寡嫂和侄女同住。

1949 年 7 月，他在上海与秦瑾新婚后回到北京，在东绒线胡同以南的抚院胡同（今育抚胡同）买了一个小院。院中有四间北房，一间做客厅，一间做书房，一间把母亲和三姐接来同住，剩下最小的一间是他与妻子的卧室。因买房钱未付清，房东仍住在东房里。西房堆满了装书的大箱子。他为此很不安，总对妻子说："本来应把家安好再接你来，可这两年我是在滚刀山，没有过一天像样的日子。"

过了不久，经他和秦瑾的努力，终于买了所大些的房子，在屯绢胡同甲1号。秦瑾在家里为他布置了一个大书房，把他的书分类放好。焦菊隐高兴地说："多少年来我就梦想这么一个大书房，随手可以翻资料，再也不用为找书翻箱倒柜了。"他还说："在这个条件下，不写点东西，真对不起我的书房。"在这里住时，他完成了《龙须沟》的导演，心里有许多关于戏剧的梦想。在这里也是他和秦瑾感情最好的时光。他们一起买了两棵海棠树种在后院，让海棠永远荫庇他们的幸福。

但他们在这个温馨的小院里并没住太久，焦菊隐正式调往北京人艺后，他们搬入了东城演乐胡同中的人艺宿舍。他们分到的住房一般人看来已很不小，但焦菊隐的书实在太多，不大的南屋做书房仍显不够，许多书不得不又放回书箱，堆进一间阴暗的小屋，焦菊隐甚觉不便。

1962年至1963年间，文艺界提出要积累艺术经验，特别要总结老艺术家的创作经验。北京人艺在干面胡同21号分给焦菊隐一个独门独户的小院，为他进行理论总结提供条件。焦菊隐也静下心来，将自己的导演手记、底稿等清理出来，整理成文。

然而好景不长，1966年"文革"开始了。焦菊隐首当其冲被打成反动学术权威、老反革命。随之而来的是不断地批斗，他也被从干面胡同住宅中轰出，搬进了史家胡同20号院后面的一间不见阳光的小黑屋。

我去寻找了焦菊隐在北京的这几处住所。北京近些年来大规模地拆迁建设，前几处已无迹可寻，只有干面胡同21号和史家胡同20号还在。干面胡同21号已是大杂院，史家胡同20号仍是人艺宿舍。但院中的四合院已拆除，盖起了两座单元楼。人艺的一些老艺术家如金雅琴等仍居住此院。

经过"文革"的多年折磨，焦菊隐于1975年2月28日病逝。没有发讣告，没有开追悼会，他冷冷清清地离开了人世。直至1979年5月22日他的追悼会才在八宝山举行。1980年焦菊隐生前导演的话剧《茶馆》应邀到联邦德国、法国、瑞士三国十多个城市巡回演出，历时50天。这是新中国话剧历史上第一次出国演出。1983年《茶馆》又应邀赴日本演出，都获得巨大成功。

汉语拼音之父周有光 超越百年的人生之旅

周有光1906年1月13日（农历乙巳年十二月十九日）出生于江苏常州青果巷，曾用名周耀、周耀平。常州青果巷可不是个平常的小巷，明清两代出了近百名进士，被冠以“进士街”的美名。周家也是名门望族，他的曾祖父既是清朝官员，又是实业家。在太平天国围攻常州时，他散尽家产，全力支持军队守城。当常州城被攻破后，他投水自尽，被朝廷追封为“世袭云骑尉”。

到周有光父辈时，家庭已经败落。父亲靠教书无法支撑家中的排场，只得靠卖房子维持家用。但青果巷的书风盈巷，家庭的书卷气，几辈人的丰富藏书，都深深地影响了小周耀。父母都是开明的，当他6岁时，别人家的孩子大都读私塾，他却成了第一批进洋学堂的小学生，后又升入常州中学。1923年，17岁的周有光以优异成绩考入上海当时最好的教会大学圣约翰大学，主修经济学，辅修语言学。

1925年，“五卅”惨案发生。在学生们声援工人运动时，受到圣约翰大学校方的无理阻挠，500多名学生和多名中国教授集体宣布与大学脱离关系。圣约翰大学员工集体离校，在社会上造成极大轰动。在各界人士的支持和多名爱国人士的资助下新成立了一所大学光华大学，接受圣约翰大学离校的师生。周有光也转入光华大学，1927年从光华大学毕业，获文学学士学位。

青年周有光

青年时的周有光、张允和夫妇

在光华大学附中及光华大学任教，后又在无锡的江苏省立民众教育学院和杭州的浙江省立民众教育实验学校工作。

在周有光到上海读大学，后又辗转至杭州教书的日子里，他遇见了生命中最重要的一个人，一个与他风雨与共、相爱一生的人张允和。

张允和祖上是合肥的显赫世家。他的曾祖父曾任晚清江苏巡抚、两广总督和直隶总督等。张家拥有良田万顷，到她父亲这代，在她父亲张武龄名下，每年还有十万担租。张武龄自小受新思想的洗礼，洁身自好，嗜书如命。1921 年在“五四”新思潮的影响下，他在苏州办起了新型的乐益女子中学。张武龄有十个子女，其中四个女儿分别是张元和、张允和、张兆和、张充和。四个女儿都受过很好的教育，气质出众，才华横溢。在乐益女中教过书的著名作家叶圣陶说过：“九如巷张家的四个才女，谁娶了她们都会幸福一辈子。”

经过八年的爱情长跑，周有光与张允和于 1933 年在上海成婚，婚后共赴日本留学。周有光考入京都帝国大学，专攻日语。1935 年回国，一面在光华大学教书，一面在江苏银行任职。

抗战期间，他们辗转重庆、成都、西安等地。

1946 年，周有光携全家回到上海，任职新华银行。新华银行是中国最早的储蓄银行之一，1914 年在北京成立。抗战前已拥有一流的国际化业务和实力。1946 年底，银行派周有光到美国工作，学习美国的先进管理，并可携带家属同行。

1947 年至 1949 年，在美国紧张的工作之余，周有光还常泡图书馆，参观博物馆，去大学旁听，像海绵一样吸取养分。在普林斯顿大学，他有幸和爱因斯坦两次交谈。他还和张允和一起游览了英国、法国、意大利、埃及等国。

1949 年初夏，周有光夫妇从伦敦抵达香港。6 月 3 日，在上海解放后的第七天，他们夫妇回到了祖国。周有光在新华银行任秘书长，兼人民银行华东区行第二业务处处长。同时在复旦大学经济系研究所及上海财经学院任教，讲授经济学。他一人身兼三职，像拧紧的发条。他想在经济金融领域深入研究，为祖国的经济建设做出贡献。

但一次进北京开会，改变了他的后半生。

沙滩后街 55 号 周有光生命的转折

中华人民共和国成立后为了尽快扫除文盲，提高人民群众的文化水平，就在中华人民共和国成立后的第十天即 1949 年 10 月 10 日，经著名教育家吴玉章等发起，中国文字改革协会在北京成立。国家领导人十分重视文字改革工作，仅经过五年的发展，从民间团体性质的文字改革协会发展为隶属政

沙滩后街

沙滩后街京师大学堂旧址

府部门的文字改革研究委员会，再进一步成为直属于国务院的文字改革委员会。文字改革工作日益提上了国家的重要工作日程。

1955 年 10 月 15 日至 23 日，文字改革委员会与教育部联合召开了全国文字改革会议。这是一次重要的规模很大的会议，全国各省市自治区、中央有关单位及军队均派代表参加，周有光也应邀参加会议。这次会议改变了他后半生的命运与生命走向。

一定会有人提出质疑：周有光是搞金融、经济研究的，为什么请他参加文字改革会议？这是只知其一，不知其二。

早在进大学之前，他就对语言文字感兴趣，入圣约翰大学时他选择辅修语言文字。20 世纪 20 年代，上海语文左翼运动主要倡导者叶籁士创办了《语文》杂志，周有光在杂志上发表过多篇有见地的文章；后来他参加了上海的拉丁化新文字运动；在美国工作期间，他阅读了许多英、美字母学方面的书籍，深受启迪；1952 年他出版了《中国拼音文字研究》，1954 年出版了《字母的故事》。这些对他来说仿佛只是业余爱好，但可能已引起语言文字学界的重视。

开完会，他要立即回上海。但吴玉章和胡愈之找到了他，要他留在北京搞文字改革。他诚恳地说："语文文字学我只是业余玩玩的，我是外行，这做不了的。"吴玉章一锤定音，说："有光，这是新的工作，大家都外行。"新中国刚成立，大家眼前一片希望，祖国的需要就是自己的志愿。周有光后来说："我觉得任何一件事，只要搞出成绩来，对国家有贡献，就好。"

他留在了北京，任中国文字改革委员会第一研究室（拼音化研究室）主任。1956 年 4 月，周有光 50 岁，他将全家从上海迁到北京。

周有光的情况和他的连襟——三妹夫沈从文有些相似：沈从文前半生从事文学，后半生却研究文物，都取得了巨大的成就。周有光前半生从事金融，后半生研究文字改革，后半生的成就比前半生更辉煌。

当时的中国文字改革委员会办公地和周有光一家的住所都在沙滩后街 55 号的一座大宅院里。

据传，此地挖护城河时，流沙不止，后砌墙乃住，故得名沙滩。另一说是，此地原为永定河的故道，当年河床宽阔，永定河改道别处后在原故道上留下一连串的沙滩，因此地有一大沙滩而得名。

沙滩后街，东西向，西起景山东街，东至沙滩北街，明时称马神庙街，为皇家祭祀马神。

沙滩后街 55 号，晚清时为乾隆第四女和嘉公主赐地，这里曾是清乾隆纯惠皇贵妃的四女和嘉公主出嫁后的驸马府，民间习称“和嘉公主府”。清乾隆时，驸马要想和公主行夫妇礼，过夫妻生活，必须先请公主宣召。这种烦琐的君臣手续，使大多数驸马和公主不和。但四公主与众不同，她没有条框，和驸马恩爱有加，生育了几个子女。但四公主和驸马都很短命，没过 30 岁便先后谢世。于是，这座公主府冷落了一个多世纪。

光绪二十四年（1898 年），光绪皇帝下诏，正式批准设立京师大学堂。第一任总管是孙家鼐，为咸丰年间状元，曾做过光绪皇帝的老师。按照光绪的意思，京师大学堂不仅是一所大学，而且是清朝最高教育行政机关，它的办学方针是“中学为体，西学为用，中西并用，观其会通”。1898 年 8 月 9 日，光绪接受李鸿章和孙家鼐举荐，任命美国传教士丁韪良博士为西学总教习，并赏予他二品顶戴。这个惊世骇俗之举，从一开始便打上了浓重的西学印记。戊戌变法在百日后失败，慈禧太后废止了变法的一切措施，唯独留下了美国传教士担任西学总教习的京师大学堂，还加紧学堂的筹建，并亲自指定了校址。于是，这座中国近代史上第一所国立大学，就在当时的马神庙“和嘉公主府”旧第，即现在的沙滩后街 55 号创立。

新校舍建前，先将和嘉公主府旧第略加扩充，作为临时校舍。京师大学堂成立时，整修了公主府旧房三百四十多间，新建房一百三十多间。大学堂的大门上高悬有“大学堂”三字匾额。公主府里的正殿称公主大殿，为大学讲堂，大殿之后昔日公主梳妆起居的闺阁，一座二层木结构小楼，被辟为藏书楼，这是北大最早的图书馆，直到“文革”后被拆除。西院花园为学生宿舍。开学时到校者不足百人，次年才增加到 200 人。学生中大多是官僚和官宦子弟，他们到校带听差、打麻将、吃花酒、逛妓院，对读书毫无兴趣。就连上操，也是喊“老爷，向右走”“大人，向左转”。八国联军入京，学堂被德国、俄国侵略军占领，校内建筑、仪器大部分被毁。光绪二十八年（1902 年）恢复，宣统三年（1911年）改称北京大学。

1918年，北京大学本部从此处迁到沙滩红楼，这里更名为“北大二院”，设理学院。

更名为“理学院”的老院子并不寂寞，后来大院里新建了中西合璧的教学小楼、实验室、阶梯教室以及十几排学生宿舍。许多现代史上赫赫有名的科学家，就是在这里开始艰难的“科学救国”之梦。李四光，从这里带领学生出发寻找中国大油田；华罗庚归国后第一次公开演讲在公主大殿；著名化学家曾昭抡带领学生在这个园子里做着化学实验……

1952年，北京大学举校迁往原燕京大学。原“北大二院”理学院的原址，为人民教育出版社和文字改革委员会联合使用。

1950年，一批进步学者在毛泽东指示下从全国各地进入解放区，编写一套中小学教材，让学龄儿童能够读到新中国的课本。后来以这批学者为核心成立了人民教育出版社。到1955年从全国各地调集了近200名专家、学者进驻沙滩后街这座老园子。瞬间园子里又热闹起来。这批学者不仅思想进步，也大都学有渊源，术有专攻。如叶圣陶，文学家，人教社创始人之一；魏建功，语言文字学家，人教社早期创建者之一；朱文叔，语言学家，人教社早期副总编辑；陈乐素，国学大师陈垣的长子，杰出的历史学家；胡绳，历史学家、哲学家，后曾任中国社会科学院院长；周建人，鲁迅先生的胞弟，生物学家，科普作家；吕叔湘，语言学家，人教社早期副总编辑；王永兴，中国史学界隋唐史权威；朱智贤，教育学家，曾任人教社早期副总编辑，后任教北京师范大学，开创中国儿童心理学研究领域；齐世荣，我国世界史权威，现任教首都师范大学；吴伯箫，文学家，曾任人教社副总编辑；张中行，老北大人，著名学者、作家等。

这样一个高起点的学术队伍，为人教社的长远发展奠定了一个良好的基础。这样一群高级学者，来给中小学生专职编写课本，他们严谨朴实的为学态度，坚持以治学的精神磨砺文明启蒙之作。对于保证新政权基础教育的高质量实施，起到了不可估量的作用。

这个大宅院的西部是居住区，里面还有许多小院子，周有光一家就住在其中一个小院中。院中有一栋西式平层洋房，据说是民国初年给一个外国专家建的，后来蔡元培执掌北大时还曾做过他的校长办公室。但是周有光家住进去时，房屋已年久失修，很破旧了。当时是他和另一语言专家两家合住。

周有光曾作《新陋室铭》自嘲："房间阴暗，更显得窗子明亮。书桌不平，要怪我伏案太勤。门槛破烂，偏多不速之客。地板跳舞，欢迎老友来临。卧室就是厨房，饮食方便。书橱兼作菜橱，菜有书香。喜听邻居的收音机送来音乐。爱看素不相识的朋友寄来文章。"

沙滩后街出行很方便，出西口对面就是景山，景山南面便是故宫。周有光常一早就去景山散步，绕景山一圈，活动筋骨，然后坐下来看资料，有时上午也去故宫。他说："故宫上午没有人的，我花五分钱去里面写文章，环境又好，空气又好……因为我的工作可以在家里做，不一定在办公室里。"说得好像很轻松，但实际当时他的工作很紧张，压力很大。他既要完成工作，又要不断地学习，查资料，埋头读书，补充新知识。

当时把文字改革工作主要归纳为三项任务：简化汉字；推广普通话；制定和推行《汉语拼音方案》。周有光任主任的第一研究室负责制定《汉语拼音方案》。周有光提出了"汉语拼音"三原则：拉丁化、音素化、口语化。并阐明汉语拼音方案的"三是三不是"：不是汉字拼音方案，而是汉语拼音方案；不是方言拼音方案，而是普通话拼音方案；不是文言拼音方案，而是白话拼音方案。这些原则得到了大多数语言学家的认同。

经过三年的努力，在1958年2月11日第一届全国人民代表大会第五次会议上通过《关于汉语拼音方案的决议》。《汉语拼音方案》作为拼写规范化普通话的一套拼音字母和拼写方式，成为中华人民共和国的法定拼音方案。同年在全国小学中设立汉语拼音课。

在研究汉语拼音方案的同时，周有光还先后在北京大学和人民大学开设《汉字改革》课程，深受师生欢迎。后来他将讲稿整理为《汉字改革概论》正式出版。

正当周有光为中国文字改革工作继续摸索、奋力拼搏时，一场政治灾难扑面而来。因为文字改革委员会直属国务院，运动初期还属于被保护状态，比较平静，周有光能继续工作，读书研究。但很快社会上的造反浪潮就冲击了机关，周有光被打成“反动学术权威”。1968年9月又升级被关进了“牛棚”。一年以后，1969年11月他被下放宁夏平罗五七干校监督劳动，三年后才回到了北京。

北京沙滩后街的家大变样，原来有五间半房子的家现在只剩下了一间半，其他都被别家占用。家具、衣服大部分丢失，最让人心痛的是他家庭珍贵的照片基本无存。

没有分配周有光新的工作，他属于“死老虎”，随时听候处理。但周有光却利用起这段难得的“清闲”时间，两耳不闻窗外事，一心只读学术书，抓紧研究工作，取得了多项成果。他后来回忆说：“1972年从宁夏回来，有几年什么事情也没有，我就安安静静做研究工作，那几年的研究成果最多。我在‘文化大革命’以后出的书为什么多呢？因为这段时间把以前没有弄好的研究，都弄好了。”

重回沙滩后街　周有光生命的新篇章

1976年，周有光已经70岁了，若是一般人应该退休多年了。但周有光却重新启程，他的生命翻开了新的篇章。

他恢复了在文字改革委员会的工作。1978年3月，他重新当选全国政协委员，还担任了全国政协教育组副组长。

1979年4月，国家派周有光出席在波兰华沙举行的国际标准化组织（ISO）会议，并代表中国在会议上发言。ISO是一个独立的国际机构，成立比联合国还要早，是世界上最大的非政府性标准化专门机构，其宗旨是在世界范围内促进标准化工作的进展。下设很多专门委员会，其中一个叫TC46的委员会是专门研究语言的。

会议的一个议题是讨论拼写汉语的国际标准。当时国际上汉语的拼音方案有很多，法国有法国方案，英国有英国方案，比如仅“鲁迅”一词，国际上就有20多种拼法，给翻译阅读等带来很多障碍。周有光在发言中提议采用《汉语拼音方案》作为拼写汉语的国际标准。他从语言学的角度细致阐释了《汉语拼音方案》的科学性和实用性，又从中国国内20余年的使用推广经验说明了它使用的优越性。再经过会上、会下多次沟通及外交工作，各国代表团基本同意周有光的观点。

又经过三年酝酿，1982年，国际标准化组织用通信投票的方式，认定《汉语拼音方案》为拼写汉语的国际标准，编号为“ISO—7098”。正如周有光所说：汉语的字母从“民族形式”到“国际形式”；从“国内使用”到“国际使用”；从“国家标准”到“国际标准”，一座使中国语文和中国文化通向国际舞台的桥梁建成了。

周有光博览群书，知识渊博。他的连襟沈从文戏称他为“周百科”。周有光不仅是一般生活意义上的“周百科”，他还在我国大百科全书的翻译编辑出版工作中做出了重大贡献。

“百科全书”是一种内容庞杂、包罗万象的大型工具书，既有综合性的，也有专业性的。有无力量编纂百科全书，是考验一个国家文化事业是否发达的重要标志之一。我国明代编纂的《永乐大典》就被认为是“世界上最大的百科全书”。但我国近现代居然没有一部属于自己的百科全书，应是极大的遗憾。

《不列颠百科全书》也称《大英百科全书》，早在18世纪便首次出版。20世纪初美国出版商买下了它的版权，《不列颠百科全书》由美国继续出版。1979年中美正式建交后，中美两国探索文化合作，1980年8月，在邓小平的支持下，中美双方签订了一个共同协议，双方合作出版中文版的《简明不列颠百科全书》。中美双方共同成立了一个联合编审委员会，各自委派三名成员。中方主席为刘尊棋，委员是钱伟长和周有光，下设编辑部。刘尊棋是《中国日报》的创办人，早已是国际知名的新闻记者，也是周有光的老朋友。钱伟长是国际知名的物理学家。他们三人不顾年老体弱，对编译工作倾注了无限热情和大量心血。他们组织了数百名当时国内各领域的顶尖人才投入工作。不仅有繁难的翻译问题，其中有关中国的许多条目，是由中国方面组织大批专家撰写的。

经过数年努力，克服重重学术问题、技术问题和政治上的敏感问题，至1985年《简明不列颠百科全书》中文版正式出版。全书共10卷，包括

7000多个条目，5000余幅图片，共约2400万字。在此后20多年里，《简明不列颠百科全书》中文版不断修订增补，1999年出版了20卷的《不列颠百科全书》国际中文版。2007年再版了20卷的《不列颠百科全书》国际中文版修订版。这项工作已成为一项长久持续的文化事业。

在与美方合作出版中文版《不列颠百科全书》的同时，我国自行编辑出版《中国大百科全书》的宏大工程也启动了。周有光是总编辑委员会委员，《语言文字卷》重要条目的撰稿人和全卷审稿人。《中国大百科全书》经2万多名专家学者的不懈努力，历时15年，于1993年出齐第一版的74卷。这是多么浩大的一项文化工程。

搬入后拐棒胡同　周有光的生命重新启程

1985年底，文字改革委员会改为国家语言文字工作委员会，仍直属国

周有光后拐棒胡同的家

周有光后拐棒胡同家中的书室

周有光、张允和夫妇

务院。周有光仍在工作，他说："我从八十一岁开始，作为一岁，从头算起。"这一年他搬离居住近40年的景山后街55号，搬入朝阳门内后拐棒胡同新居。

新居所在地原来是文字改革委员会下属的文字改革出版社所在地。当时很荒凉，后面有多间汽车库，"文革"中改成了"牛棚"。周有光在里面被关过一年多。20世纪80年代初，在这里盖起了几栋六层的单元宿舍楼。周有光家分到的是某栋东侧的三层，一个四室一厅的单元。两间稍大，不过十四五平方米，小的只有八九平方米。其中一间九平方米的做了周有光的书房。他说："小书室只有九平方米，放了一顶上接天花板的大书架，一张小书桌，两把椅子和一个小茶儿，所余空间就很少了……"

1988年12月31日，周有光正式离休。但他仍没有离开单位的办公室，直至1991年才正式离开工作岗位。

回到家他一头钻到了自己九平方米的小书室中，重新启程。他自嘲为"自我扫盲"："我如饥似渴地阅读，把有趣的资料记录下来，进行整理，删繁就简，写成方便自己查看的短篇杂文。这可以说也是一种自我科普教育。偶尔把其中几篇发表出去，请读者指正。"他几乎每月发表一篇文章。有的在内地，有的在香港。

他的文章内容非常广泛，除语言文字的内容外，还包括历史、文化、政治以至人类与世界的话题，受到文化界乃至普通读者的普遍关注。2000 年以后，即他 94 岁后出版的著作达到 20 余种。他常说：“要从世界看国家，不要从国家看世界。”他正是以世界的眼光，以超越百年的人生智慧在看世界、看人生，写世界、写人生。

2002 年 8 月，与周有光相濡以沫近 70 载的爱妻张允和病逝，享年 93 岁。周有光 96 岁，遭此打击，他两次重病住院，但最终还是挺了过来，振作精神，再次投入学习与写作。他幽默地说：“大概一百岁是人的一个正常的结束，超过一百岁是例外。我说是上帝糊涂，把我忘掉了。”

2005 年，99 岁，周有光出版新书《百岁新稿》。

2006 年，100 岁，周有光出版新书《见闻随笔》。

2008 年，102 岁，《周有光百岁口述》。

2010 年，104 岁，《拾贝集》《朝闻道集》在香港出版。

2011 年，105 岁，《拾贝集》在内地出版。

2017 年 1 月 14 日，周有光去世，享年 112 岁。

2019 年 12 月，周有光获得第七届“中华之光——传播中华文化年度人物”致敬奖。

曹禺在北京的戏剧人生

曹禺在我国戏剧史和文化史上具有划时代的不可替代的作用。如果没有他的经典名作《雷雨》《日出》《原野》《北京人》等，一部现代中国戏剧史将会失去多少光彩。80 年来，他的剧作不仅以话剧的形式在全国舞台上长演不衰，而且被改编为电影、电视剧、戏曲、歌舞剧，甚至芭蕾舞剧。曹禺还是极少数在世界上享有盛誉的中国剧作家之一，被称为“中国的莎士比亚”。他的剧作演出已遍及全球五大洲，成为世界文化瑰宝。

在曹禺 86 年的生命中，有长达 50 年生活在北京，让我们追寻他在北京的生活轨迹，探寻他呕心沥血的戏剧人生。

少年时代的戏剧情结

曹禺祖籍湖北潜江，1910 年 9 月 24 日出生于天津一个旧官僚家庭，原名万家宝，字小石，生下他三天，母亲因产褥热不治身亡。后来他父亲继娶他母亲的孪生妹妹为妻，成为家宝的继母。

继母是个戏迷，不拘京戏、评戏、京韵大鼓还是文明戏，她都爱看。从 3 岁起，家宝常被继母抱到戏院去看戏，很快成为小戏迷。回到家里他就咿咿呀呀地学唱起来，他年幼的心灵中已播种下戏剧的种子。

12岁，家宝进入南开中学，这是天津当时最好的中学。同时南开有很好的戏剧传统，张伯苓校长在学校倡导新戏，校中有师生共同组成的“南开新剧团”，周恩来就曾是新剧团的中坚分子。

家宝在南开中学如鱼得水。1925年，他成为南开新剧团中活跃的一员，参加过王尔德的名剧《少奶奶的扇子》，丁西林的《压迫》，田汉的《获虎之夜》等多部剧的演出。丹麦作家易卜生一百周年诞辰时，南开新剧团排演了他的名剧《国民公敌》和《娜拉》，深得师生喜爱。演剧之外，家宝还写小说，写诗，搞翻译，当编辑，表现了多方面的才华。在他写的一篇小说《今宵酒醒何处》发表时，他第一次使用了曹禺的笔名。“曹禺”是什么意思？原来“万”字的繁体是“萬”，拆开便是“艹”和“禺”，由“艹”谐音成曹，便成曹禺，此后，曹禺代替了他的原名万家宝。

1928年9月，曹禺被保送南开大学政治系，但他对所学专业不感兴趣，决心离开南开大学，到清华大学去学西洋文学。

在清华大学　曹禺步入戏剧创作的殿堂

1930年暑假，曹禺和要好的同学孙毓棠一同来到北京，准备报考清华大学。他们住在孙的外祖父家。

孙毓棠的外祖父姓徐，是清朝遗老，当时仍在任中山公园董事，每天去中山公园喝茶、聊天，但家道已败落。徐家的少爷、小姐不务正业，整天赌博、抽鸦片，把家中的古董拿去变卖……这些给曹禺留下了深刻的印象，几十年后他还记得这个大宅院：“他家的宅院是一个套院连着一个套院，真是深宅大院。但的确败落了……但是徐家的陈设，仍然是十分讲究的，处处都是古色古香，即使房屋的构造、格局，都能看出昔日的威严，栋梁上也留着过去金碧辉煌的痕迹，就像在《北京人》中所写的。”据曹禺回忆，这个大宅门在东四头条，但具体是哪个院落已很难确定。

孙毓棠的外祖父家成为曹禺日后写作《北京人》的原型素材。

清华大礼堂 曹禺戏剧实践的舞台

曹禺顺利地考入清华大学，直接进入西洋文学系二年级就读。孙毓棠考入历史系。清华也有演戏的传统，曹禺一进校就在同学中传开了，说从南开来了一个很会演戏的同学。进校不久，曹禺参加排剧，排的仍是《娜拉》。他不仅是主演，还担任了导演。1931 年春天《娜拉》在清华大礼堂公演，曹禺的出色演技引起轰动。“九·一八事变”后，为配合抗日救亡宣传，曹禺还排演了外国剧改编的《马百计》《骨皮》等，讽刺日本军国主义，都收到了很好的效果。

曹禺很快成为清华的知名人士，被誉为“龙、虎、狗”清华三杰之一。“龙”指的是钱钟书；“虎”即指曹禺；“狗”是对后来成为南开大学外文教授的颜毓蘅的戏称。

清华大学礼堂

清华大学图书馆

为了解曹禺在清华的学习生活，在 2019 年夏我去清华大学探寻。我坐公交车在清华西门下车。恰逢暑假，来清华观摩游览的人很多。随着人流，进门东行，不久就看到了欧式风格的清华二校门。过二校门往北，远远就看到高大雄浑的清华大礼堂。

清华大礼堂 1912 年建成，由美国建筑师墨菲(H.K.Murphy)设计。建筑平面以正中的“希腊十字”为基础，北端为舞台，在南端加门厅。门厅正中有四根爱奥尼克柱，柱础、凹槽、柱头都十分精美。礼堂的屋顶在八角形平面的鼓座上是大穹顶，再加上礼堂前大面积翠绿的草坪，使大礼堂端庄明丽，格外醒目。

曹禺也很迷恋音乐，他是清华军乐队的成员。在乐队中吹巴松管，也常在大礼堂演出。曹禺很喜欢清华大礼堂，每当走在礼堂前，他常常联想到天津的法国教堂，好像巴赫的弥撒曲又响在耳边。但与教堂相比，他感到大礼堂更庄严巍然。在大礼堂前我想，曹禺青年时代就能在这样华美的礼堂内登台献艺，实践自己的戏剧梦想，也是一种幸福吧。这座礼堂一定更坚定了曹禺终生献身戏剧艺术的决心。

清华图书馆　曹禺巨著《雷雨》诞生地

对于曹禺，清华大学图书馆是一个更值得怀念的地方。在那里诞生了他的第一部经典剧作《雷雨》。

据曹禺回忆："写《雷雨》，大约在我 19 岁在天津南开大学时动了这个心思。"许多人物、情节开始构思，但是真正写作却是在读清华大学时。他写了许多人物小传，其数量远不止《雷雨》中的八个人，他几乎整天在图书馆中写作。曹禺曾深情地回忆这段生活："我怀念清华大学的图书馆，时

1936 年，曹禺在南京演出《雷雨》中扮演的周朴园

1934 年，《雷雨》在《文学季刊》第一卷第三期上全文发表

常在我怎么想都是一片糊涂账的时候，感谢一位姓金的管理员，允许我进书库随意浏览看不尽的书籍和画册。我逐渐把人物的性格和语言的特有风味揣摩清楚。我感谢‘水木清华’这美妙无比的大花园里的花花草草。在想到头痛欲裂的时刻，我走出图书馆才觉出春风、杨柳、浅溪、白石、水波上浮荡的黄嘴雏鸭，感到韶华青春，自由的气息迎面而来。奇怪，有时写得太舒畅了，又要跑出图书馆，爬上不远的土坡，在清凉的绿草上躺着，呆望着蓝天白云，一回头又张望着暮霭中忽紫忽青、忽而粉红的远山石塔，在迷雾中消失。我像个在比赛前的运动员，那样的兴奋，从清晨钻进图书馆，坐在杂志室一个固定的位置上，一直写到夜晚 10 时闭馆的时刻，才悻悻走出。夏风吹拂柳条唰唰地抚摩着我的脸，酷暑的蝉声聒噪个不停，我一点觉不出，人像是沉浸在《雷雨》里。我奔到体育馆草地上的喷泉，喝足了玉泉山引来的泉水，才觉察这一天没有喝水。”

《雷雨》终于在 1933 年暑期完成了。那一年曹禺 23 岁。

清华图书馆就在大礼堂北面不远。图书馆的东翼也是由美国建筑师墨菲设计的，1919 年建成。共两层，一层是办公室和教员预备室，上层为阅览室。馆后为三层的书库，许多建筑装饰材料和设施都是从美国进口的，被誉为“轮奂壮丽，可谓全国冠”。但图书馆很快就不敷使用，1930 年决定扩建。扩建的设计师为清华 1921 届校友杨廷宝。他接受设计任务后根据地形向西扩建，设计了与东翼呈 90° 角的西翼。在两翼的转角交接处，设计为四层的连接楼，安排为入口门厅、办公室和小阅览室。新扩建部分与原建筑外观一致，沿用了红砖、灰瓦与拱式大窗。新老浑然一体，成为我国近代扩建工程的杰作。

1933 年，曹禺进校后的第二年，图书馆的扩建工程就完工了。1985 年，曹禺曾回母校清华大学，特意重访了图书馆和大礼堂。在图书馆二楼阅览室，他指着一个长阅览桌说：“对，我就是在这个地方，那时不是这样的桌子。我一来这里，就坐在这个位子上。”在大礼堂，他指着礼堂后面的楼上说：“你看这上面，我们在那儿练习，我吹巴松管的，乐队排练也在这上面。……也是这个礼堂，我演出过《娜拉》。”

难忘的三座门大街 14 号

曹禺写完《雷雨》，将书稿交给他的老同学靳以。当时郑振铎、巴金、靳以正在筹办大型文学刊物《文学季刊》。编辑部就在三座门大街 14 号一个僻静的小院里。

在 14 号院以东，紧邻景山西街，有一座红色高墙围成的东西窄南北长的长方形院落，这就是明清两代的皇家道观，著名的大高玄殿。

大高玄殿始建于明嘉靖二十一年（1542 年）。但建成不久即遭遇火灾，嘉靖二十六年（1547 年）重修，万历二十八年（1600 年）再次重修。清朝后，因避清圣祖玄烨之讳，将其改称大高元殿。但老百姓干脆简称这里为大高殿。

大高玄殿正门外原有东、西、南三座高大的牌楼，都是四柱九楼式，呈“品”字形排列。三座牌楼因立柱石础埋得很深，地面上都没有戗柱，因而当时北京有一句歇后语“大高玄殿的牌楼——无依无靠”。因这三座高大的牌楼，大高玄殿前的这一段街道曾被称为三座门大街。20 世纪约 50 年代，因妨碍交通，牌楼被拆除。

20 世纪 50 年代后，大高玄殿长期为军队使用，曾做过中央军委办公所在地，从未对外开放过，因而显得十分神秘。但也正因为军队占用，在“大跃进”和“文革”历次运动中它都没有受到破坏，保存得相当完整。现在是全国重点文物保护单位。

从大高玄殿往西，快到景山前街西口的地方，路北有座凹进街面的院落，现在的门牌是景山前街 25 号，这就是 70 年前的《文学季刊》编辑部。

景山前街 25 号（赵敏拍摄）

这是一个安静、整

洁的小院。不仅作为编辑部，靳以、巴金也住在这里。靳以也许觉得自己和曹禺关系太近了，为了避嫌把《雷雨》的剧本暂时放在了抽屉里，没有马上发表。过了段时间他偶尔对巴金谈起，从抽屉中翻出了剧本，看完后巴金主张立即发表，靳以欣然同意。巴金曾在《回忆曹禺》一文中写道："北平三座门大街十四号南屋，故事是从这里开始的。靳以把家宝（曹禺原名万家宝）一部稿子交给我看，在南屋客厅旁那间蓝纸糊壁的阴暗小屋里，我一口气读完数百页的原稿。一幕人生的大悲剧在我面前展开，我被深深震动了！"后来在巴金先生的力荐下，《雷雨》在《文学季刊》第一卷第三期上发表，一部在中国现代话剧史上划时代的杰作诞生了。

《文学季刊》只存在了两年，出版共八期，但它却刊登了许多在当代文学史上有重要影响的作品，培养了不少文学新人。

这里不仅是普通编辑部，还成了当时进步文化人士经常聚会交流的文艺沙龙。当时还在清华读书的万家宝、曹葆华，在燕大读书的萧乾，还有沈从文、卞之琳、黄裳等等都是三座门 14 号的常客。他们当时都还年轻，正是书生意气、挥斥方遒的好年华。

景山前街 25 号现仍在，只是院中房子大都经过翻建，又搭建了不少小屋，已看不出原来的风貌。

从清华毕业后，曹禺曾先后在清华研究院、保定某中学、天津河北女子师范学院等地工作。1936 年创作完成《日出》，后应邀前往南京国立戏剧专科学校任教。

抗战期间曹禺辗转于长沙、重庆、江安等地，并陆续发表《蜕变》《原野》《北京人》《家》等代表作。

曹禺在北京的寓所

抗战胜利后，曹禺与老舍受美国国务院邀请于 1946 年初赴美讲学。一年后返国。

1949 年 2 月，在地下党组织的安排下，曹禺秘密抵达香港。2 月底在乔冠华的具体安排下，曹禺与文化名人柳亚子、郑振铎、叶圣陶、马寅初等 27 人同乘外籍客轮从香港出发，先绕道南朝鲜，后又折返烟台。改乘汽车、火车，于 1949 年 3 月 18 日抵达北京。离开北京 15 年了，他又回到了北京，回到了一片新的天地。曹禺是多么激动！此后，除出访、赴外地开会、体验生活外，他没有再长期地离开过北京。

铁狮子胡同 3 号

回到北京后，曹禺先被安排住在北京饭店。不久就住进了铁狮子胡同 3 号寓所。现在的门牌是张自忠路 5 号。

现在的平安大街中，东起东四北大街，西至交道口南大街的一段原称铁狮子胡同。因现路北 23 号院门前曾有一对铁狮子，故名。抗日战争胜利后，为纪念在抗战中英勇牺牲的抗日名将张自忠将军，将铁狮子胡同改称张自忠路，沿用至今。

张自忠路 5 号是一座中西合璧式的大门，门的上部是圆拱形，其上又有柱子和女儿墙，两边靠街的窗户大而且低，有砖砌的凸出的窗楣。外墙上镶着一块牌子，上写“张自忠路 5 号欧阳予倩故居”。

我正在观看，两个过路的年轻人也停下来看，一边互相问：“欧阳予倩是谁？怎么没听说过？”我想，他们肯定听说过毕业于“中戏”的巩俐、姜文，却没有听说过中央戏剧学院的第一位院长，我国话剧和电影事业的开创者之一，著名的剧作家、戏剧表演艺术家、戏剧教育家欧阳予倩。这里其实不仅是欧阳予倩故居，包

张自忠路 5 号欧阳予倩故居（赵敏拍摄）

括曹禺在内的许多文化名人都在这座院落中住过。因为当时这里是中央戏剧学院职工宿舍。

走进张自忠路 5 号院门，迎面是一座小楼，有带柱廊的前门，门上有三角形山花，哥特式尖顶，有浓郁的欧式风格。在这座小楼中，曾住过诗人田间、表演艺术家金山、戏剧教育家沙可夫等。

绕过小楼，后面是排房，最后一排 13 间中式房子，才是欧阳予倩故居。新中国成立后，欧阳予倩从香港回到北京，住到了这排房子里，一直到他 1962 年病逝。

曹禺住在稍前的一排房子里。住在这里时，他是非常繁忙的。他先后任中央戏剧学院副院长、北京人民艺术剧院院长，还有许多“委员”“代表”的头衔。他从一个单纯的剧作家变成社会活动家了。他不断开会、讲话、出访。同时他继续写作，写他不熟悉的新生活。他到协和医院深入体验生活三个月，于 1954 年 7 月完成描写知识分子思想改造的剧本《明朗的天》。年底由北京人民艺术剧院公演，受到热烈欢迎，在第一届全国话剧观摩演出中获剧本创作奖。曹禺的女儿、作家万方曾回忆那段美好的时光：“那时我家住在铁狮子胡同 3 号，院子里有一棵很大的海棠树，春天花影满地。我爸爸的书房是一排小北房里的一间，被前面高大的房子挡住了阳光。窗子上挂着白窗帘，门前我妈妈种了一畦晚香玉，夏天开花的时候，那洁白硕大的晚香玉就像一个个朝天的小喇叭，美丽极了也香极了。我和院子里的孩子在海棠树下跳皮筋，一扭头总能看见爸爸趴在窗前的书桌上。我们边跳边唱，偶尔，童稚的声音传进他的耳朵，在他大约是一种隐约的来自天外的音乐。夏天，书桌上放着一大盆冰块，我爸爸写作时就光着膀子……在我还是个孩子的时候，我目睹了他进行创作的景象。”

但是“文化大革命”的来临使这一切成为过去。曹禺成为“反动学术权威”“黑线人物”，还是住着同样的房子，却如同在地狱中煎熬。曹禺回忆：“‘四人帮’统治的那段岁月，真叫人恐怖，……在铁狮子 3 号，我住着三间房子，有一间书房，抄了，封了。在我们大院中张贴着‘反动学术权威曹禺在此’的对联。……有一段，我住在家里，不敢出房门。大院里也是两派

20 世纪 40 年代末，曹禺与张瑞芳（后左）、方瑞合影

在骂，夜晚也在斗走资派，一天到晚，心惊肉跳，随时准备着挨斗。”

1974 年，曹禺的夫人方瑞去世了，曹禺更觉得孤苦无助。他家搬到三里屯北 24 楼居住，只有女儿万欢在他身边。在三里屯地区的改造中，这一片楼房都已拆除。

木樨地 22 号楼

在复兴门外大街南侧，木樨地附近有两座高层住宅楼，称为木樨地 22 号楼、24 号楼。现在看来普普通通，但在 20 世纪七八十年代，这两座楼在北京非常著名，被称为“部长楼”，有许多落实政策的省部级干部和文化名人住在那里。打倒“四人帮”后不久，曹禺也搬到了木樨地 22 楼 6 门的一个大单元。房子大了，但房间内的摆设仍是十分简朴，客厅里除了沙发、茶几就是满壁的图书，没有什么装饰，唯有大沙发前迎面墙上挂的一副关山月的红梅条幅为室内增添了喜庆，也映衬着曹禺喜悦的心情。

曹禺又忙碌起来，他担任了北京人民艺术剧院院长、中央戏剧学院名誉院长、中国戏剧家协会主席、北京文联主席，还有许多虚实兼职。他出席各

木樨地 22 号楼（赵敏拍摄）

种会议，接待国内外来访的客人，应报刊之约写各种文章，多次出国访问……

劫后余生，喜事不断。1978 年秋，搁笔十多年的曹禺完成了周恩来总理早在 1961 年就嘱托他写的《王昭君》，公演后反响热烈。

1979 年 12 月，他与相识三十余年的著名京剧演员李玉茹喜结连理，他们在北京和上海有了两个家。

1980 年，70 高龄的曹禺远渡重洋，接连出访瑞士、英国、法国、美国。忙碌喜悦之余他也有苦恼，他内心有着强烈的创作欲望。他常常说：“我这一辈子写得太少了……”他要写更多的作品，他酝酿了好几个剧本，但终因无法摆脱种种杂务而不能静下心来写作。

1988 年之后，高龄的曹禺大部分时间都住在北京医院里，李玉茹给了他悉心的照料。

1996 年 12 月 13 日，曹禺于北京医院逝世，永远离开了他钟爱一生的戏剧，但是正如巴金所说：“家宝并没有去，他永远活在观众和读者的心中！”

一代学宗季羡林在北京大学的学术生涯

1911 年 8 月 6 日，季羡林出生在山东省清平县（现并入临清市）一个小村庄——官庄。我国近代的学术大师大多出身名门或书香门第，家学深厚，但季羡林却出生在一个赤贫之家。他曾回忆说："父亲和叔父幼丧父母，家里贫无立锥之地，被迫逃到济南谋生。经过艰苦奋斗，叔父终于在济南立住了脚。"季羡林在故乡度过了六年的童年时光，6 岁即离开父母，前往济南投靠叔父。

季羡林是父亲和叔父两家唯一的男孩，因此家人对他报以极大的希望。叔父在极为困难的情况下，供他在济南读完了小学和中学。季羡林也没有辜负父辈的希望。小学时虽然淘气，却成绩优异，上中学后不仅成绩总是名列前茅，而且养成了认真读书、勤奋学习的好习惯。中学还未毕业，他已开始在报刊上发表短篇小说和译作。

1929 年，在叔父母的包办下，季羡林与彭德华结为连理，完成了自己的婚姻大事。

清华园中 活跃学子

1930 年夏，季羡林高中毕业了。他与 80 多位同学一起赴北平考大学。

他同时报考了清华与北大两所大学，而且幸运地同时被两所大学录取。究竟读哪一所？清华曾是留美预备学校，出国留学可能方便些，在这样的考量之后，季羡林最终选择了进清华大学深造。

季羡林进入清华大学西洋文学系，专业方向是德文。大学四年，他曾师从叶公超、陈寅恪、吴宓、朱光潜等大师，还旁听了朱自清、俞平伯、冰心、郑振铎等先生的课程。

吴宓是我国现代著名西洋文学家、国学大师。他开设的“中西诗之比较”“英国浪漫诗人”两门课给季羡林留下了深刻的印象。朱光潜是著名的美学家、文艺理论家。他开设的“文艺心理学”是季羡林最喜欢的一门课。在众多老师中，对季羡林影响最深的是陈寅恪先生。季羡林后来回忆说：“他的分析细如毫发，如剥蕉叶，愈剥愈细，愈剥愈深，然而一本实事求是的精神，不武断，不夸大，不歪曲，不断章取义。陈寅恪这种学风，影响了我的一生。”

这几位先生的课，都对季羡林一生的学术研究产生了深刻影响。比较文学和文艺伦理研究是吴宓和朱光潜为其奠定了基础，佛教研究与梵语、中亚古代语言研究，离不开陈寅恪的指导。

在清华，季羡林除了与老师的亲密往来之外，在学生中他也是活跃分子。他与吴组缃、林庚、李长之四人被称为“清华四杰”或清华“四剑客”。他们常常在“水木清华”旁高谈阔论，各持己见，争论不休。

1934 年 6 月，季羡林从清华毕业。在当时毕业即失业的背景下，他却有幸应母校山东省立济南高中校长之邀，回母校任国文教员。国文教员的职业与季羡林学了四年的西洋文学相去甚远，他仍然渴望着出国留学。一年后仿佛喜从天降，他得到了一个以交换研究生的身份赴德留学的名额。

1935 年 8 月，他离开了亲老、妻少、子女幼小而又贫困破败的家，克服重重困难，赴德国留学。到德国在柏林短暂停留后转至德国的学术之都哥廷根。他入哥廷根大学主修印度学，学习梵文、巴利文、吐火罗文，还辅修英文、俄文、南斯拉夫文等。

原本打算两年的留学，1937 年由于国内发生“七七事变”，季羡林交换期满却无法回国，被迫滞留在德国长达 10 年。1941 年，他获得哲学博士学位。

游子归国　执教红楼

季羡林在1946年春夏之交经法国马赛和越南西贡，回到祖国。但当时解放战争正在激烈进行，津浦铁路中断，他有家难回。他已经由恩师陈寅恪介绍，北大校长胡适、文学院院长汤用彤接受，到北京大学任教。但被困在上海、南京无法北上。直至1946年深秋，季羡林才回到了阔别12年的古都北京。

按当时北大的规定，国外归来的留学生，不管拿到什么学位，最高只能定为副教授。至于教授职称，至少要经过几年历练，再考察其教学成绩和学术水平才能评定。但仿佛幸运之神又一次降临，报到一周后，汤用彤院长通知季羡林，学校决定聘任他为正教授，兼任文学院东方语言文学系主任。季羡林受宠若惊，抖擞精神，披挂上阵了。

然而东方语言文学系（简称东语系）只是新成立的一个小系，教师五人，学生只有三人。系内的行政工作不多，季羡林是闲不住的，他想把精力主要先用在学术研究上。可是研究工作也遇到了困难，他在德国学了十年印度古代语言，当然希望继续研究下去。但当时国内这方面的资料十分匮乏，有关印度学的书刊寥寥无几。巧妇难为无米之炊，没有相应的资料，研究工作很难进行。在图书馆中他发现中国典籍馆馆藏丰富。他想若研究中印文化关系史和比较文学史，至少中国这方面的资料是取之不尽、用之不竭的。在德国他抄录过不少印度方面的资料，恰可参考。他决定先在中印关系史和比较文学史上下功夫。谁知这一决定，后来竟成为季羡林一生学术研究的主业。

短短几年，季羡林已有数篇关于中印文化交流和比较学术史的文章发表。《浮屠与佛》《列子与佛典》都得到了陈寅恪、胡适的关注与赞赏。

当时北大文学院和法学院都在沙滩红楼后面的北楼。在北楼内东语系系主任办公室内，季羡林工作至1952年院系调整。

这一段时间，季羡林住在哪里呢？许多资料都笼统地说他住在翠花胡同，但没有更详细的描述。

翠花胡同是王府井大街北段西侧的第一条胡同，东起王府井大街，西至东皇城根南街，这是一条古老的胡同。据考从明代至今北京数千条胡同中名字一直没有改变的不过 30 多条，翠花胡同即是其一。

胡同中规整的四合院很多，大宅门不少，想必住过不少有身份的人家。胡同中的 9 号院就曾是大搞复辟的张勋的一处住宅。

翠花胡同以南是东厂胡同，与翠花胡同平行，东起王府井大街，西至东皇城根南街。胡适 1947 年从美国返京任北京大学校长时就住在这里的一个四合院中。

在其他院落中还住过北京大学教授傅斯年、范文谰、季羡林等著名学者。季羡林在一篇散文中这样描述过居住时的情景："……里面重楼复阁，回廊盘曲，院落错落，花园重叠，一个陌生人走进去，必然是如入迷宫，不辨东西。……我住的地方仅仅是这个大院中的一个旮旯，在西北角上。但这个旮旯也不小，是一个三进的院子，第一次体会到庭院深深深几许的意境。我住在最深一层的院子的东房中，院子里摆满了汉代的砖棺。这里本来就是北京的一座'凶宅'，再加上这些棺材，黄昏时分，总会让人感觉到鬼影憧憧。毛骨悚然。所以很少有人敢在晚上来拜访我。我每日'与鬼为邻'，倒也过得很安静。"

黎氏旧居的其他部分供考古研究所、建筑研究所、语言研究所等单位使用。郭沫若、梁思成、吕叔湘等历史学家、建筑学家、考古学家都曾在此处工作，这里成为鸿儒云集之地。

中华人民共和国成立后这所宅院被分配给了中国科学院社会科学部（现中国社会科学院），学部下属的近代史所、考古所、世界史所、语言所和中国科学院图书馆都设在此院。院中又陆续盖起了几座苏式楼房，但直到 20 世纪 70 年代末，黎元洪故居的旧貌还基本保存。1977 年至 1978 年，将住宅和家庙拆除，盖了一座九层办公楼。1980 年后将西部附属用房拆除，盖了六层职工宿舍。近年在东边的花园部分又盖起一幢更现代化的"社科博源宾馆"。在宾馆院中还保留了几间旧居的房子，算是对这座写满历史的老宅的纪念吧。

社科博源宾馆

社科博源宾馆中保留的古典院落

风雨燕园　“运动”不断

1949年10月1日，中华人民共和国成立。季羡林精神焕发，他觉得“眼前一下子充满了光明，心情振奋，无与伦比。我觉得，如果把自己的一生分成两段或两部分的话，现在是新的一段的开始”。

他在工作上积极热情，由于外交工作的需要，东语系这个冷门一下子成了热门。教员增加了10倍，学生后来增至800多人。语种除日本语、朝鲜语、越南语、阿拉伯语等常用语种外，还有乌尔都语、波斯语、梵语、巴利语等，成为国内语种最全的名副其实的东方语言文学系。1952年院系调整后，北京大学搬进原燕京大学的校址燕园。东语系搬进原燕京大学西校门内北侧的一栋二层的古典式建筑，定名为“外文楼”。季羡林在这里工作了31年，直至他1983年卸掉系主任职务为止。

季羡林除尽职尽责地做好系主任的工作外，他还参加了诸多社会活动并担任社会职务。他担任过北大工会组织部部长、秘书长，直至校工会主席。在社会上担任过北京市人大代表、全国政协委员及许多学术职务。

自新中国成立以来，各种政治运动不断，燕园里也是风云激荡。“三反”“五反”“知识分子思想改造”“反右”“四清”接连不断，铺天盖地，季羡林也不断受到冲击。但或许因为他出身贫寒，历史清白，更主要的是他当时还年轻，资历不够，尽管也要“洗澡”“下楼”，始终没有成为重点批判对象。

虽然工作繁忙，运动不断，但季羡林仍在夹缝中挤出时间，笔耕不辍。他出版了两部专著《中印文化关系史论丛》和《印度简史》，完成了多篇论文，翻译了多部译作。他翻译了在世界上有广泛影响的印度古代寓言故事集《五卷书》；他第一次从梵文原著译出印度古代著名诗人伽梨陀娑的两部名剧《沙恭达罗》和《优哩婆湿》，为中印文化交流做出了杰出的贡献。

这些年中，季羡林搬了两次家。

1952 年院系调整后，他的家从城内搬到了中关村北大公寓的一套单元楼里。按级别季羡林可以住到燕南园或燕东园的别墅小楼中。但当时他只是单身一人在京，按住房分配规定，只能住单元楼。以当时的标准看，房子还不错，是一个三居室，距外文楼只有二三里，他每天骑自行车上班很方便。但那时中关村还是地道的郊区，十分荒凉，连正式马路都没有，何谈饭馆、商店等商业设施？比起城里的东厂胡同，就太不方便了。季羡林只能中晚饭都在学校食堂吃，晚饭多买一个馒头当第二天的早点。季羡林的外甥女曾回忆说：“1953 年我跟舅舅去北京考学。舅舅那时独自住在一个单元房子里。这里有三间房间，但他的书更多。屋子里全是书橱、书架，每个房间里都有一张书桌。桌子上有书和稿纸，还有一些书堆放在地板上，非常凌乱。我想帮他收拾，他看到后对我说千万不要动。他说，虽然有点乱，但书放在什么地方他都有数，如果一收拾换了地方找起来会非常麻烦。特别是桌子上的东西，更不能动。”

直到 1961 年，季羡林的夫人彭德华和婶母才来到了北京。校方分给他后湖岸边朗润园公寓 13 号楼一套四居室的房子，季羡林终于有了一个温馨的家。此后 40 多年，他再也没有搬家。

朗润园位于北大校园最北端，与昔日皇家园林圆明园仅一路之隔。朗润园前身在嘉庆时期曾是庆亲王永璘的赐园，名“春和园”。咸丰元年改赐道光帝第六子恭亲王奕訢，始名朗润园。

燕大建校后不久，载涛将朗润园租给学校作为教师住宅。1952 年租约到期，北大将该园买下。于1957年至1960年，在园内东、北岸建了六栋教职工住宅和一座招待所。

朗润园风景很美，湖光潋滟，杨柳依依，唯独湖中没有荷花。20世纪80年代后，朋友从湖北来，带来了洪湖的莲子，季羡林决定栽种荷花。直到第四年，湖上才开出了荷花。当夏日荷花盛开时，季羡林常徘徊在池塘边，坐在石头上，静静地享受荷花和荷叶的清香。现在每年荷花开得更盛了，人们亲切地叫它季荷。

北大朗润园季荷

季羡林在北大朗润园荷塘前

燕园浩劫　在劫难逃

1966年中，“文化大革命”的烈火从燕园点燃，很快燃遍北京，燃遍全国。在这场史无前例的浩劫中，开始一年多，季羡林尚不在风暴的中心，他尚属于“人民内部矛盾”。但随着运动的进展，北京大学的“老佛爷”聂元梓倒行逆施，将燕园搞得乌烟瘴气。正直的季羡林看不惯“老佛爷”飞扬跋扈的作风，忘记了自己的“身份”，头脑一热，加入了反“老佛爷”的井冈山派，结果引火烧身。

1967年11月30日夜，季羡林突然被抄了家，成了“反革命分子”。此后便是长期地无休止地被批斗、被游街，直至1968年春，他被关进了“牛棚”。所谓“牛棚”，是“文化大革命”中群众专政的一种形式，即当时“革命群众组织”私设的监狱。“牛棚”的地点在外文楼和民主楼后面的几排临时搭建的棚子里。进了“牛棚”即被剥夺了任何自由、权利和尊严，遭受残酷的迫害和骇人听闻的折磨。后来，季羡林在所著的《牛棚杂忆》中对这段经历有着血泪的回忆。

季羡林

经过近一年的折磨，1969年2月“牛棚”宣告解散。季羡林恢复了部分自由，允许回家了。那时他的家只剩下一间九平方米的小屋，其他房间都被封或被占了。当年秋，他被疏散到延庆县新华营劳动。

1970年，他被分配了新的“工作”。他被命令到35楼去看大门、传呼电话和分发文件。按说这个“工作”十分清闲，也少有人打扰。可是季羡林毕竟是个闲不住的人，他不愿浪费生命。但在当时的环境下不可能搞研究，再三权衡之后，他决定翻译。他知道翻译了也不可能出版，但他也要干点事情。而且选择了一本最难翻译的书，印度古代伟大史诗《罗摩衍那》。这本诗集几乎在全世界都有译本，但从没有中国人从梵文直接翻译出来。

约从1973年起，日复一日，年复一年，季羡林用了五年多时间，将八大册《罗摩衍那》翻译完成。季羡林后来回忆说：“我不甘心成为行尸走肉，我不情愿那样苟且偷生，我必须干点事情。二百多万字的印度大史诗《罗摩衍那》，就是在那段时期、那个环境、那种心态下完成的。”

春归燕园　老骥伏枥

1976年，“文革”结束。1978年，中国迎来了改革开放。季羡林已年近古稀，但他感受到春的气息，焕发了活力。中国学术界也萌发了勃勃生机。季羡林以老骥伏枥的干劲、只争朝夕的精神投入到教学工作和学术研究中。

1978 年，季羡林担任北京大学副校长，当选第五届全国政协委员。此后他的各种社会兼职、学术职务达到了几十个，连他自己也数不清。

季羡林夫妇

他在尽力完成行政、社会职务的同时，只能早起、晚睡，挤出时间去搞学术研究。朗润园 13 号楼的一处灯光永远是燕园亮得最早熄得最晚的一盏。他凌晨 4 点多就起床了，并且立即坐到桌前开始工作。当别人陆续起床时，他可能已结束一场战斗。家里有好几个书桌，他习惯在两三个战线同时作战。他要把失去的时间夺回来。他曾说："别人是闻鸡起舞，我是鸡闻我起舞。"

在研究工作中，夫人不是他的知音，从来不知道他研究的是什么，但确是他最好的后勤保证。季羡林觉得，娶彭德华为妻是自己一生的福气。他曾深情地说："上对公婆，她真正尽到了孝道；下对子女，她真正做到了慈母应做到的一切；中对丈夫，她绝对忠诚，绝对服从，绝对爱护，她是一个极为难得的孝顺媳妇，贤妻良母。"

自 1961 年夫人和婶母来到北京，季羡林有了一个温暖的家。"我们家里，和睦相处，你尊我让，从来没有吵过嘴。"这样的家庭气氛，在"文革"十年中是对他最大的关爱与庇护。对季羡林后几十年，只争朝夕、心无旁骛的学术研究提供了最好的环境。

从 1978 年至 1991 年，这十几年中季羡林发表文章 420 多篇，出版著译十多部，年均近40万字。

1991年，季羡林80岁了，但他没有停步，而是向更高的学术高峰攀登。1998年，他完成了73万字的皇皇巨著《糖史》。书中系统梳理了1000多年来糖和制糖术在我国与印度、东亚、南亚及阿拉伯国家之间交流与传播的历史。这是一部科学技术史，更是一部文化交流史。

他还完成了吐火罗文残卷《米勒会见记》的译释。

学术主业之外，他还写了大量优美动人的散文、随笔、回忆录。

90岁之后，季老身体大不如前，他几次住进301医院。但他仍没有停笔，在病榻上还撰写了90多篇文章。后集结为《病榻杂记》一书出版。在他住院期间，时任总理温家宝曾五次到医院看望。

2007年2月，季老被评为2006年度感动中国人物。

2009年7月11日，季老在301医院逝世，享年98岁。7月19日，季老遗体在八宝山革命公墓火化。

2010年4月5日清明节，季老的骨灰在他的家乡山东省临清市康庄镇官庄村安葬。他实现了生前的遗愿，回到了母亲的身旁。

建筑大师戴念慈留在北京的美丽地标

戴念慈是我国近代继第一代建筑设计大师梁思成、杨廷宝等之后，第二代建筑设计大师中的杰出代表。他1920年4月28日出生于江苏无锡，1991年11月12日病逝于北京。戴念慈历任中国建筑科学研究院总建筑师，国家城乡建设环境保护部副部长、顾问，中国建筑学会理事长，中国工程院院士。他一生参与设计的工程达100多项，如斯里兰卡班达拉奈克国际会议大厦、曲阜阙里宾舍、锦州辽沈战役纪念馆等。他在北京设计的许多作品堪称经典，成为北京的美丽地标。

红星高照的北京展览馆

在2019年3月下旬一个难得的风和日丽的日子，我去探寻戴念慈在北京设计的几座经典建筑。按照建筑设计时间顺序，先去北京展览馆。我在地安门乘107路电车，沿平安大街一路西行。车原本可直达展览馆门前，但我提前一站在二里沟东口下车，以便远眺展览馆。

从展览馆路北望，远远地就可以看到在路的最北端，有一座巍峨而又秀美、高高耸立的具有浓郁异国情调的建筑，这就是北京人都很熟悉的北京展览馆。

北京展览馆

中华人民共和国成立之初，正是中苏友好的“蜜月期”，苏联的建设成就深深地吸引着中国人，人们坚信苏联的今天就是中国的明天。展览馆就是为了展示苏联工农业产品及在教育、文化、艺术方面的成就而建，也是解放后北京所建的第一座大型公共建筑。

展览馆选址在西直门外，北京动物园东侧，因这里靠近西直门火车站，运输展品方便。后来在展览馆北边建铁路支线，展品可直接运达展馆。

对它的设计建造中苏两国政府都十分重视。苏联方面派来了著名设计师、斯大林奖金获得者安德烈夫等；我国派出当时虽很年轻，但已参加过多项设计的戴念慈任建筑设计的负责人。苏方出设计方案，我方负责施工图设计，组织施工。

展览馆规模宏大，包括展览厅、电影院、餐厅、露天剧场、露天展场等。造型是典型的俄罗斯古典建筑风格，中央体量层层高起，并用高耸的中央塔楼和尖塔予以强调，平面布局左右对称，前后呼应，轴线明确而严整，主楼两侧向外扩展的侧翼、回廊宽缓舒展，更突出了主楼的高峻。这座建筑虽然在总体上是地道的俄罗斯风格，但在设计中也很注意吸收中国传统建筑要素。当时设计室设在太庙，太庙中精美的藻井彩画令苏联专家赞赏不已。戴念慈等中方代表不断向苏方介绍中国古典建筑传统，因而在建筑中有许多中苏合壁的巧妙处理，如展览馆的檐口和瓦头是俄罗斯形式，但采用了传统的中国琉璃制品。馆内锅炉房的烟囱处理采用了中国式的重檐宝塔形式，左右对称设置。

展览馆的规模和施工难度在新中国成立之初是前所未有的，在不到一年的时间内要完成整座建筑的设计、建造和装修，对中国建筑界是巨大的挑战，全国各地的能工巧匠被征调前来参加施工。1954 年 1 月 13 日，中国第一支建筑青年突击队诞生在展览馆工地上。热火朝天的工地反映了中国人民火热的建设热情。在建筑施工中，戴念慈也学习了许多新的设计理念、方法和经验，日益走向成熟。

莫斯科餐厅

1954 年，秋展览馆竣工，被命名为苏联展览馆。1954 年 10 月，“北京苏联经济及文化建设展览会”在展览馆内如期举行。周总理亲自为之剪彩。毛泽东主席亲笔题词：“我们要在全国范围内掀起学习苏联的高潮，来建设我们的国家。”展览轰动了北京，而展览馆本身就是一件最大最精彩的展品，让北京惊叹。高达 87 米的金光耀眼的尖塔直插蓝天，尖塔上的红星日夜闪烁。拱门、尖塔、柱廊、喷泉为古老的北京带来开阔明快的视觉效果和独特的异国风情。

莫斯科餐厅喷泉

在展览馆后部的圆形露天剧场中，北京人第一次看到经典的芭蕾舞剧《天鹅湖》。后来这个剧场加盖了顶盖，成为著名的展览馆剧场。展览馆的附属餐厅称为

莫斯科餐厅楼梯

莫斯科餐厅。它更像一座小型宫殿，恢宏的穹顶高达两三层楼，四根圆柱装饰着精致的铜饰，各种雕塑和石膏线角繁复华美，让人眼花缭乱。这个被北京人亲切地称为“老莫”的餐厅，曾留下了几代人温馨浪漫的回忆。

后来，随着国内外形势的变化，苏联展览馆改名为北京展览馆，毛泽东为展馆题写了新馆名。现在60多年过去了，它的使用功能仍继续发挥作用，各种大型展览常在这里举办，它的建筑艺术仍令人欣赏和称赞。北京展览馆已被列入第一批北京近现代优秀建筑保护名录。

庄重而又内敛的北京饭店西楼

欣赏完北京展览馆，我在动物园乘103路快车，直达东长安街。在王府井南口西侧，南临东长安街有一组不同年代落成的、风格各异而又相互协调的宏大建筑群，就是名扬中外的北京饭店。

北京饭店全景

1900年冬，在崇文门内路东苏州胡同，两个法国人开了个只有三间门脸的小酒店，卖简单西餐、葡萄酒，起名“西宾馆”。第二年搬到马路西边一座中国旧式四合院中，正式挂上了“北京饭店”的牌子。1903年，一个叫卢苏的意大利人买下了北京饭店，之后将饭店迁到王府井南口路西。1907年，卢苏把饭店卖给中

北京饭店西楼

法实业银行。实力雄厚的银行投资在当地建起了一座欧式楼房，使北京饭店在北京的旅馆业中脱颖而出，当时的媒体宣传其为“北京首屈一指的高级饭店”。

1917年是北京饭店发展史上的重要里程碑，一座钢筋混凝土的七层楼在原饭店西侧落成。这是当时北京层数最高的建筑，装修极为豪华，200间客房每一间都配有暖气、私人浴室、可冲式卫生间及市内电话，两部电梯可将客人送至七层的酒吧及屋顶花园。它被誉为“远东唯一豪华酒店”，成为来京贵宾下榻的首选。

北京饭店曾见证了许多重要的历史时刻，留下了许多中外名人的足迹。孙中山、宋庆龄、冯玉祥、张学良等都曾下榻北京饭店。在此居住过的还有“一战”时期的英法联军总司令福煦，英国大文豪萧伯纳，诺贝尔文学奖得主、印度大诗人泰戈尔等显赫的人物。

中华人民共和国的成立为北京饭店的历史翻开了崭新的一页。1949年10月1日晚，在北京饭店中餐厅举办了中华人民共和国成立后第一次盛大而隆重的国宴，毛泽东、刘少奇、周恩来、朱德等开国元勋及各界人士600多人出席宴会。这次被称为“开国第一宴”的盛会成为北京饭店永远的骄傲。

1954年，为满足日益增长的国际交往需要，在北京饭店老楼西侧建设北京饭店西楼，定位为接待外国贵宾和举行大型宴会的国家级宾馆，是解放后长安街上第一幢新建大型宾馆建筑。西楼的设计者为戴念慈。他设计北京饭店西楼时年仅34岁，然而在设计中表现出的与原有建筑的协调、对城市历史及建筑环境文脉的尊重一直为后人所称道。他选择了北京饭店老楼中最具特色的元素，如圆拱大窗、凸窗、铁花栏杆阳台等，加以搭配重组，运用于新楼设计，同时将檐口、窗洞上下线等与老楼找齐，使新老建筑仿佛连为一体，外观协调。同时，他强调西楼的对称感和体量感。正中的大门廊高达三层，五开间，布满雕饰，顶层以圆卷廊替代了旧楼顶部的圆券窗，强化了顶部的虚实对比，这些设计都使西楼显得更为典雅与庄重，与旧楼又有所区别。西楼的西侧不远即为紫禁城，为与古老的建筑风格相呼应，设计师在屋顶采用小坡檐，两端处理成二重檐楼阁式，四角各建有一个重檐攒尖顶小亭子，体现了当时所要求的民族形式。

西楼的外墙饰面为水刷石，选用一种北京本地产的暗红色毛石，经粉碎后打到墙面上，不褪色、不掉皮，且具有石头的质感，又比花岗石便宜很多。暗红色的石质墙面与故宫的红墙相协调，庄重而又内敛。

西楼的设计也有不足之处，如门厅与宴会厅之间缺乏过渡。客人进门后，来不及脱衣帽即达正厅，宾主仓促相遇，显得有些窘促，周恩来总理曾为此提出批评。试想当时戴念慈仅 30 岁出头，或许根本没有亲历过重大的外交场面，不了解礼仪程式。实践出真知，这对大师也是适用的。但瑕不掩瑜，北京饭店西楼的整体设计是成功的，为后来的许多同类建筑设计提供了范例。该建筑于 1993 年获得中国建筑学会优秀建筑创作奖。北京饭店建筑群已被列入第一批北京近现代优秀建筑保护名录。北京饭店，走过百年，始终承载着时代赋予的使命，微笑着面对未来。

看完北京饭店已近中午，我拐入王府井大街，在小吃一条街中用了午餐。原本打算下午再看两处建筑，但年岁不饶人，转了一上午感到十分疲乏。在景德镇瓷器展销部欣赏了一会儿精美的瓷器，就打道回府了。

在两难夹缝中设计建设的中共中央党校

原打算第二天接着转，不料接连几天寒流袭来，黄沙扑面，直至一周后天气才转好。

趁着好天气，我赶往颐和园。登上颐和园的后山北望，有一片规模很大的建筑群。建筑群虽大，但规划有序，疏密得当，其中还有大片绿化，因而与颐和园的环境不失协调，这片建筑就是中共中央党校。它建在位于颐和园之北，圆明园之西的大有庄北部。

大有庄在明末只住有八户贫困人家，村名叫穷八家。清乾隆皇帝一次游清漪园路过此村，得知村名，认为在御花园附近叫穷八家极为不雅，当即赐名大有庄，意为福禄荣华样样有。1999 年，曾在某居民房基中挖出一碑，上有乾隆御题“化育长春”四字。

中共中央党校主楼

中共中央党校

中共中央党校

戴念慈1955年承担了中共中央党校的设计任务。这一工程占地1000亩，总建筑面积达14万平方米，是戴念慈主持设计的规模最大的工程之一，同时也是最艰难的一次设计。当时全国在开展“反浪费”运动，建筑中的复古倾向受到批判，不准再盖“大层顶”，同时现代主义的“方盒子”也受到批判，在“两不准”的夹缝中，建筑风格如何把握？设计如何进行？

戴念慈先从总体规划入手，工程按使用要求分为教学区、学员宿舍区、家属区、绿化区等。考虑与颐和园建筑群的和谐，党校建筑群采用基本对称、均匀分布的布局，中轴线正对着颐和园后山主要景点景福阁的中轴线。教学、行政、办公集中于主楼，位于校区南端。学员宿舍位于其后，大礼堂作为公共活动中心插在两区之间，家属宿舍环绕中心区的东侧和北侧。戴念慈十分重视环境质量，他以中国传统庭院的手法精心组织了楼间庭院，用花架或围墙形成了格局多样的院落，将大片绿化与小块庭院绿地相结合，形成了安静优美的环境。

在当时政治气候下，戴念慈对主楼的设计下了很大的功夫。主楼集教学、办公、行政功能于一体，平面采用了近似莫斯科大学主楼式的平面，体型端庄，气势宏大。但中部没有俄式的高塔，顶部也没有加盖大屋顶，而是强调主立面的分割。窗户之间是用蘑菇石砌的柱子，粗壮有力，每开间又有两根装饰性的细柱贯穿，加强了竖向感，使得整栋建筑更显挺拔而稳重。尽管当时强调节约，戴念慈仍坚持了较高的标准，在外墙采用了面砖贴面，提高了建筑的档次。

党校的工程，从设计到最后完工经历了八年，主楼 1962 年才竣工。经过几十年的考验，现在看来，它的功能合理，使用情况仍是令人满意的。党校主楼被列入第一批北京近现代优秀建筑保护名录。

具有鲜明中国传统建筑特色的中国美术馆

在离中央党校不远处，我乘地铁 4 号线在西四转乘 101 电车，到美术馆下车。在五四大街与美术馆东街相交处有一座造型优美、色彩淡雅的宏大建筑，这就是中国美术馆。美术馆原为 1959 年国庆献礼工程之一，从设计到施工筹划都由首都国庆办公室统一领导，戴念慈主持设计。后由于国庆工程项目超过计划而缓建，施工拖至 1960 年至 1962 年的三年困难时期。在当时极为困难的情况下，能够坚持高质量、高标准建成，真可说是中国艺术界的一大幸事。

在设计之初，曾多次召开会议征求意见，美术界的人士提出了许多宝贵意见。大家希望展馆要和附近的故宫、北海、景山等建筑群协调呼应，有鲜明的民族风格，要反映新中国美术创作的繁荣气象，建筑在形式上既要丰富多彩又不能给人以豪华浮夸的感觉……这些意见很中肯，但也给戴念慈提出

中国美术馆

了很高的要求。他反复思考，多次到现场查看周围环境，决定设计一座民族风格浓郁，但又不简单套用大屋顶的风格独特的建筑。展馆绝大部分都是平顶，以解决展厅的顶部采光问题。建筑的整体形象也显得稳健疏朗，仅在中部的凸出部分采用了我国古代楼阁式的重檐攒尖顶，颇有些敦煌莫高窟九层楼的神韵。其余在主入口门廊、侧厅门廊等用了卷棚歇山顶与之呼应。戴念慈极为重视建筑的细部处理，从色彩和装饰上烘托出建筑性格和风格。外墙采用浅米色陶制面砖，装饰部分也都是陶制花饰，没有采用大点金彩画或过于鲜艳的色彩。这样既使整个立面显得丰富多彩，又避免了奢华炫耀的感觉。浅米色墙面与金黄色琉璃瓦相映衬，色彩淡雅明快。各展厅内部都没有过多装饰，以避免喧宾夺主，分散观众对展品的注意力。

美术馆建成后受到广泛好评，许多建筑师和美术家称赞它雍容华贵而不矫饰、重檐叠瓦而不繁复、庄严巍峨而不凌人，宛如一座具有深刻东方文化内涵的艺术宫殿。1963 年 6 月，毛泽东主席题写“中国美术馆”馆额，明确了中国美术馆的国家美术馆地位及办馆性质。

中国美术馆收藏各类美术作品 10 万余件，20 世纪中国著名美术家的代表作尽收其中，仅齐白石的作品即有 410 件，还收藏有各类民间美术作品和西方艺术品，其中有毕加索作品四幅，是国内馆藏最丰富的美术馆。

我常去美术馆欣赏美术作品，除具有影响的全国性展览外，影响较大的国际展览如“美国哈默藏画 500 年名作原件展”“法国 19 世纪农村风景画展”“毕加索绘画原作展”“罗丹艺术大展”“俄罗斯油画展”“达利艺术大展”“日本富士美术馆藏品展”“法国印象派绘画珍品展”等我都去观看过。

中国美术馆成为向大众实施美育的重要艺术殿堂。1993 年该建筑获得中国建筑学会优秀建筑创作奖。

神童作家刘绍棠在北京的悲喜人生

我国当代乡土文学最重要的代表性作家，被誉为“大运河之子”的刘绍棠1936年2月诞生在通州。刘绍棠13岁就以“神童作家”的美名登上文坛，备受文化界和读者的关爱。不料1957年被错划为“右派”，蒙受了20余年的冤屈与磨难。新时期以来，刘绍棠再次焕发出青春活力，写出数百万字的乡土小说。刘绍棠一生都生活在北京，北京见证了他大起大落的传奇般悲喜人生。

大运河畔的童年生活

1936年2月29日，刘绍棠出生在大运河畔儒林村一户普通农家。2月29日是四年才有一次的日子，几十年后一位外国友人对他说：“你80岁才过20个生日，你将永远年轻！”儒林村在通州城东南，大运河东岸的沙滩上，形成于清朝初年。村中土地三分之一被清朝王室跑马圈占，成为村民不可侵占的“旗地”。村名“儒林”，并不是因为村中出过儒学大师或著名学者，恰恰相反，贫困的小村几百年也没出过一个有学问的人。村民们多么希望自己的儿女中出几个识文断字的读书人啊。

刘绍棠从小就出奇的聪明。母亲唱的歌谣，民间艺人讲的历史故事他都能很快记住，还能生动地讲述给小伙伴听。1942年春节过后，刘绍棠不满

儒林村（赵敏拍摄）

6 岁被送往邻村供给店村上小学。小学的校舍是关帝庙中的后殿，四个年级同在一间殿内上课。这样的环境却给早慧的刘绍棠提供了条件，他可以听四个年级的课。每次考试他几乎都是第一名。听课之余，他还大量看课外书，被称为“书迷”。

当时村里有一个小饭铺，开得很红火，却一直没有名字。一天，饭铺女老板请了外村两个教书先生给饭铺起名。两人酒足饭饱后抓耳挠腮仍想不出好名字。这时在门口玩的刘绍棠突然说：“李白有诗‘风吹柳花满店香，吴姬压酒唤客尝’，就起名‘柳香居’吧！”两个先生和店中人都极为惊讶。后来饭铺正式起名“柳香居”，请人写了匾额。当年春节，刘绍棠又为店铺写了对联“南通州北通州　南北通州通南北；金运河银运河　金银运河运金银”。这一年刘绍棠不满 7 岁。几十年过去了，刘绍棠儿时编写的这副对联仍作为村史中的佳话，被传诵着。

1946 年，10 岁的刘绍棠离开儒林村，到通州城内县立模范小学读高小。第一次作文，他一口气写满了五册作文本，写出了长篇《西海子游记》，轰动全校。后来，潞河中学创办进步刊物《益智周刊》，邀请刘绍棠做编委。周刊创刊号上发表了他的文章《我在歌声中》，以后各期又连载了他的小说《飘零》。小学生刘绍棠显现了少见的文学才能。

在北京二中的日子

1948 年夏，刘绍棠从通州县立模范小学毕业，参加了北平市立第二中学在解放前的最后一次招生考试。第二中学是历史悠久的名校。其前身可上溯至顺治十年（1653 年）设立的清廷宗学，雍正二年（1724 年）改称京师八旗左翼宗学，辛亥革命后定名京师公立第二中学。第二中学原在史家胡同，国民政府南迁后，迁往内务部街的原内务部内办学。

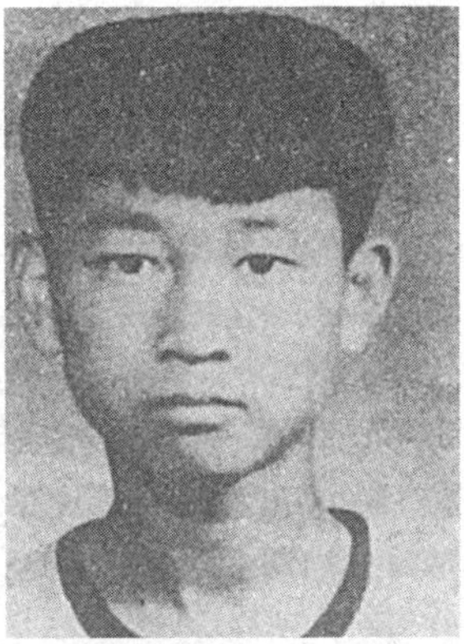

13 岁的刘绍棠已在报刊发表作品

那一年初一只收三个班，报名人数却超过 5000 人。刘绍棠以国语、算术、常识三门全满分，总分 300 分的成绩名列榜首。按惯例校长和教导主任接见了这个头名状元，并问他有什么要求。他提出希望住校，于是他被收为住校生。

二中优秀的师资、高质量的教学和良好的学习氛围都使刘绍棠如鱼得水。他的学业突飞猛进，文学才能也突出地显现出来。

为了自筹生活费和补贴家用，学习之余刘绍棠勤工俭学，经同学介绍做起了报童。报童是很艰辛的，每天早晨不到 4 点就要起床，从学校赶往灯市口大街东口的建国东堂影院门前排队领报。然后迅速跑遍拐棒胡同、礼士胡同、演乐胡同、内务部街、史家胡同、干面胡同、外交部街等东四、东单一带的大小胡同，将报纸送往订户或卖出。早 7 点前赶回学校上早自习。报童生涯使刘绍棠对北平东城极为熟悉，也让他更多地接触了旧京人民的生活。

1949 年 10 月，刘绍棠在二中迎来了新中国的诞生，也迎来了自己文学生涯的开始。就在当年 10 月的一份《北京青年报》上发表了刘绍棠反映本校学生生活的微型小说《郜宝林变了》。接着他一发不可收拾，在一年多的时间里连续发表了 20 几篇短篇小说。

1951 年春，小有名气的刘绍棠初中还没有毕业，就被借调到河北省文联，在《河北文艺》编辑部做编辑。

在潞河中学读高中

刘绍棠毕竟年龄太小，在河北作协工作了半年多，作协将他保送到通州潞河中学读高中。

潞河中学（赵敏拍摄）

潞河中学饭厅（赵敏拍摄）

潞河中学人民楼（赵敏拍摄）

潞河中学叔和楼（赵敏拍摄）

潞河中学谢氏（红）楼（赵敏拍摄）

潞河中学闻名遐迩，誉满京都。它的前身是1867年美国基督教公理会在通州城北后街教堂里开办的八境神学院，后改称潞河书院迁往城南。1901年更名为协和书院，设有大学和中学二部。1917年大学部迁到北京城内与汇文大学合并，1919年更名燕京大学。中学部仍留在通州原址，成为私立潞河中学。一个世纪以来，潞河中学培养了数以万计的优秀学子，著名的如科学家宋叔和、马文昭、黄昆，历史地理学家侯仁之，艺术家王洛宾、夏淳、梅熹等是他们的杰出代表。四大家族之一的孔祥熙也是早期校友。

1951年9月，刘绍棠踏入向往已久的潞河中学。他不搞特殊，以普通中学生的标准要求自己，踏实学习，品学兼优。他还热心社会工作，先后担任班长、团支部书记、学生日报社社长等，高二时加入中国共产党。他的文学才能也得到了进一步展现，连续发表了《红花》《青枝绿叶》《大青骡子》等作品，为他赢得了全国性声誉。他高一发表的小说《青枝绿叶》被叶圣陶先生编入高二的语文课本。刘绍棠的文学才能受到各级领导的关注。1953年2月，时任团中央第一书记的胡耀邦约他谈话，他们之间建立了长达几十年的特殊友谊。

在潞河中学，刘绍棠还收获了爱情。他认识了刚刚回国的侨胞曾彩美，两人一见钟情并相守终生。

潞河中学在通州新华南路南段路西，果园环岛西北。我去时，正值学校放假，门卫不让进。正在交涉时，一位老师模样的中年人要进校。我向他说明来意，他说，我跟门卫打个招呼，跟我一起进来吧。

1956年，刘绍棠与妻子曾彩美

潞河中学校园非常美。在树木与草坪之间是一座座中西合璧的小楼，既有20世纪初欧美学校建筑的特点，又带有中国传统建筑的手法。老师说：“这些都是清末和民国初年建的，现已公布为市级文物保护单位。这是我国少有的保存完好的近代教会学校的建筑遗存。”“听说刘绍棠在一座‘红楼’里上过课，红楼在哪儿？”我问。他指着左前方一座漂亮楼房说：“那就是刘绍棠上课的红楼。”我看着他指的楼房莫名其妙地问：“那楼房不是灰色的吗？”他解释道：“这座楼原来称‘谢氏楼’是为纪念美国著名汉学家、教育学家谢卫楼。他曾任潞河书院、协和书院校长多年。解放后，这座楼一度改称‘红楼’，因为它的楼顶是红色的。”我再细看，果然楼顶是红色的。再往前走，是 20 世纪 80 年代以来新建的教学楼，但在色彩和风格上都和老建筑十分协调。

在北京大学的短暂学习

1954 年 9 月，18 岁的刘绍棠考入北京大学中文系。他是儒林村的第一个大学生，而且进了中华最高学府，全村的父老乡亲为他骄傲。当时大学的院系调整已经完成，北京大学与燕京大学合并，北京大学搬入了西郊的燕大校园。未名湖的湖光塔影，图书馆的丰富藏书，老教授们的渊博学识都让他着迷。但不久刘绍棠发现中文系的许多课程设置对他小说写作帮助不大，大学的系统学习与他的文学创作不是一个路子。他更渴望投入火热的生活，去写他熟悉的乡亲们。经过冷静思考，他写了退学申请。

当时任北大副教务长兼中文系主任的杨晦教授两次把刘绍棠约到自己在燕东园的家中，劝他不要退学。但刘绍棠去意已定，他在北大学习了一年后，正式从北大退学。

在东总布胡同的中国作家协会

退学后，刘绍棠专心写作，很快出版了长篇小说《运河的桨声》和《夏天》。1956 年春，由康濯和秦兆阳介绍，20 岁的刘绍棠加入中国作家协会，成为作协中最年轻的会员。

东总布胡同西段路北 53 号（旧门牌 22 号）是一座大宅门，内有多进的

东总布胡同53号（赵敏拍摄）

大四合院，有回廊相通，还有跨院。20世纪30年代，时任北平铁路局局长的陈觉生购买了这个院落，并用贪污铁路上的材料大加修缮。北平陷落后，陈觉生被日本人毒死，该院被伪警察署一日本顾问所占。抗战胜利后，归国民党警察部门。

中华人民共和国成立后，这个院落成为中国作家协会最早的会址。不少作家如丁玲、周立波、张天翼、邵荃麟等还曾在这里居住过，每个周末晚，在这里举行作家联谊活动。没有什么限定的题目，大家来这里随意地聊天、闲谈，谈自己的构想、新作，谈协会的工作、打算，还即兴地表演小节目。后来，来京的作家越来越多，1953年作家协会又买下了斜对门的46号（老门牌60号）作为作家协会的宿舍。这里原来曾是一个大酱园子，有三进院落，临街是铺面房，后门直达顶银胡同。作家们携家属子女陆续搬来，二进院住着秦兆阳、艾芜、刘白羽，三进院住着赵树理、萧乾、陈白尘，还有严文井、张天翼、张光年……一连串在中国现代文学史上闪光的名字汇聚在这两个院落中，引领着新中国文学的潮流。

刘绍棠加入作家协会，从事专业创作后成为这两个院落的常客。他常去参加作协组织的各种座谈会、研讨会，参加周末的联谊活动。在这里他还得到许多老作家的指点帮助。时任作协创作委员会副主任的作家沙汀、《人民文学》副主编严文井多次找他谈话，指导他写作，帮助他修改小说稿。作家孙犁、邵荃麟、冯雪峰等都为刘绍棠的成长花费了许多心血。刘绍棠来这里找得最多的是康濯，他当时任作协书记处书记，不仅在22号办公，家也住在这里。刘绍棠每写完一篇小说初稿，总是先拿给康濯看，康濯总是不厌其烦地为他提出中肯细致的修改意见。两人畅谈创作上的各种问题，时间晚了，

1957 年，四位青年作家同时被打成“右派”，1979 年重逢。从右至左刘绍棠、邓友梅、王蒙、从维熙。

刘绍棠就在康濯家住宿。东总布胡同 22 号、60 号是少年刘绍棠永远难忘的地方。

但是，1957 年风云突变。3 月，刘绍棠出席了北京文联组织的“王蒙小说讨论会”。他全面肯定了王蒙的小说《组织部新来的年轻人》，并与挚友从维熙合写文章赞扬这篇小说。后来刘绍棠又参加过几次座谈会，对当时的文艺工作发表了一些意见。不料，“反右”开始后，刘绍棠被划为“右派”，组织了一系列对他的批判。1958 年 2 月被开除出党。

再次回到大运河畔

1958 年 10 月，刘绍棠被编入北京市“右派劳改大队”，送往京郊劳动。他先后在门头沟永定河畔挖砂石，在京东百子湾火车站修铁路，在西直门木柴厂卸木料，在大兴高米店和通州永乐店修水利。直至 1961 年 11 月，刘绍棠被摘掉了“右派”帽子。因为他原本就是专业作家，无公职，不拿薪金，摘帽之后仍无公职、无薪金，在当时的政治环境下，重新发表作品也很困难。胡耀邦几次亲自为他联系工作，都没有解决。刘绍棠决定再次回到大运河畔的故乡。

刘绍棠回到儒林村，先是住在他的表姐唐敬茹家。表姐为他腾出了西厢房居住，并在饮食、穿衣等方面无微不至地照料他。直到1976年唐山大地震，表姐家的房屋受到影响，需要翻修，刘绍棠不得不搬到村外的一间小屋。这间小屋是在一道蓬蒿丛生的沙岗上，不仅极为破旧，而且因屋中曾吊死过人而被称为“鬼屋”。刘绍棠不信邪，不怕鬼，略经修补打扫后搬了进去。这间“鬼屋”更为安静，刘绍棠在这里将过去珍藏的许多文学名著又认真重读。

儒林村的生活为他积累了取之不尽的写作素材，乡亲们中的许多人是他小说中人物的原型。“文革”期间，在极为困难的政治环境下，刘绍棠没有放下手中的笔，他先后完成了《地火》等三部长篇小说的初稿。

1979年，打倒“四人帮”三年后，刘绍棠终于彻底平反，重又回到北京。当然，他不会忘记他的故乡。他仍常回儒林村居住。一个作家在一个小村庄先后住了30多年，在中国现代文学史上刘绍棠是唯一一人。

我去儒林村寻访费了一些周折，却感受了乡亲们对刘绍棠的热爱。我先查了几种地图，都没有查到儒林村，后来在网上才查到了。它现在属通州区西集镇，在张家湾镇东南。为寻访曹雪芹的踪迹我曾去过张家湾镇，儒林村比张家湾镇还要远十多里。接着查找公交路线，去通州、香河方向的938路有十多条支线，但也查不到儒林村，看来儒林村是太小了。我决定先乘车到离儒林村较近的姚辛庄。到姚辛庄下车后，我原以为这里会有小公共汽车可到达儒林村，遗憾的是问了车站上的几个人，回答都不知道。正着急间，一辆小汽车停在了附近。我忙过去问，儒林村还远吗？怎么走？他回答，这里是运河西，儒林村在河东，不是很远，但走过去也需20多分钟。接着他问，你去儒林村做什么？我说，我去看看大作家刘绍棠生活的地方。这句话引起了他兴趣。他说，我们通州人都以刘绍棠为骄傲，我送你去。我问要多少钱？他笑着说，您大老远地专门来看刘绍棠，我还能要钱吗？上车吧。在车上他向我介绍，运河在这里向西拐了一个弯，河东岸有三个小村。北面是沙古堆，南面是儒林，儒林以东是供给店。说话间儒林村已到了。我向他道谢，他却说，很对不起，本应该陪你在这里转转，但我还有事，失陪了。

我进了村。村子实在很小，很安静，路上见不到人。走了一段，我看到一间小卖部，推门进去，有几个人在聊天。我说明来意，他们一听说我是专程来看刘绍棠，也都像司机一样兴奋。一位老者说：刘绍棠是我们村人，在这里生活几十年。绍棠是大作家，但没有架子，当年和村里的老老少少都很熟。我问他刘绍棠居住过的地方，比如刘家的祖屋、他出生的房子、“文革”中住的“鬼屋”都还有吗？这一问大家都沉默了。过了一会儿，还是老者说，这些年老房子都拆了，有些房子都翻盖好几次了。一个年轻人说刘绍棠的侄子还住在村里，我带你去看看。他带我到了不远处的一个院落，遗憾的是院门紧闭，家中无人。年轻人又陪我去供给店村看刘绍棠上过的学校。学校已并入沙古堆小学。小学原址关帝庙早些年也拆了，现在这里安放着运动器材，大约在原后殿的位置是村里的老年人活动站。年轻人告诉我，供给店村东就有 938 支线可到大北窑。在儒林村，我看到了刘绍棠生活了几十年的环境，更感受了乡亲们的纯朴与诚挚。

光明胡同中的刘绍棠故居

在刘绍棠被打成“右派”时，还有一条罪行是“刘绍棠年纪轻轻就在北京城里买下了房子，贪图安逸享受”“刘绍棠真正迷恋的是北京城的舒适与安乐，下乡只不过是蜻蜓点水”。实际情况究竟怎样？这要从刘绍棠结婚说起。

上高中时刘绍棠就与同学曾彩美一见钟情，很快发展为恋人关系。20 世纪 50 年代人们结婚较早，从北京大学退学后，在家人的催促下 1955 年 8 月刘绍棠与曾彩美结婚。当时刘绍棠的父亲在前门鲜鱼口玄帝庙胡同租了三间小房，全家九口人都住在那里。再加上新婚的刘绍棠夫妇实在是挤不下。刘绍棠曾向团中央、全国作协等申请住房，一时也难以解决，于是朋友们劝他买房。当时不少作家如丁玲、老舍、艾青、周立波、赵树理、李季等都在北京城里买了房，房价也很便宜，买房并不是什么大逆不道的事。为了解决燃眉之需，在朋友们的介绍下，1957 年夏刘绍棠在西城光明胡同买了房。

光明胡同很好找。从西四丁字路口进入西安门大街，接近大街东口往南有一条较宽敞的胡同就是光明胡同，胡同东临府右街。

光明胡同清代称光明殿胡同，简称光明殿。胡同因位于其西的大光明殿而得名。大光明殿建于明嘉靖三十六年（1557年），内供奉玉皇大帝，是一处皇家道观，规模宏大。嘉靖帝深信道教，信奉方术，整日迷恋炼丹，妄想得道成仙，还将道士封为高官。这里整日红烛高烧，香烟缭绕。

光明胡同45号刘绍棠故居（赵敏拍摄）

清初，朝廷仍很看重大光明殿，许多重大活动在此举行。雍正、乾隆年间，曾对大光明殿重修。1900年八国联军攻占北京，大光明殿因曾做过义和团的拳坛而被焚毁，殿内珍存的12万余块明版《道藏》原刻经版被付之一炬。

现在，大光明殿旧址是国务院机关事务管理局所在地。大院西北角的一段院墙疑是当年大光明殿的院墙。

刘绍棠买的是光明胡同45号。这里不是深宅大院的大宅门，也不是多进的四合院，只是一个小小的三合院，没有北房，南房三间算是正房。中间明间是客厅，东间是卧室，西间是书房。书房很小，只有十多平方米，刘绍棠称其“蝈笼斋”。院中还有东西厢房、厨房、堆房等，还有五棵枣树和五棵槐树。

这个小院原是一户旗人的，破落后卖给了一个四川的银行老板。老板在这里养了“外室”。1956年国家对私营工商业进行社会主义改造，老板怕小院白归国家，便急于出手，以2000多元卖给了刘绍棠。

刘绍棠买下房后并没有在这里“享乐”多久，半年后他就四处劳改，后又回乡十多年，在这里居住的是他的父母、妻儿。直到1979年他平反后才重回光明胡同，在这里他又一次焕发青春，进入新的创作高潮。1979年完成三部长篇小说；1980年至1983年一口气完成27部中篇小说；1984年至1988年创作七部长篇小说，成为新时期最高产的作家。

刘绍棠为了把失去的时间夺回来，不顾一切地拼命写作，健康状况急剧恶化。1988 年 8 月初，他突发中风住进了宣武医院，经过专家们的紧张抢救和精心治疗，刘绍棠的命保住了，却造成了左体偏瘫。

伤病并没有让刘绍棠停下脚步，他仍奋力写作，为创立乡土文学体系拼搏，为培养青年作家呕心沥血……

1997 年 3 月 12 日，刘绍棠因肝硬化、肝腹水抢救无效病逝于宣武医院，年仅 61 岁。

刘绍棠的墓地在儒林村南的大运河畔。大运河的涛声伴他安眠，他田园牧歌式的优美文章将在中国文学史上留下绚丽的一页。